U0553310

权威·前沿·原创

皮书系列为
"十二五""十三五""十四五"时期国家重点出版物出版专项规划项目

BLUE BOOK

智库成果出版与传播平台

文化蓝皮书·特色产业系列
BLUE BOOK OF CHINA'S CULTURE· SERIES
OF CHARACTERISTIC INDUSTRIES

中国普洱茶产业发展报告（2021~2022）

REPORT ON THE DEVELOPMENT OF CHINA'S PUERH TEA INDUSTRY(2021-2022)

主 编/李 炎 胡洪斌 胡皓明

社会科学文献出版社
SOCIAL SCIENCES ACADEMIC PRESS (CHINA)

图书在版编目（CIP）数据

中国普洱茶产业发展报告.2021-2022 / 李炎，胡洪
斌，胡皓明主编.--北京：社会科学文献出版社，
2023.4
（文化蓝皮书）
ISBN 978-7-5228-1489-6

Ⅰ.①中… Ⅱ.①李…②胡…③胡… Ⅲ.①普洱茶
-产业发展-研究报告-中国-2021-2022 Ⅳ.
①F326.12

中国国家版本馆 CIP 数据核字（2023）第 038299 号

文化蓝皮书
中国普洱茶产业发展报告（2021~2022）

主　　编 / 李　炎　胡洪斌　胡皓明

出 版 人 / 王利民
组稿编辑 / 邓泳红
责任编辑 / 桂　芳
责任印制 / 王京美

出　　版 / 社会科学文献出版社 · 皮书出版分社（010）59367127
　　　　　　地址：北京市北三环中路甲 29 号院华龙大厦　邮编：100029
　　　　　　网址：www.ssap.com.cn
发　　行 / 社会科学文献出版社（010）59367028
印　　装 / 天津千鹤文化传播有限公司

规　　格 / 开　本：787mm×1092mm　1/16
　　　　　　印　张：21　字　数：315 千字
版　　次 / 2023 年 4 月第 1 版　2023 年 4 月第 1 次印刷
书　　号 / ISBN 978-7-5228-1489-6
定　　价 / 168.00 元

读者服务电话：4008918866

文化蓝皮书总编委会

主要编撰者简介

李 炎 法学博士、教授，云南大学文化发展研究院院长、云南大学国家文化和旅游研究基地主任、文化和旅游部文化产业专家委员会委员、云南省文化产业研究会会长。主要研究领域：文化产业理论与实践，跨文化研究，中国少数民族艺术等。主持或参与 50 余项国家级和省部级课题研究。近年来，在《思想战线》《探索与争鸣》《同济大学学报》《中国文化产业评论》《文化产业研究》等各级刊物发表学术论文百余篇，出版著作 10 余部。

胡洪斌 经济学博士、教授，云南大学文化发展研究院副院长、云南大学国家文化和旅游研究基地副主任、云南省文化产业研究会秘书长。主要研究领域：文化产业理论与实践，服务业发展理论与实践，产业经济学等。主持或参与 20 余项国家级和省部级课题研究。近年来，在《财贸经济》《经济问题探索》《中国文化产业评论》《文化产业研究》《学术探索》等各级刊物发表学术论文 20 余篇，出版著作 7 部。

胡皓明 云南茶马司茶叶有限公司董事长，中国普洱茶十大企业家，正高级制茶工程师，全国茶叶标准化技术委员会普洱茶工作组技术委员会顾问，中国茶叶流通协会专家委员会委员，云南省茶马古道研究会会长，云南省茶叶流通协会副会长，世界（香港）茶文化交流协会创会董事、副会长，云南国际茶叶交易中心策划创始人。著有《普洱茶》《云南普洱茶》，发表《茶马古道上的文化特征》《茶马古道文化论》《文革砖代表——景谷茶厂史略》《三种类型普洱茶风味品质比较分析研究》《普洱茶产业技术的创新发展》等多篇论文。

编 前 语

普洱茶作为中国茶文化、地方特色经济的重要内容，在 2020～2021 年受疫情的影响，也遭受了从种植、生产到销售和消费端的下滑，对地方经济、特色文化产业和相关文化创意、休闲娱乐、文化旅游和乡村振兴都有一定程度的影响。但普洱茶是中国优秀传统茶文化的有机组成部分，与其他种类的茶品、茶文化产业相比，前期普洱茶消费市场的拓展、产业链的延展、产业发展环境的持续向好和地方政府的大力扶持，加上普洱茶特殊的生产加工、自然醇化产生的"醇化生香，保值增值"的类金融属性，一定程度上消解了疫情对普洱茶产业的影响。2020～2021 年，普洱茶产业及相关产业总体情况保持稳定，种植、生产端保持稳定增长，交易仓储有一定的下滑，中低端产品价位有一定的下降，山头茶在地性采摘、制作和交易有一定的降温，进入相对理性阶段，普洱茶带动的创意设计、包装印刷、多媒体写作和学术研究则有一定升温，有利于疫情之后普洱茶的健康发展。

普洱茶作为特色文化，其 2020～2021 的发展呈现以下三个方面的特征。

第一，普洱茶作为地方中国茶文化的有机组成部分，其绿色、生态和特有的生产、制作、消费、饮用方式，其生理性和精神性的特征得到大众消费群体的认可，随着全球化时代信息、人员流动，在统一竞合的市场格局下，其市场从在地性消费市场、南方茶消费市场，向全国市场及日韩、欧美市场拓展。随着疫情的消退，普洱茶作为特色文化还将有较大的发展空间。

第二，普洱茶作为地方特色经济，其文化价值和对地方文化创意产业、地方经济、生态环境、文化旅游和民族地区乡村振兴以及为社会提供大量就业岗位的多元功能和价值进一步凸显。普洱茶作为物质性载体为创意文化产业提供了载体和空间，文化创意产业也丰富和提升了普洱茶产业的文化附加值。文化创意与地方特色经济的双向赋能促进了地方文化经济的发展，也为地方文化创意产业提供了具有可复制性的发展模式。

第三，普洱茶作为地方特色文化经济，促进了地方"政治、经济、社会、文化和生态"五位一体的协调发展，引起学者、媒体、企业和政府的重视，普洱茶、普洱茶产业与地方历史文化、民族文化、生态文化、文化旅游和民族地区社会发展成为大众媒体和学术界持续关注的热点，普洱茶文化研究和写作持续升温，与普洱茶相关的如茶马古道、非物质文化遗产、文物保护、科研、生态保护和世界文化遗产申请工作等，蔚为大观，成为地方重要的文化现象，丰富了地方的文化生活。

作为云南大学"双一流"大学建设中地方高校服务地方经济、社会、文化高质量发展的重要项目，"云品·中国普洱茶产业数据库"的持续建设支撑了《中国普洱茶产业发展报告（2021~2022）》的顺利编辑出版，结合疫情以来中国普洱茶产业发展的现状，我们在《中国普洱茶产业发展报告（2019~2020）》的基础上，克服了疫情带来的不便，在云南大学党政领导和科研院所的关心支持下，在相关行政、科研部门的鼎力配合下，全体撰写、编辑和数据采集人员加强了实地调研，获取了更加详尽的个案、数据，丰富和拓展了内容，掌握了对普洱茶产业具有引领和带动作用的企业和产业发展的新动态。

作为对于地方经济、文化具有重要带动价值的普洱茶，需要政府、行业、企业和不同消费群体从不同角度关注、关心、维护其良好的品牌，为普洱茶特色文化产业的发展营造更加良好的发展环境，促进其健康、可持续发展。这也是本研创机构作为高校文化研究机构，在社会各界支持下，依托文化蓝皮书，编辑出版《中国普洱茶产业发展报告（2021~2022）》的初衷。

李炎

2022 年 11 月

摘　要

　　普洱茶、普洱茶文化产业作为云南高原特色农业、特色文化产业的重要业态，2021年、2022年两年受新冠疫情的影响，与全国茶产业、茶文化产业一样，其交易、消费相关产业环节的业绩均有一定的下滑。但是，由于普洱茶特殊的生产和消费特征、"醇化生香，保值增值"的类金融属性，以及在各级政府相关政策的扶持下，产业界积极对古树茶进行保护和市场拓展，普洱茶产业得到持续发展。如今，普洱茶及相关产业在创意设计、茶具茶艺、包装物流、普洱茶写作、影视文化、庄园经济、绿色生态产品价值实现方面的带动作用更加凸显，呈现与文化创意双向赋能、多级赋能的趋势，更成为带动乡村振兴、民族地区脱贫致富的重要力量。

　　本书是"文化蓝皮书·特色产业系列"的第二本，是在云南大学"双一流"大学建设和"云南大学服务地方经济、社会、文化高质量发展"项目及地方政府、普洱茶相关行业协会的支持下，依托相关数据库开发企业、中国知网合作开发的"中国普洱茶产业数据库""中国普洱茶知识数据库"，持续推出的第二本《中国普洱茶产业发展报告》（以下简称《报告》）。《报告》承续了出版的初衷，希望通过对普洱茶主要产区发展现状与竞争力状况，茶文化消费市场的走势，普洱茶与文化创意产业、文化旅游业的双向赋能，普洱茶对地方经济、民族地区乡村振兴、脱贫致富的作用，以及普洱茶文化写作等相关内容的分析，对普洱茶产业有一个全面的了解。基于高校学术研究机构作为第三方相对客观的视角，深入分析研究，为政府和企业提供决策参考，同时利用高校学术交流平台，提升普洱茶产业、普洱茶文化产

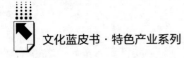

业的影响力，助推普洱茶产业的健康、可持续发展。企业是普洱茶产业、普洱茶产品和品牌建设的主体。本《报告》在第一本的基础上，增加了普洱茶企业发展板块，聚焦普洱茶龙头企业在科研、品牌、市场拓展、产品质量、标准等方面推动普洱茶产业、普洱茶文化发展的实践、路径与经验。

关键词： 普洱茶　普洱茶产业　普洱茶文化

目 录 🔲

Ⅰ 总报告

Ⅱ 产区篇

Ⅲ 专题篇

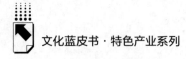
Ⅳ　企业篇

Ⅴ　附　录

皮书数据库阅读 使用指南

总 报 告

General Report

B.1

2021~2022年中国普洱茶产业
形势与趋势

李 炎 胡洪斌 李 蕊*

摘 要： 普洱茶作为一种特殊的饮品，在其促进健康、养生的基本功能外，引领大众文化消费，固本文化的属性也不断增强。2020~2021年，普洱茶种植面积、产值平稳，没有出现因疫情带来的波动和下滑。古树茶保护趋好，有机茶种植面积稳步增长，龙头企业在普洱茶健康可持续发展中的引领作用明显，产品消费从中端消费向大众和高端消费两极延伸，市场从南方向北方拓展。普洱茶作为地方重要的特色产业，在与文化旅游融合发展中，带动了创意设计、印刷包装、休闲度假、茶具茶艺、普洱茶写作和影视、研学等文化旅游业态，实现了茶产业与文化旅游的双向赋能，普洱茶在地方社会、经济、

* 李炎，云南大学文化发展研究院院长，教授，主要研究方向：文化产业理论与实践、跨文化研究、中国少数民族艺术；胡洪斌，云南大学文化发展研究院副院长，教授，主要研究方向：文化产业理论与实践、服务业发展理论与实践、产业经济学；李蕊，云南大学民族学与社会学学院社会学在读博士，主要研究方向：文化产业与区域社会发展。

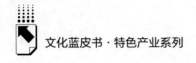

文化发展中的功能更加明显。

关键词: 普洱茶 文化旅游 茶企

普洱茶作为中国茶产业的一个有机组成部分，2020年也与中国茶产业一样经历了疫情对整个茶产业和相关产业的冲击。与其他茶产区和茶行业相比，由于"十三五"期间云南地方政府大力打造千亿级茶产业，对种植、栽培、企业、产品质量、品牌和市场培育各产业要素大力投入和扶持，加上普洱茶"醇化生香，保值增值"的类金融属性、消费市场的拓展、普洱茶品牌影响力的提升、数字化技术和互联网新型交易平台等要素融入，2020年云南普洱茶产业获得相对平稳的发展。普洱茶产业总体上没有出现下滑趋势，古树茶生态系统保护良好，有机生态茶种植面积稳步增长，普洱茶产值保持相对稳定，仓储功能进一步凸显，普洱茶对民族地区脱贫致富功能进一步增强，对相关文化创意产业带动作用明显。总体上看，普洱茶产业在生产、加工、市场和品牌方面发展平稳，促进了云南整个茶产业的可持续发展。

一 云南省普洱茶产业发展现状

"十三五"以来，云南发布并认真贯彻落实《关于推动云茶产业绿色发展的意见》《云南省茶产业发展行动方案》《云南省茶业产业三年行动计划（2018-2020）》等政策文件，增面积、抓质量、稳价格、促消费、强品牌，不断促进云茶产业转型升级发展，推动云茶产业再上新台阶，为实现云茶高质量发展、实现"十四五"良好开局奠定了坚实的基础。

（一）茶叶种植面积稳中有增，原料品质持续提升

自1949年以来，云南省茶叶种植面积不断扩大（见图1），为云茶发展奠定了坚实的原料基础。"十四五"开局之际，尽管受到新冠疫情的影响，

云南省茶产业仍处于不断发展的状态，全省茶叶种植面积稳步上升。2020年和2021年云南省茶园面积分别是1949年的45倍、46倍，茶园面积稳中有增，原料品质持续提升。

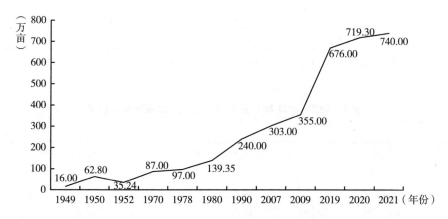

图1 新中国成立以来云南茶叶种植面积

资料来源：《云南普洱茶茶园面积与产量情况（1949-2019年）》，普洱茶网，https://m.puercn.com/show-7-200100.html，最后检索时间：2022年4月8日。

2020年，云南省全省茶园面积719.3万亩，比2019年增加43.3万亩，增加6.4%。"十三五"期间全省茶园面积年均增长3.6%，与"十三五"之前的2015年相比茶园面积增加117.3万亩。2021年全省茶叶种植面积740万亩，较2020年增加20.7万亩，增加2.9%。"十三五"时期以来，云南省茶叶种植面积不断扩大（见表1），稳中有增趋势明显。临沧、普洱、西双版纳三大茶区有着较大的茶叶种植面积贡献率（见表2），为茶产业的发展奠定了原料基础。

表1 2016~2021年云南省茶叶种植面积情况

单位：万亩

年份	面积
2016	610.0
2017	619.5

年份	面积
2018	630.2
2019	676.0
2020	719.3
2021	740.0

资料来源：根据云南省人民政府官方网站、云南省茶叶流通协会相关资料整理。

表2　2020~2021年云南省及三大主茶区茶叶种植情况

单位：万亩

地区	2020年茶叶种植面积	2021年茶叶种植面积
云南省	719.3	740.0
临沧茶区	164.0	173.4
普洱茶区	167.0	175.0
西双版纳茶区	142.89	139.4

资料来源：根据云南省人民政府官方网站相关资料整理。

由图1、表1、表2来看，云南省的茶叶种植面积保持着稳定上升的态势，三大主茶区茶叶种植面积占比较高，成为云南省茶产业发展的重要支柱力量。2020年临沧茶区茶叶种植面积为164万亩，占全省种植面积的22.8%；普洱茶区茶叶种植面积为167万亩，占全省种植面积的23.2%；西双版纳茶区茶叶种植面积为142.89万亩，占全省种植面积的19.9%；三大主茶区茶园总面积为473.89万亩，占全省茶园面积的65.9%。2021年，临沧市茶园面积173.4万亩，普洱市175万亩，西双版纳139.4万亩，三个茶区茶园面积达487.8万亩，占全省茶园总面积的65.92%，三大茶区占全省茶园面积的比重保持稳定，无太大波动，成为云南省茶产业发展的中坚力量。

（二）茶叶产量产值再创新高，产业发展态势良好

2020年以来，云南省茶产业发展态势良好，茶叶产量及产值实现稳中攀升的良好发展状态。2020年，云南全省茶叶产量46.56万吨，茶叶综合

产值达 1001.39 亿元，实现"千亿云茶产业"目标。2021 年茶叶产量及产值再创新高，茶叶产量达 49 万吨，茶叶综合产值 1071.1 亿元。从 2016 年以来茶叶产量、产值情况（见图 2、图 3）来看，云南省茶产业的发展呈现稳定增长的趋势，发展态势良好，成为云南经济发展的一大动力。

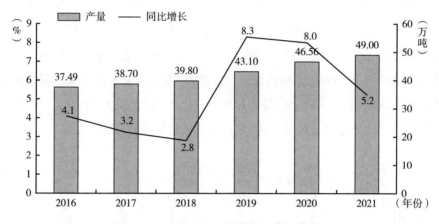

图 2　2016~2021 年云南省茶叶产量变化趋势

资料来源：根据云南省人民政府官方网站、云南省茶叶流通协会相关资料整理。

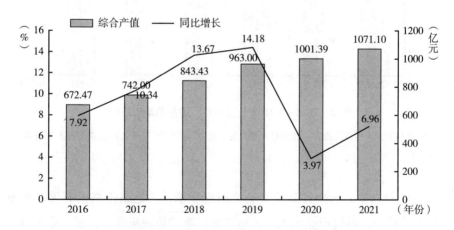

图 3　2016~2021 年云南省茶叶综合产值趋势

资料来源：根据云南省人民政府官方网站、云南省茶叶流通协会相关资料整理。

（三）茶叶市场价格逐步攀升，茶叶消费势头强劲

进入"十三五"以来，云南省茶产业发展势头良好，成品茶单价呈稳步上升态势，虽然毛茶单价有一定的波动，但是整体上茶叶消费势头强劲（见图4）。2020年，成品茶单价104.1元/公斤，同比增长4.41%，年均增长率3.7%，"十三五"期间增长率变化在2.2%~5.9%，较为稳定。毛茶单价39.81元/公斤，同比增长0.9%，"十三五"期间毛茶年均增长率4.6%，变幅从-6%到14.6%，价格波动较大。2021年成品茶价格平稳上扬，平均单价122.8元/公斤，较上年每公斤增18.7元，同比增17.96%。毛茶价格稍有提升，比上年每公斤增2.49元，平均单价每公斤42.3元。①

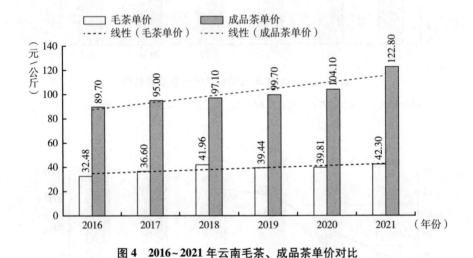

图4 2016~2021年云南毛茶、成品茶单价对比

资料来源：根据云南省人民政府官方网站以及2020、2021年度云南省茶产业发展报告整理。

2016年以来，云南省茶叶市场价格逐步攀升，毛茶价格虽有波动但整体呈上升趋势，通过产业加工，云南茶叶保质增价效果明显，成品茶价格呈逐年上升趋势，茶叶消费势头强劲。天猫数据显示，2020年11月1日0时

---

① 资料来源：2020年、2021年云南省茶产业发展报告。

至11日24时，天猫系电商平台成交额4982亿元，云南普洱茶线上交易40.95亿元，其中天猫大益茶叶旗舰店销售总额超2.01亿元，荣获茶行业销售六连冠。2021年"双十一"期间，天猫系电商平台成交额5403亿元，云南普洱茶线上销售保持连续三年增长，实现线上成交42.64亿元，同比增1.69亿元，增幅4.1%。① 据天猫行业店铺数据，2021年排名前10的普洱茶电商（见表3），累计销售普洱茶6.6亿元，云南大益茶叶旗舰店再次蝉联天猫品牌销售额榜首，荣获茶行业销售七连冠，以大益茶叶为代表的云南品牌茶价格逐年上升，茶叶消费势头强劲，茶产业发展态势良好。

表3　2020~2021年"双十一"茶叶全类别品牌交易排名

排名	2020年	2021年
1	大益	大益
2	澜沧古茶	ChaLi
3	中茶	馥益堂
4	ChaLi	晒白金
5	馥益堂	八马
6	小茶婆婆	中茶
7	八马	茶颜悦色
8	晒白金	陈升号
9	艺福堂	天福茗茶
10	小罐茶	艺福堂

资料来源：据相关网页整理而得。

（四）龙头企业带动产业融合，云茶品牌效应明显

"十四五"期间，云南省将大力发展茶产业，评选出"十大名茶"（见表4），努力培养龙头企业，提高领军企业的品牌建设水平，助力打造世界一流"绿色食品牌"。

---

① 《2021年云南省茶产业发展报告》，https://www.puercn.com/news/116586/，最后检索时间：2022年5月2日。

表4　2020~2021年云南省"十大名茶"企业名单

2020年		2021年	
企业名称	品牌名称	企业名称	品牌名称
勐海茶业有限责任公司	"大益"牌普洱茶生肖茶	普洱澜沧古茶股份有限公司	澜沧古茶
昆明七彩云南庆沣祥茶业股份有限公司	"庆沣祥"牌正山古树普洱茶(生茶)	云南中茶茶业有限公司	中茶
云南双江勐库茶叶有限责任公司	"勐库"牌普洱茶——博君熟茶	勐海陈升茶业有限公司	"陈升号"普洱茶
普洱澜沧古茶股份有限公司	"岩冷"牌0081大饼	云南双江勐库茶叶有限责任公司	勐库普洱茶
腾冲市高黎贡山生态茶业有限责任公司	"高黎贡山"牌有机普洱茶	腾冲市高黎贡山生态茶业有限责任公司	"高黎贡山"牌有机普洱茶
普洱祖祥高山茶园有限公司	"无量翠环"牌有机绿茶	云南下关沱茶(集团)股份有限公司	下关沱茶
勐海陈升茶业有限公司	"陈升号"牌霸王青饼	云南六大茶山茶业股份有限公司	六大茶山普洱茶
云南下关沱茶(集团)股份有限公司	"松鹤延年"牌下关特沱沱茶	云南农垦集团勐海八角亭茶业有限公司	八角亭普洱
云南农垦集团勐海八角亭茶业有限公司	"八角亭"牌宫廷普洱熟茶	云南昌宁红茶业集团有限公司	稳隆红茶
云南龙生茶业股份有限公司	"龙生"牌普洱茶	普洱祖祥高山茶园有限公司	祖祥有机茶

资料来源：普洱茶网，https://www.puercn.com/news/116586/。

云南省大力培育龙头企业，在16个地州市129个县市区中，省级以上龙头企业86户，其中国家级9户、初制所7484个、专业合作社3564个、种植大户3260户、家庭农场1020户。临沧、普洱、西双版纳三大主茶区积极响应云南省号召，大力培育龙头企业，截至2020年，临沧市共有国家级龙头企业4户、省级龙头企业19户、规模以上企业39户；① 普洱市有茶企

① 《2020云南临沧"天下茶尊"茶叶节启动》，https://www.puercn.com/news/79480/，最后检索时间：2021年11月10日。

978户、规上企业18户，获得中国有机茶认证企业132家；① 西双版纳州共有"绿色食品牌"茶产业基地33个，其中省级有7个、龙头企业22家、规上茶企19家、获SC认证企业551家；通过龙头企业引领，建立以农民专业合作社、家庭农场和专业大户为基础单元的茶叶生产经营体系，采用"一个公司+基地+合作社+农户"的模式，通过建设有机茶园、成立初制精制加工厂、与茶农建立有机生产合作社等方式不断推动茶产业的发展，发挥龙头企业的引领作用。

在龙头企业的引领和推动之下，云南省重点打造了一批"文化+旅游+科研+康养+特色产业"文旅项目，促进云南茶产业与旅游产业的深度融合，同时也为民族地区产业融合贡献出云南经验。云南省始终坚持以绿色作为发展底色、以茶产业为核心，全力打造世界一流"三张牌"，推出了一批茶主题公园和庄园，培育壮大了庄园经济，积极构建出茶产业、茶经济、茶生态、茶旅游和茶文化互融共进、协调发展的现代茶产业体系，不断推动茶产业与文化旅游业深度融合，拓宽和延伸普洱茶产业链，提升产业附加值，促进茶产业与旅游产业的全方位融合。临沧市凤庆县茶王自然村、云县茂兰镇、沧源县糯良乡等地开始着力促进茶产业与乡村旅游业的融合发展，着力开辟"茶叶+旅游"新路径，茶旅融合已成为临沧一大新的经济增长点。西双版纳州以茶为主题，着力打造沉浸式体验服务，西双版纳州推出红色茶旅线路、研学旅游、茶园体验游等各类旅游产品与服务，着力打造茶旅融合发展新模式。

在集群发展、龙头牵引、绿色生态等机制的指导之下，云南茶产业品牌价值不断提高，品牌效应明显，茶产业发展取得了新进展。2021年"普洱茶"品牌价值达73.52亿元，位居"中国茶叶区域公用品牌价值评估"品牌价值第2位；"滇红工夫茶"品牌价值35.15亿元，居第21位。② 临沧境

---

① 《云南普洱市加快发展有机茶产业》，https：//baijiahao.baidu.com/s？id=1705995215884676933&wfr=spider&for=pc，最后检索时间：2021年11月2日。
② 《2021年云南省茶产业发展报告》，https：//www.puercn.com/news/116586/，最后检索时间：2022年5月2日。

内的冰岛茶和昔归茶名列世界三大顶级标杆古树普洱茶范围之内，大益、陈升号、八角亭 3 款产品入选省"十大名茶"。老班章、易武、贺开、南糯山等茶山名品，大益、陈升号、雨林古茶坊、七彩云南、八角亭等名企享誉国内外，"区域公用品牌+企业品牌+产品品牌"模式效应凸显，品牌价值不断提高。

二 普洱茶产业发展特点

近年来，普洱茶产业从茶树种植到茶叶采摘、加工、包装、销售等与之相关产业链的打造，呈现助力乡村振兴、应对新冠疫情、推动产业融合、提升产业价值、把握长尾需求等发展特点。

（一）以茶兴业 以茶富农——助力乡村振兴

作为一种劳动密集型产业，普洱茶产业有利于带动贫困山区的经济发展。2020 年是全面建成小康社会目标实现之年，是全面打赢脱贫攻坚战收官之年，普洱茶产业在助力乡村振兴、促进脱贫增收过程中发挥了重要作用。全省茶产业涉及茶农 600 多万人，"十三五"期间，茶农来自茶产业人均收入年均增长率达 9.2%，2020 年，人均茶产业收入达 4050元，人均比上年增收 218 元，增长 5.7%，比 2015 年增加 1450 元，增幅达 56%，茶产业为精准脱贫做出了积极贡献。2021 年，茶农来自茶产业人均收入达 4708 元，较 2020 年增加 658 元，产业效益增长助力乡村振兴作用初显。例如，西双版纳州利用优越的生态条件和丰富的茶树资源，开辟产业化路径，促进贫困地区茶农脱贫致富。数据显示，2021 年西双版纳全州茶产业综合产值 177 亿元，从业人口 36.2 万人。① 此外，西双版纳州通过改良生产技术、开发茶园游等各类旅游产品和项目，吸纳了大量劳动力，带动了当地就业、促进了社会繁荣发展，让村民闯出一条"自我

---

① 资料来源：西双版纳傣族自治州统计局。

造血"的致富路。保山市隆阳区板桥镇西河村则积极探索合作机制，在土地流转入股的基础上，与古道春茶叶有限公司建立合作关系，形成"1+2"模式，即一次收购+二次分红。红河州探索出"公司+农户+科研院所+跨界合作企业+政府""党支部+基地+协会（合作社）+农户""市场+公司+基地+产业合作社+农户"等模式，通过吸引多元化的社会力量，助力乡村振兴。普洱市开展"非遗进校园"、直播带货、会展等活动来保护与传承普洱贡茶的传统制作技艺，利用非遗保护助力脱贫攻坚。临沧市采取扶贫协作机制、动态帮扶工作机制、返贫监测机制、消费扶贫机制、公益扶贫机制、疫情分析应对机制等系列措施助力脱贫攻坚，讲好脱贫攻坚的临沧故事，在中央定点帮扶、沪滇扶贫协作、地方各级结对帮扶的模式下，临沧市实现了"户户清""项项清""账账清"，目前全市140万茶农人均来自茶叶的收入3760元，缴纳税收2536万元，促进了民族地区高质量跨越式发展。

（二）技术赋能　创新驱动——应对新冠疫情

科技是普洱茶产业发展的永恒动力源泉，是普洱茶产业不断发挥其优势地位的关键。没有科技创新作为支撑，产品生产、品牌营销、三产融合等都是无源之水、无本之木。我国普洱茶产业充分利用科技力量，助力茶企、茶农应对新冠疫情。一方面，将技术应用于茶叶生产管理，提升质量和产量。如德宏州加大绿色普洱茶园管理集成技术研究与示范应用力度，重点围绕茶园改造、中耕、施肥、覆盖、病虫害防治等综合配套技术，将低效老茶园通过改土、改树、改园等方式进行改造更新。[①] 文山州推进绿色标准化生产，改善制茶工艺，实现茶叶精深加工。通过引入环境保护型生态发展模式，加大低产茶园改造力度，以增强茶园综合生产能力。另一方面，运用互联网等数字化方式赋能普洱茶产业。如2020年6月，普洱市让云南省第一个场景式普洱茶品质区块链追溯平台与"一部手机办事

---

① 何声灿、李文炳：《德宏州绿色普洱茶园管理集成技术》，《中国茶叶》2020年第2期。

通"等多个云平台共享数据，形成了从生产、流通到消费等所有环节的信息管理闭环。[①] 临沧市开展直播带货等活动，分别在线下茶叶节现场、临沧第一直播间、茶叶企业、古茶山、茶园进行直播营销。[②] 红河州绿春县采取线上线下两种方式，进行防疫宣传和技术培训，搭乘"电商"快车，打响电商公共品牌。

（三）延伸链条　探索模式——推动产业融合

近年来，云南省始终坚持以绿色作为发展底色，以茶产业为核心，全力打造世界一流"三张牌"，推出了一批茶主题公园和庄园，培育壮大了庄园经济，积极构建出茶产业、茶经济、茶生态、茶旅游和茶文化互融共进、协调发展的现代茶产业体系，不断推动茶产业与文化旅游业深度融合，拓宽和延伸普洱茶产业链，提升产业附加值。普洱市镇沅县和景东县在有机认证茶园的推动下，分别依托"千家寨爷号"普洱茶公共区域品牌和"无量山普洱茶"公共区域品牌打造"生态+旅游+健康+普洱茶"的茶产业链，探索茶园休闲观光等旅游服务。[③④⑤] 大理州加大财政投入力度，加强重点环节扶持，用活土地政策，改善投融资环境，不断提升三产融合发展水平；并且搭建集展示、购物、食宿、体验、娱乐、茶艺学习、茶农培训站等功能于一体的综合服务平台，提升普洱茶产业"附加值"。此外，创新模式有利于提升普洱茶产业的综合效益。保山市昌宁县采用了"桤木+茶叶""核桃+茶叶"等种植模式，提升了茶叶品质，提高了茶叶产量，也解决了退

---

① 《云南普洱茶品质区块链追溯平台正式启动》，https：//baijiahao. baidu. com/s？id = 1668441827886264871&wfr=spider&for=pc，最后检索时间：2021 年 11 月 13 日。

② 《2020 云南临沧"天下茶尊"茶叶节启动》，https：//www. puercn. com/news/79480/，最后检索时间：2021 年 11 月 10 日。

③ 《扶贫新思路：上海金山、普洱镇沅合力打造"千家寨爷号"普洱茶》，https：// m. thepaper. cn/newsDetail_ forward_ 9653263，最后检索时间：2021 年 11 月 8 日。

④ 《景东县：春漫三月天，茶香溢银生》，https：//new. qq. com/rain/a/20210325A041DC00，最后检索时间：2021 年 11 月 8 日。

⑤ 《完善特色产业　提升"造血"功能　景东县茶特中心五年扶贫有实效》，http：//txpe. yunnan. cn/system/2020/11/05/031099255. shtml，最后检索时间：2021 年 11 月 10 日。

耕农户短期的经济收益问题。临沧市凤庆县茶王自然村、云县茂兰镇、沧源县糯良乡等地开始着力促进茶产业与乡村旅游业的融合发展，着力开辟"茶叶+旅游"新路径，茶旅融合已成为临沧一大新的经济增长点。德宏州以龙瑞高速和320国道两侧优质咖啡、茶叶高效生产示范片区为基地，以"茶咖之旅"农文旅融合发展走廊为纽带形成"一心、两翼、一片区、一走廊"园区空间布局，一二三产业互动融合发展，相互关联配套，构建资源高效共享的产业新格局等。西双版纳州以茶为主题，采取沉浸式体验方式，主动打造红色茶旅线路、研学旅游、茶园体验游等各类旅游产品与服务，着力创新茶旅融合发展模式，逐渐形成"以茶促旅、以旅带茶、茶旅互动"的融合发展格局。

（四）打造品牌　拓展市场——提升产业价值

普洱茶行业积极开展品牌培育和宣传工作，品牌整体的数量与质量有了大幅提高，各茶叶主产销区相继培育出了一批具有较强影响力和竞争力的全国知名品牌及地方特色品牌，并且通过举办论坛、会展等活动，向外拓展市场，提高了影响力和产业价值。如普洱市按照"联盟品牌+区域品牌+企业品牌"模式，[①] 积极打造茶生态、茶旅游、茶文化相融合的特色小镇项目"普洱茶小镇"。德宏州大力培育和打造知名品牌，形成了以"梁河回龙茶"等为代表的一批茶叶种植、加工技术规程和产品质量标准，已有"回龙茶""纵歌""香芝""孔雀公主""德凤"等50余个茶叶品牌。此外，普洱茶行业积极向外拓展市场。2021年，西双版纳州与大湾区相关代表就普洱茶产业发展进行对话，对话涉及产业深度融合发展、区域公共品牌的打造、茶旅融合模式的创新、普洱茶产业高质量发展的路径、助力巩固脱贫攻坚成果等全方位内容。[②] 红河州先后举办茶叶协会2020年年会、2020年云南省职业

---

① 《云南普洱：多元化发展擦亮普洱茶"金字招牌"》，http://k.sina.com.cn/article_3164957712_ bca56c1002001kess.html，最后检索时间：2021年11月13日。

② 《以茶为媒　擘画未来！西双版纳对话大湾区》，https://www.163.com/dy/article/GBDIH12D0521CNOB.html，最后检索时间：2021年8月5日。

院校技能大赛之"望远山杯"中华茶艺大赛、茶叶栽培培训班等活动。品牌的打造以及市场的拓展，大力提高了普洱茶产业的知名度和美誉度，营造了全民学茶爱茶的浓厚氛围，有效促进了普洱茶文化的传播，提升了普洱茶产业的价值。

（五）重视精品　细分市场——把握长尾需求

当前，普洱茶行业充分利用资源优势，加强对原料的品质把控，不断提升产业深加工能力，提高茶叶品质，加快推动普洱茶向精品迈进。如润元昌选择在大班章茶区建立了当地第一家精制茶厂，以此为根据地深耕大班章茶区，从源头抓起，保障产品品质的稳定性，生产出更具风格特点的产品。宁洱哈尼族彝族自治县积极引导云南普洱茶（集团）有限公司、云南普洱茶厂有限公司、普洱茶王茶业集团股份有限公司做好产品精深加工，打造普洱茶精品。"品牌普洱茶产品建档入选鉴定会"于2021年8月在云南省档案馆举行。茶叶专家们结合企业规模、产值、产品销售额、产品品质、品牌知名度、产品收藏及研究价值、产品包装标识、申报材料完整规范等因素进行综合考量，从85家茶企申报的244种茶产品中，选出202种入选品牌普洱茶建档产品，充分凸显了云南省对于普洱茶精品的重视。此外，普洱茶行业开始深耕细分市场，满足消费者的多元化需求。随着老班章、冰岛、昔归、易武、景迈、邦崴等知名山头茶的兴起，分众化市场逐渐形成。由于普洱茶适合于各类人群，茶企逐步将普洱茶消费者以性格、年龄、消费能力、喜好等作为细分市场的依据。为进一步提升普洱山头茶的品牌知名度及春茶市场竞争力，2021年4月，第五届"昆明春茶周"发布会上发布了云南五大茶区（普洱市、西双版纳州、临沧市、德宏州、保山市）的76座著名山头鲜叶和成品采购参考价，供采购商、经销商参考。

三　普洱茶产业发展态势

2020~2021年是普洱茶产业发展重要的两个年份，一是市场在促进普洱茶产业资源配置、产业发展中的作用进一步凸显，普洱茶消费市场由南到北的消费空间得以拓展；二是普洱茶产业作为地方特色农业产业进一步得到政府的支持，产业发展环境向好，普洱茶种植面积稳步增长、绿色有机种植面积不断扩大，产品类型、质量有所提升，企业效益、茶农收入稳步提升。受疫情影响，采供销、消费和体验受到一定影响，但这在一定程度上有利于普洱茶高端品牌，尤其是各大名山品牌茶鲜叶、品牌茶价格理性回归。对比2019年普洱茶的生产、仓储、销售和消费相关产业链，客观分析2022年上半年春茶采摘、销售和市场整体状况，2022年下半年和2023年中国普洱茶的整体发展呈现四个比较明显的态势。

（一）普洱茶类金融特征不断凸显，产业发展态势趋于平衡

2020~2022年，中国主要的茶产区在种植端受新冠疫情影响不大，但在采摘尤其是茶园体验、产品销售终端等方面受影响较大，受绿茶、红茶冲泡、品饮和消费方式影响，终端茶馆消费断崖式下滑，导致主要茶产区茶叶采摘受到一定影响，毛茶质量无法保障，品牌企业产品滞销，不少中小茶企业面临倒闭。2020年、2021年春茶类批发市场受疫情影响，2019年度不同种类的茶尚有库存，疫情到来时尚未出手，后来新茶又进入市场，茶叶经销商资金压力和心理压力过大，这对茶叶小商户影响较大。反观普洱茶，它特有"醇化生香，保值增值"的类金融属性，每年的普洱茶有一定比例进入仓储，加之地方政府对茶农、茶企有相关扶持，2018年以来各地培育茶叶初制所、支持网络营销等，普洱茶相对其他茶，在种植、生产、销售方面总体情况相对较好，除在消费末端大中小城市的茶馆等受到较大冲击外，普洱茶种植面积、产量、仓储与2019年相比，没有更多的下滑。随着疫情防控政策的调整，随着地方政府大力扶持，随着茶旅融合、茶庄园经济的发展，包括景迈山世界文化遗产的申报，普洱茶采摘体验、消费终端复苏，2023年普洱茶产业将迎来新一波的复苏和发展。

（二）"普洱茶+"发展模式日渐成熟，产业竞争力不断提升

随着"95后""00后"消费群体的崛起，茶饮消费走向多元化，2018年、2019年以来，红茶、白茶消费逐渐呈上升趋势。借助古树茶优质原料，以相对成熟的红茶和白茶技术加工生产的红茶、白茶成为茶市、茶饮消费中的中高端产品。"果茶+普洱茶"的新型、时尚茶饮产品也拓展了新生代茶饮消费市场。"普洱茶+"的云南茶产业发展趋势更加明显，同时面对中大市场红茶、抹茶、咖啡、新型茶饮产品消费的多元化、年轻化和时尚化，中国茶饮消费迭代更新，消费品味不确定，未来3~5年，普洱茶产业的竞争将更加激烈，面对不确定的消费市场和后疫情时代国内外茶产业市场的激烈竞争，一批普洱茶龙头企业、普洱茶传统品牌已有强烈的危机意识，将会在普洱茶产品的创新、产品质量、企业品牌上加大投入，加强营销宣传，进一步拓展市场、培育品牌，提升普洱茶的竞争力。

（三）普洱茶电商平台快速发展，线上线下新模式成效显著

2020年、2021年，疫情使数量众多、层级不一的在地性茶交易市场、茶博会受到影响，普洱茶几大交易市场、仓储地受到较大的冲击。广东芳村等主要仓储地受疫情影响，曾短暂停业关闭，昆明市、普洱市、景洪市、西双版纳、临沧市等地区的茶交易市场受到较大影响，知名茶山的在地性采摘、收购、交易和体验性消费2023年还难以恢复到2019年的水平。但在疫情期间，在地方政府的扶持下，依托政府的网络交易平台、各种电商平台，普洱茶线上销售得到迅速发展，在一定程度上消解了普洱茶市场交易的下滑。中国网库云南电商谷旗下的单品电子商务网站之一的中国普洱茶交易网，为普洱茶行业的原材料及生产加工企业、贸易商、经销商提供了专业、精准的产品供求信息、询报价信息、招商代理信息及展会、行业资讯等众多普洱茶商贸信息，成为普洱茶企业进行产品推广、批发分销和大宗采购的电子交易平台，服务于众多中小企业和茶农。云南国

际茶叶交易中心和云南茶叶评价检测溯源中心成立以来，运用先进的数字化技术，创新茶品交易模式，与300多家茶农合作社建立合作关系，有400多家茶企在平台销售产品，有10多万消费者在平台购买普洱茶，为云茶产业搭建起质量保荐和产、供、销一条龙的全产业链综合交易平台。大益、陈升号等龙头企业充分利用京东、阿里等电商平台，抓住网络销售的重要节点营销产品。中小企业利用直播带货，利用抖音等销售平台、渠道营销产品。2023年，随着防疫政策的调整，线上销售还将保持旺盛的发展势头，"线下实体+线上销售"将成为普洱茶营销的新模式，促进普洱茶的健康发展。

（四）特色文化产业赋能普洱茶发展，产业附加值持续提升

普洱茶消费经过市场的几轮冲击和洗礼，随着消费市场的理性发展，消费市场不断拓展，在地性消费方面，以广东、香港地区为主的南方消费市场向北方市场拓展，尤其是中产阶层消费崛起，伴随文化旅游融合、体验经济的兴起，普洱茶产业对地方经济、社会、文化发展的带动性将更加凸显，普洱茶与地方文化产业的"双向赋能"将进一步带动创意设计、包装印刷、茶具茶器、写作和休闲娱乐业的发展。云南金木土石布特色文化产业种类中，茶带动了包括建水紫陶、新华村银器、建川木雕和根雕、茶床等特色民族民间产业。建水是第一批10家国家文化产业示范园之一，其主要的几大类产品中，产品种类最多、产值最大的是以茶器为主的产品。文旅融合，促进了茶山、乡村文化旅游业的发展，随着临沧、普洱、德宏高铁的开通，全省高速公路网的形成，"一片树叶"带动乡村文化旅游发展，促进民族地区乡村致富。普洱茶的多元文化属性和对地区经济、社会、文化、生态的带动，也将进一步促进包括普洱茶在内的学术研究、内容生产，包括普洱茶科普知识、影视视频的创作生产。普洱茶作为特殊的茶文化产品，与文化创意的双向赋能作用也将进一步提升普洱茶产业的文化附加值和市场竞争力。

四 2023年春茶市场预测

受全球气候影响，2018~2020年连续三年，部分地区出现春旱，导致茶叶发芽率低，茶叶产量下降，部分普洱茶有机生态茶原料、古树茶和山头茶毛料价格小幅上涨。2021年初迎来了几场冬雨，较大程度缓解了春旱的局面，2022年降水量充足，加之前几年的低发芽率使得茶树得以休养，所以整体上2023年茶叶发芽率相较之前会逐步持续提高，茶叶产量随之增加。受新冠疫情的影响，2020年茶叶市场降到冰点，经济环境不容乐观。在此条件下，为保证经济的健康发展以及茶产业的可持续发展，2021年及2022年相关部门控制普洱茶价格的大面积、大幅度上涨，2023年预计也会延续这个趋势。同时，各路商家在2020年、2021年疫情相对严重的几年积压的库存也会在2022年、2023年逐步放出，使存货量达到一个合理状态，可以一定程度上弥补疫情期间的茶叶空窗，致使部分高价位区的茶叶价格维持在一个相对稳定的状态。此外，通过选取十个主要茶区代表性山头茶，基于2017~2022年的春茶价格，测算出其春茶价格的年均增长率，利用年均增长率推算出2023年的春茶价格（见表5），并以2022年价格为基准，9000元/公斤为区间划分点，绘制出两个折线图呈现代表性山头春茶价格变化趋势图（见图5、图6）。由此可预估，2023年普洱茶春茶毛料价位不管是从理论上还是从推算数据上，以老班章老树、曼松古树、冰岛老寨老树、昔归古树为代表的高价位区茶价格波动较小，2023年将会有小幅度的增长空间，这进一步反映出高价位区茶具有较为稳定的消费市场，品牌认同度较高。以麻黑老树、老曼峨老树、小户赛等为代表的低价位区茶价格不稳定，波动较大，市场认同度仍有提高的空间。整体上来看，高价位区春茶价格保持稳定，并有小幅上涨，部分低价位区春茶受疫情影响波动较大，春茶价格降低。

表5 2017~2022年主要茶区代表性山头毛料市场价格及2023年价格预测

单位：元/公斤，%

地区	种类	2017年	2018年	2019年	2020年	2021年	2022年	年均增长率	2023年预测
西双版纳	曼松古树	19000	34000	40000	40000	50000	40000	16.05	46422
	老班章老树	9000	9000	12000	12000	12000	11500	5.02	12078
	刮风寨老树	3850	5000	5650	6000	3750	3600	−1.33	3552
	麻黑老树	3000	1750	2150	1800	2000	2750	−1.73	2703
	老曼峨老树	2500	2250	1650	1700	2200	2300	−1.65	2262
临沧	冰岛老寨老树	37500	40000	46000	40000	59000	63000	10.93	69888
	昔归古树	5250	8750	8500	8250	11500	9000	11.38	10024
	小户赛	1850	1700	2000	1250	2050	2050	2.07	2093
	忙肺老树	650	575	575	415	700	700	1.49	710
	邦崴	950	1000	900	800	800	800	−3.38	773

资料来源：第一届至第六届"春茶周"公布数据及网上相关资料。

　　普洱茶的热度一直保持上升。虽然近几年新冠疫情对普洱茶产业有一定的冲击，茶商往来、茶叶交易等活动受到限制，但在普洱茶越陈越香以及线上交易体系发达的良好条件下，普洱茶产业没有受到较大的冲击，仍保持着较高的热度。2020年，阿里系电商平台各茶类销售量累计为10505万件，普洱茶为2224万件，占比21.17%；各茶类销售额累计为128.46亿元，普洱茶为28.50亿元，占比22.19%，全类茶叶中普洱茶热度持续上涨。参考阿里巴巴生意参谋将各商家交易指数换算成交易金额后汇总得出，2021年"双十一"普洱茶交易指数为3304.689，交易指数增长幅度为+1332.47%，全类别品牌交易排名前十依次为大益、ChaLi、馥益堂、晒白金、八马、中

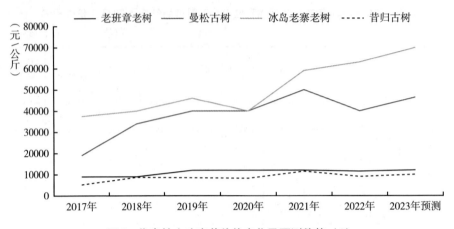

图 5　代表性山头春茶价格变化及预测趋势（1）

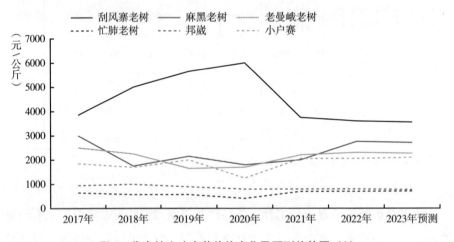

图 6　代表性山头春茶价格变化及预测趋势图（2）

茶、茶颜悦色、陈升号、天福茗茶、艺福堂（见表6），大益作为云茶以及普洱茶的龙头企业，自2015年以来连续七年蝉联天猫品牌销售额的Top1。

从2020年以及2021年的排名来看，以大益、中茶、陈升号、澜沧古茶为代表的普洱茶品类占据行业前十的多数份额，体现出普洱茶在茶叶市场中正持续升温的发展趋势。普洱茶具有"醇化生香，保值升值"的特点，除了直接推向消费市场外，普洱茶也衍生出了相关产品的投资收藏体系，普洱

表6 2019~2021年天猫"双十一"茶叶品牌店铺买家数 TOP10

排名	2019年	2020年	2021年
1	大益茶叶旗舰店	大益茶叶旗舰店	大益茶叶旗舰店
2	修正韵芝旗舰店	澜沧古茶叶旗舰店	ChaLi旗舰店
3	中茶旗舰店	中茶旗舰店	馥益堂旗舰店
4	小罐茶旗舰店	ChaLi旗舰店	晒白金旗舰店
5	辛有志生活馆	馥益堂旗舰店	八马旗舰店
6	八马旗舰店	小茶婆婆	中茶旗舰店
7	小茶婆婆	八马旗舰店	茶颜悦色
8	艺福堂茗茶旗舰店	晒白金旗舰店	陈升号
9	天福茗茶	艺福堂茗茶旗舰店	天福茗茶
10	张一元	小罐茶旗舰店	艺福堂茗茶旗舰店

资料来源：天猫"双十一"官方发布。

茶文化的外延在被不断扩展，"双十一"销售额前十的销售额中有不少来自普洱茶的贡献，因此，预计2023年大益、中茶、陈升号、澜沧古茶等普洱茶品牌仍会继续培育并扩大消费市场，引领普洱茶产业的持续发展。

五 普洱茶产业发展对策

普洱茶的主要产地在澜沧江中下游民族地区，"十三五"期间，地方政府的主要精力在于整合各种力量，攻坚克难，打赢脱贫致富的攻坚战。在云南普洱茶主要产区的脱贫攻坚中，通过一片树叶带动一个村脱贫致富、引领一片山村经济发展，普洱茶产业在乡村振兴、地方经济社会文化发展中的功能作用明显。"十四五"期间，主动融入国家重大发展战略，对接乡村振兴、生态产品价值转化、城乡一体化发展、地方产业结构调整等重要工程，更好地利用好云南普洱茶绿色有机的生态资源，实现生态产品的价值转化，推动普洱茶产业的健康、可持续发展将具有重要的示范和引领作用。

本报告根据以上分析，提出以下推动普洱茶产业发展的政策建议。

（一）促进普洱茶产业与地方经济社会协调发展，构建普洱茶产业发展生态体系

"十四五"期间，促进区域发展的均衡性，实现经济的可持续健康发展，将是地方政治、经济、社会、文化、生态五位一体协调发展的首要任务。普洱茶作为云南重要的高原特色农业、特色经济，对地方经济、文化、生态，尤其是对促进乡村产业振兴、提供大量就业岗位，以及民族地区致富、民族地区团结进步示范区建设有重大的作用。目前对以普洱茶为主的茶产业，在顶层设计、政策体系、管理体制机制等方面，与东部浙江、福建等地区相比，还有很多需要改进、完善的地方。需要根据普洱茶在种植、生产、销售、消费端存在的问题，出台相关政策措施，拓展普洱茶消费市场，提升普洱茶的质量和品牌影响力，推动对千亿茶产业的政策保障，尤其要将中小企业扶持、金融支撑、市场拓展、平台服务、产品研发创新、资源普查保护、统计等相关保障体系落到实处，为普洱茶产业的健康、可持续发展营造良好的环境。

（二）强化普洱茶产业"实体+网络"融合发展模式，拓展国内外普洱茶消费市场

高原特色农业和文化旅游融合发展是云南促进地方文化经济发展的重大举措，也是地方完善经济发展方式，促进文化旅游融合发展、转型升级的重要途径。"十四五"期间，国家出台一系列旨在推动文化旅游消费市场发展、扩大内需、活跃城乡文化消费市场的相关政策和推出引领性的工程。包括培育文化旅游消费试点城市、文化旅游消费示范城市、夜间文化旅游街区等相关工程。地方政府也依托文化旅游综合服务采取引领地方文化旅游消费的相关措施，但相比四川、上海、贵州等省市，云南推动普洱茶、咖啡、鲜切花和云南高原果蔬与文化旅游融合，带动普洱茶和相关高原特色农业发展的系列政策举措还不够具体，各级政府帮扶、支持和鼓励企业拓展普洱茶消费市场尤其是北方消费市场的力度和政策举措也还不够。充分挖掘普洱茶绿色、健康元素和普洱茶背后的历史文化、生态文化、地方文化和民族文化的附加值，借助进入对外文化交流、"一带一路"倡议国家话语体系的茶马古道、景迈山世界文化遗产申报等文化符号体系，加强对重点地区、消费群体，尤其是北方市场的宣传营销，是"十四五"期间各级政府和企业推动普洱茶产业发展的重要路径。

（三）完善普洱茶资源保护的相关法律法规体系、夯实产业可持续发展资源基础

古茶树是云南普洱茶产业可持续发展，普洱茶中高端产品、普洱茶品牌绿色发展的重要资本。云南省拥有中国95%以上的古茶树资源。澜沧江流域特殊的地理环境、传统民族村落和古茶树良好的文化生态是普洱茶可持续发展的基础，也是云南文化旅游、康养产业、绿色产业发展的重要资源。云南主要的茶区处于澜沧江流域，有丰富的古茶树资源。茶叶是各民族人民重要的经济来源，对民族地区致富增收起到极大的促进作用，而古茶树资源也是国家重要的种质资源。随着近年来山头茶、古树茶受到中高端消费市场的青睐，传统六大茶山及班章、冰岛、昔归、南糯山、景迈山等古茶树连片富集区都面临掠夺式采摘、游客云集、过度商业化、过度旅游开发等问题。这些以古茶树为代表的珍稀树种的生态系统一旦毁损就不可再生。在西南林业大学、云南农业大学、中科院云南植物所等研究机构和民间茶叶协会开展的资源普查、国家标准制定的基础上，尽快出台古树茶国家标准和古茶树系列保护措施是普洱茶健康、可持续发展的重要工作。

（四）构建普洱茶产品质量控制和生产标准体系，保证普洱茶产业健康、可持续发展

普洱茶的种植、生产和销售社会化小规模的产业发展模式，加之不同地区古树茶和茶叶原料质地的差异、不同消费群体茶消费品味的多样性，在形成了普洱茶产品品牌、品质的高中低端消费差异性的同时，也在一定程度上

导致普洱茶从种植、采摘到产品加工生产端标准制定和质量上的混乱。参照国家饮食卫生、健康的相关标准和地方品牌标准，加强对普洱茶产品质量和生产环节的标准化建设，发挥龙头企业的引领作用，带动中小微企业在种植、生产、仓储环节严格遵守国家食品相关卫生标准、质量标准进行生产，强化市场监管，引导中小微企业和茶农遵守国家和地方法规，合法进行交易和销售，是确保普洱茶产业健康发展的重要工程。

（五）强化普洱茶与相关产业"双向赋能"效应、营建"茶文旅融合"发展新格局

普洱茶与地方文化创意产业、文化旅游产业的双向赋能的作用日渐凸显。普洱茶产业呈现在地性市场交易、原料供应向不同档次的产品精加工和品牌营销、体验性消费的发展。该过程带动了普洱茶产品的创意设计、印刷包装、广告等文化创意产业相关业态的发展，从国际顶尖的创意设计、广告公司，如爱马仕，到诸如合兴包装、裕同YUTO、Tetra Pak利乐、美盈森MYS等品牌企业都参与普洱茶产品包装设计，促进了地方创意设计、包装印刷、广告等产业的发展。地方政府在促进文化旅游融合、乡村振兴过程中，积极培育以普洱茶种植、加工生产地为依托的集采摘、加工、茶文化和民族文化体验、研学于一体的产业发展，带动了地方文化旅游的发展，普洱茶同时也带动了文博服务、休闲度假、茶具茶艺、影视和休闲娱乐业的发展，西部地区特色产业与文化创意产业双向赋能的发展模式应引起政府的重视，对此要进行必要的总结，出台相关鼓励和扶持政策，营造更好的发展环境，促进普洱茶产业的可持续发展。

普洱茶在经历了起步、快速发展、市场炒作、产业下滑之后，再次被消费市场所认可，产业发展空间不断拓展，在2016年后步入快速发展阶段。2020年遇新冠疫情，整个茶产业都不同程度受到影响，普洱茶若想在二次崛起中克服疫情带来的影响、实现健康可持续发展，唯有敢于面对变化、拥抱市场、不断创新。

产 区 篇
Producing Regions Reports

B.2
普洱市普洱茶产业发展报告

摘 要： 普洱市因普洱茶扬名天下。近年来，在"千亿云茶产业"战略
以及"大产业+新主体+新平台"思路的引导下，普洱市狠抓普
洱茶标准化、有机化、数字化和品牌化建设，打造普洱茶品质区
块链追溯平台、组建普洱茶区域品牌联盟，大力拓展普洱茶产业
的品牌影响力，依托普洱茶文化历史资源带动茶文化旅游业提质
升级，从而推动普洱市擦亮普洱茶"金字招牌"，建设成为世界
一流茶产业强市。

关键词： 普洱市 普洱茶产业 茶叶品牌

---

* 卢寒，原普洱市茶叶和咖啡产业局局长，主要研究方向：茶叶种植、加工，茶文化，产业经
济；赵悦彤，云南大学民族学与社会学学院在读硕士研究生，主要研究方向：文化管理、文
化产业。

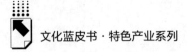

普洱茶因普洱得名，普洱则因普洱茶名扬天下。1800 多年前，普洱的先辈们就在这片土地上种茶、制茶、饮茶、经营茶。如今，普洱仍生长着 2700 余年的镇沅千家寨野生古茶树王，1800 年的邦崴过渡型古茶树，18.2 万亩的栽培型古茶园。茶作为普洱的根，积淀了千年的普洱茶文化，是普洱各民族精神信仰的根基。①

一 普洱市普洱茶产业发展现状

（一）普洱茶产业整体发展情况

近年来，普洱市在"千亿云茶产业"的战略指引下，开展普洱茶产业的标准化、有机化、数字化以及品牌化建设，将大产业、新主体、新平台作为产业发展的基本思路，着力培育普洱茶"金字招牌"，开辟出一条独具特色的普洱茶产业发展之路。② 当前，普洱市正紧紧围绕打造千亿云茶产业以及世界一流"绿色食品牌"的战略目标，发布普洱茶 10 项标准，推动绿色有机茶园以及普洱茶大数据中心的建设，大力提升普洱茶区域品牌的国际影响力，全力打造普洱茶产业强市。③

（二）普洱茶种植加工情况

1. 普洱市茶园面积和产值情况

截至 2020 年，普洱市共有各类茶园 304 万亩，其中野生古茶树群落 118 万亩、栽培型古茶园 19 万亩、现代茶园 167 万亩。茶叶产量 11.82 万吨，综合产值 293 亿元，茶园面积、产值居全省第一。全市茶企业 978 户，茶叶

---

① 《十大茶旅胜地，一定要去看一看》，腾讯网，https://new.qq.com/omn/20210720/2021 0720A03CKL00.html，最后检索时间：2021 年 11 月 1 日。
② 《一片小茶叶 一个大产业——普洱市茶产业发展纪实》，普洱市人民政府官网，http://www.puershi.gov.cn/info/1340/96812.htm，最后检索时间：2021 年 11 月 1 日。
③ 《云南普洱市加快发展有机茶产业》，https://baijiahao.baidu.com/s? id = 1675500471434 283276&wfr=spider&for=pc，最后检索时间：2021 年 11 月 2 日。

初制所 2306 个，茶叶农民专业合作社 1173 个。[①] 总体来看，2016～2020 年普洱市普洱茶总产量逐年增加，但产量增速总体呈下降趋势，尤其是 2017～2019 年，增速下降（见图 1）。

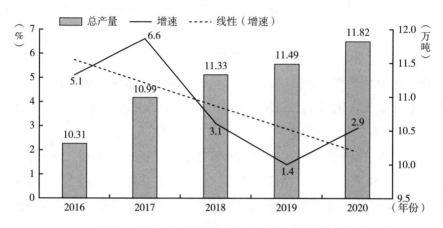

图 1　2016～2020 年普洱市茶叶总产量及增速

资料来源：普洱市 2016～2020 年国民经济和社会发展统计公报。

2. 普洱市有机茶园种植、发展情况

截至 2020 年 7 月，普洱市共有 165 万亩现代茶园完成了生态改造，累计投入 3 亿多元，拥有有机茶认证证书面积已达 42.07 万亩。全市毛茶产量 11.76 万吨，实现综合产值 272 亿元，茶叶种植面积、产值均居全省第一；全市茶企 978 户中规上企业 18 户，茶农来自茶叶的人均纯收入达 4615 元。截至 2020 年 7 月 1 日，普洱市获得中国有机产品认证的企业有 157 家、证书 217 张，获证企业数和证书数均位于全省第一。[②] 其中，获得中国有机茶认证企业 132 家、证书 186 张，数量均居全国第一，加速了普洱市打造"中

---

① 《云南省普洱市茶产业发展工作专班 2021 年第一次专题会议》，https：//baijiahao. baidu. com/s？id＝1705995215884676933&wfr＝spider&for＝pc，最后检索时间：2021 年 11 月 2 日。

② 《云南普洱市加快发展有机茶产业》，https：//baijiahao. baidu. com/s？id＝167550047143428 3276&wfr＝spider&for＝pc，最后检索时间：2021 年 11 月 2 日。

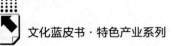
国有机茶第一强市"目标的实现。①

3. 分县区茶叶种植加工情况

近年来，景东县积极进行农业供给侧结构性改革，将发展茶产业并入脱贫攻坚战中，不断探索茶产业标准化、规模化、品牌化发展。按"精品走山头，大众走有机"的产业发展思路，2020 年，景东县巩固提升生态茶园面积 23.49 万亩，其中有栽培型古茶树 3.72 万亩，茶叶产量达到 1.3 万吨，产值 3.06 亿元，茶叶种植加工企业 149 家，建成标准清洁化初制所 11 个，从事茶叶加工、销售人员 5000 余人，景东县被中国茶叶流通协会授予"2020 年度茶业百强县"称号。②③

曾有"东南亚陆路码头"之称的思茅区以"生态、有机"为思路，以创建国家有机产品认证示范区为重点，着力打造普洱有机茶产业。2018 年思茅区现代农业（茶叶）产业园成为全省唯一被认定的首批国家现代农业产业园，思茅区荣获"2018 年中国茶叶百强县（区）"称号。此后，思茅区便以推行化肥农药"零增长"措施为基准，着力推动 17 万亩茶园的有机肥绿色农业种植工作。到 2020 年，思茅区已实现有机茶转换 10 万亩，有机茶园认证面积达 5 万亩，有认证主体 50 个，力争建成全省规模最大的有机普洱茶生产、加工和销售基地。④

2020 年，镇沅县围绕打响"千家寨爷号"普洱茶区域公共品牌的战略目标，实现全县茶叶总产量 4968.1 吨、总产值 5.68 亿元，共 33 家企业、茶叶初制所获得有机茶园转换认证证书。此外，镇沅县致力于普洱茶标准化生产，八个茶区古茶园、仿古茶园、生态茶园晒青茶均未检测出 68 项农药

① 《普洱市打造"中国有机茶第一强市"》，https：//yn. yunnan. cn/system/2020/08/18/
030893477. shtml，最后检索时间：2021 年 11 月 2 日。

② 《景东县：春漫三月天，茶香溢银生》，https：//new. qq. com/rain/a/20210325A041DC00，
最后检索时间：2021 年 11 月 3 日。

③ 《普洱景东县茶特发展中心助推茶产业发展》，http：//txpe. yunnan. cn/system/2021/04/27/
031419711. shtml，最后检索时间：2021 年 11 月 3 日。

④ 《普洱市思茅区：有机茶成新名片》，https：//www. puer10000. com/shantou/147899. html，
最后检索时间：2021 年 11 月 3 日。

残留，水浸出物含量均在 45% 以上，高于普洱茶国家标准 20%。① 普洱茶产业为镇沅县 1.34 万户茶农创造了稳定的收入来源，成为支柱型产业。②

澜沧县境内的景迈芒景千年万亩古茶园是国内迄今为止面积最大的人工栽培型古茶园，与邦崴千年过渡型大茶王树一起展现了澜沧县悠久的茶文化历史。截至 2020 年，澜沧县普洱茶茶叶种植面积高达 36 万亩，其中古茶树面积就达 2.8 万亩，县内有 6.8 万户农户从事茶叶生产，每户平均茶叶收入能够达到 5412 元，普洱茶产业已然成为澜沧县的支柱型产业。③

墨江哈尼族自治县作为种茶历史悠久的普洱茶产业强县，截至 2020 年，茶园种植面积达到 23 万亩，茶叶初制加工厂 147 个，茶农 22 万余人。近年来，位于墨江县景星镇的凤凰窝古茶园在良好的生态、气候环境中培育出高品质的凤凰窝古树茶，统计数据显示，目前凤凰窝古茶园面积达到 66 亩，2020 年春茶产量高达 400 公斤。随着 2020 年凤凰窝古树春茶新品的发布上市，品牌化建设为拓宽墨江县普洱茶销售渠道、促进茶农和茶企收入带来积极影响。④

位于普洱市景谷县城西北部的民乐镇在普洱茶产业多年的发展过程中，已经形成以秧塔大白茶为主导，甘蔗、烤烟、咖啡、橡胶等多产业共同发展的繁荣景象。⑤ 截至 2020 年，民乐镇累计种植茶叶面积 5.6 万亩，累计建设标准化生态茶园 29493 亩，建立农民茶叶专业合作社 58 个。2020 年茶叶产

---

① 《扶贫新思路：上海金山、普洱镇沅合力打造"千家寨爷号"普洱茶》，澎湃网，https：//m. thepaper. cn/newsDetail_ forward_ 9653263，最后检索时间：2021 年 11 月 5 日。

② 《镇沅县将茶产业确定为"一县一业"主导产业》，https：//yndaily. yunnan. cn/html/2021-01/15/content_ 1391603. htm？ div=-1，最后检索时间：2021 年 11 月 5 日。

③ 《普洱普洱茶｜澜沧县｜文东古茶山》，http：//www. chazhong. cn/106349. html，最后检索时间：2021 年 11 月 7 日。

④ 《普洱市启动普洱茶品质区块链追溯平台暨 2020 年凤凰窝古树茶春茶新品发布会》，https：//m. yunnan. cn/system/2020/06/02/030692943. shtml，最后检索时间：2021 年 11 月 7 日。

⑤ 《创建路上·景谷｜茶乡盛开团结花，携手共创新生活》，https：//xw. qq. com/cmsid/20210714A05CRD00，最后检索时间：2021 年 11 月 7 日。

量 5035.10 吨，实现农业产值 1.51 亿元。①

截至 2020 年，江城县茶叶种植总面积稳定在 20.57 万亩（其中：现代茶园面积 16.9 万亩，茶树林 3.67 万亩），茶叶采摘面积 13.62 万亩，茶叶初加工厂 130 个，全县已获得有机茶园认证 20380 亩，获得有机茶园转换证1900 亩。②

（三）普洱茶产业发展现状

1. 疫情影响下春茶快速"回暖"

2020 年伊始，突如其来的新冠疫情按下了普洱茶产业的暂停键。全国上下共同抗击疫情期间也正值春茶采摘的重要节点。在疫情防控期，2020 年首批春茶开采的时间比往年推迟了 10 多天。在疫情影响之下，茶企面临着采摘难、销售难、资金难等困境，普洱市在落实好防疫政策的同时安全有序推进企业复工复产：首先，成立疫情防控领导小组，安排员工进行春茶开采工作；其次，启动"云销售"模式进行普洱茶线上直播带货，利用电商渠道将茶叶销售重心由线下转移到线上；最后，普洱市出台一系列政策措施，对茶企业加大金融支持力度，延期或减免税费，解决其资金问题，帮助中小企业渡过难关。③

2. 茶企投入普洱茶品质区块链平台，拓展消费市场

普洱茶企业的强弱对普洱茶产业发展水平的高低起着决定性作用，④ 目前，名山普洱茶品牌质量追溯体系建设不断完善，省内第一个场景式普洱茶品质区块链追溯平台已完成建设。普洱茶投资集团有限公司将区块链技术融入普洱茶品质追溯体系的构建当中，利用纹路成像识别、产品编码、人民币

---

① 《普洱景谷：产业发展融入民族文化　乡村振兴"锦上添花"》，https://www.163.com/dy/article/G9QEQVDR0530TF40.html，最后检索时间：2021 年 11 月 7 日。

② 《普洱市江城县茶叶协会正式揭牌成立》，http://yn.people.com.cn/news/yunnan/n2/2020/0429/c393927-33985891.html，最后检索时间：2021 年 11 月 7 日。

③ 《疫情之下思茅茶企业如何突破难关》，http://jingdong.gov.cn/info/1163/44535.htm，最后检索时间：2021 年 11 月 8 日。

④ 《在清醒认知中坚定信心　在时代挑战中拥抱机遇——普洱茶产业发展现状调查与思考》，http://www.smqzf.gov.cn/info/1507/11252.htm，最后检索时间：2021 年 11 月 8 日。

防伪技术以及 NFC 芯片等防伪技术，使得普洱茶产品真正实现了一饼一码，产品拥有了"身份证"。目前，普洱市共有 25 家茶企业将其普洱茶产品上链，区块链技术使得普洱市将普洱茶推向了普洱茶高端消费市场。[①]

3. 景迈山古茶林文化资源打造普洱茶文化品牌

自 2010 年开始，普洱市愈发注重茶文化资源的保护与开发，重点推动景迈山古茶林申遗工作，力争将包含景迈山古茶园、古村落，和布朗族、傣族传承下来的语言、风俗、节庆等民族文化传统在内的景迈山古茶林文化景观最真实地呈现给世界，[②] 在保护古茶林资源的同时，澜沧县已建设完成 3.17 万亩的生态茶园。目前，普洱市澜沧县依托其茶文化资源，着力打造景迈山旅游文化品牌，2019 年景迈山景区共接待游客 50 多万人次，文化和旅游产业收入高达 1.37 亿元。[③]

二　普洱市普洱茶产业发展亮点

当前，普洱市依据"小众走高端，大众走有机"的茶产业发展思路，通过普洱茶品质区块链追溯体系的建设构建茶产业全产业链，力争把普洱茶打造成为千亿云茶产业。[④]

（一）"十项标准"严控茶叶品质，标准化规范普洱茶产业高质量发展

产业的发展和产品的品质离不开一个完善的产业标准化体系，目前，国

---

① 《【古道深处寻茶觅咖】普洱茶投资集团：发挥国企担当　擦亮金字招牌》，https://baijiahao. baidu. com/s？id=1680128368752073900&wfr=spider&for=pc，最后检索时间：2021年 11 月 8 日。

② 《【景迈山古茶林文化景观申遗】全力以赴　展示真实景迈》，http：//news. sohu. com/a/503240087_ 121123844，最后检索时间：2021 年 11 月 8 日。

③ 《景迈山借申遗契机加快发展》，http：//www. lancang. gov. cn/info/1111/31053. htm，最后检索时间：2021 年 11 月 8 日。

④ 《普洱市政府与中国茶叶股份有限公司签订合作框架协议》，https：//new. qq. com/rain/a/20200914A0JNAN00，最后检索时间：2021 年 11 月 8 日。

家层面仅有 1 项专门的普洱茶标准——2008 年《地理标志产品　普洱茶》。为了更好推进普洱茶标准化体系建设，2020 年 1 月 12 日，普洱市因地制宜，在高于国家标准的要求下科学制定了区域行业标准："普洱市普洱茶十项标准"。此次发布的"普洱市普洱茶十项标准"包括"七项地方标准"和"三项团体标准"（见表 1），该标准体系通过科学标准的技术手段，将普洱茶在种植、生产加工等方面的实际成果进行提炼，针对性地规范了从种子到杯子的所有环节的质量管理要求，为普洱市普洱茶构建了一套标准化体系。"普洱市普洱茶十项标准"的制定，推动普洱市普洱茶标准化体系建设开启了新的征程。①

表 1　普洱市普洱茶十项标准一览

普洱市普洱茶十项标准	
七项地方标准	《生态茶园（Ⅰ类）普洱茶质量控制技术规范》
	《生态茶园（Ⅱ类）普洱茶质量控制技术规范》
	《普洱茶生态茶园（Ⅰ类）建设及管理规范》
	《普洱茶生态茶园（Ⅱ类）建设及管理规范》
	《栽培型古茶树及古茶园管护规范》
	《普洱茶贮存技术规范》
	《普洱茶加工技术规程》
三项团体标准	《普洱茶感官审评方法》
	《普洱茶冲泡方法》
	《仿古茶园建设技术规范》

资料来源：根据普洱市人民政府官方网站相关资料整理。

（二）有机茶园认证延伸茶产业链，有机化擦亮普洱茶产业"金字招牌"

普洱市为了大力推动普洱茶有机生态茶园的建设，通过配置太阳能

---

① 《云南普洱发布"普洱茶十项标准"推行标准化体系建设》，http：// yn. people. com. cn/n2/ 2020/0113/c372455-33710577. html？from = singlemessage&isappinstalled = 0，最后检索时间：2021 年 11 月 8 日。

杀虫灯、黏虫板、害虫诱捕器等防虫治虫设施，创新林种生物结构和乔灌木相结合的复合立体种植模式，在标准化、绿色化以及清洁化标准茶园建设、病虫害绿色防控等方面实行严格的措施，大大降低了生态茶园病虫害的发生率，使茶园达到一个稳定的生态平衡状态。截至目前，普洱市获中国有机茶园认证企业数及证书数位居全省前列。普洱茶的有机化生产使得普洱茶越来越受到市场的认可，也让越来越多的县区受益于普洱茶产业。镇沅县于2020年发布"千家寨爷号"普洱茶公共区域品牌系列产品，"千家寨爷号"普洱茶作为东西部扶贫的重要协作成果，为全县1.34万户茶农拓宽了收入渠道，成为镇沅县脱贫攻坚的支柱产业。在"千家寨"普洱茶品牌的影响下，镇沅县以严格的制茶标准积极推进绿色有机茶园的建设，目前已有生态茶园8.79万亩，33家企业、茶叶初制所获得有机茶园转换认证证书。依托老乌山、马邓、打笋山、茶山菁、千家寨等八款绿色有机产品，镇沅县打造"生态+旅游+健康+普洱茶"的茶产业链，推动"千家寨"品牌影响力不断扩大。① 景东县按照"精品走山头，大众走有机"的思路，走茶叶有机化道路，截至2020年，全县有机茶园基地认证、转换面积达3万多亩，10家茶企业、合作社取得了有机茶园基地认证证书，12家茶企业取得了有机茶园基地转换认证证书。普洱茶产业的有机化发展提高了普洱茶的市场价格，高于普通茶叶价格5倍以上的有机茶让茶农一年拥有七八万元的收入，极大地提高了农户的收入水平。② 在"无量山普洱茶"公共区域品牌的推动下，景东县积极整合普洱茶品牌，结合有机茶园的生态优势，探索茶园休闲观光等旅游服务，极大地拓展了茶产业链条，为擦亮普洱茶金字招牌贡献出重要力量。③

---

① 《扶贫新思路：上海金山、普洱镇沅合力打造"千家寨爷号"普洱茶》，https：//m. thepaper. cn/newsDetail_ forward_ 9653263，最后检索时间：2021年11月8日。
② 《景东县：春漫三月天，茶香溢银生》，https：//new. qq. com/rain/a/20210325A041DC00，最后检索时间：2021年11月8日。
③ 《完善特色产业　提升"造血"功能　景东县茶特中心五年扶贫有实效》，http：//txpe. yunnan. cn/system/2020/11/05/031099255. shtml，最后检索时间：2021年11月10日。

（三）"互联网+"赋能茶产业体系，数字化助力普洱茶产业进入发展快车道

为推动普洱市茶产业发展，普洱市适应"双循环"新发展格局，落实"数字云南""数字普洱"建设的工作部署，开启电商运营新模式，加速普洱产业数字化升级。① 在数字化技术的助力下，2020 年 6 月 2 日，普洱市建设完成了云南省第一个区块链技术与追溯体系深度融合的场景式普洱茶品质区块链追溯平台，消费者可通过扫描二维码，了解普洱茶的生产制作、仓储销售等产品溯源信息。普洱茶品质区块链追溯平台的建成持续扩大了景迈山、无量山、景谷山、千家寨等"7 县 7 山"的名山普洱茶品牌影响力，受到消费者的广泛赞誉。此外，普洱市还将普洱茶区块链追溯平台与"一部手机办事通"等多个云平台进行生产、流通、消费等所有生产环节的数据和信息共享，这一举措不仅增加了消费者对企业的信任，而且完善了政府部门的监管服务，推动普洱茶企业更用心地提升茶品质、拓展其销售渠道。目前云南天士力帝泊洱生物茶集团有限公司、普洱祖祥高山茶园有限公司等25 家企业 25 个产品已经顺利入驻普洱茶品质区块链追溯平台，努力满足普洱茶高端消费市场需求，打造全新的普洱茶发展新模式。② 2020 年新冠疫情的突发对于各行各业都造成了沉重的打击，为应对新冠疫情和之后持续旱情对普洱茶产业的影响，宁洱县在 2020 年的春茶开采仪式上首次通过网络直播助茶农、电商营销助企业等主题活动在茶园进行直播推介，以春茶开采为契机"带货"普洱茶，帮助茶农拓宽春茶销售渠道，助力茶产业进入复工复产的快车道。③

---

① 《云南普洱：多元化发展擦亮普洱茶"金字招牌"》，http://k.com.cn/article_3164957712_bca56c1002001kess.html，最后检索时间：2021 年 11 月 13 日。

② 《云南普洱茶品质区块链追溯平台正式启动》，https://baijiahao.baidu.com/s?id=1668441827886264871&wfr=spider&for=pc，最后检索时间：2021 年 11 月 13 日。

③ 《宁洱县 2020 年春茶开采仪式暨网络直播助脱贫活动》，https://www.puercn.com/puerchanews/yuncha/206724.html，最后检索时间：2021 年 11 月 13 日。

（四）区域联盟提升茶品牌价值，品牌化推动普洱茶产业提档升级

品牌是产品的符号象征，普洱茶产业的发展离不开品牌化的推动。早在2018年，普洱市就推出《普洱市擦亮"普洱茶"金字招牌三年行动计划》，鼓励推进品牌化建设，提升普洱茶品牌价值。如今，普洱市按照"联盟+区域+企业"的品牌模式，已推出"千家寨""景谷山""江城号""无量山"四个名山普洱茶联盟，实现标准生产，并通过品牌、监控、标准、检测、标识五个方面的统一推动普洱茶产业提档升级。[①] 近年来，普洱市镇沅县依托普洱茶千家寨野生古茶种质资源库、半山"云端酒店"以及"千家寨"主题庄园等资源，大力推动普洱茶有机茶园和产品可追溯体系的建设，明确提出打响"千家寨爷号"普洱茶区域公共品牌的目标，把"普洱"巨大的无形资产转化为有形资产，全力擦亮"千家寨"普洱茶金字招牌。[②] 2020年，依托镇沅茶文化、少数民族文化和生态山水等在地性资源，以千家寨茶博物馆、茶产品交易体验中心为核心的千家寨主题街区以及千家寨茶庄园等建设已成为镇沅美丽县城建设的重点项目，以"茶王"文化为产业内涵、"文化+旅游"为产业导向和"千家寨野生茶树王"为品牌内核的茶文化主题项目已成为带动全县文化旅游产业升级、推动县域经济发展的重要支柱。[③] 在文化旅游方面，普洱市将重点放在特色小镇项目"普洱茶小镇"的打造上，坐落于普洱中心城区南部野鸭湖畔的普洱茶小镇以普洱茶健康文化度假区、产业文化展示区、生态茶园文化保护区以及庄园文化体验区为主体，建立普洱茶产业研发、生产、销售、仓储、物流中心，同时规划茶祖圣殿、五星级酒店等模块，致力于打造茶生态、茶旅游、茶文化相融合的普洱茶全产业链

---

① 《云南普洱：多元化发展擦亮普洱茶"金字招牌"》，http：//k. sina. com. cn/article_ 3164957712_ bca56c1002001kess. html，最后检索时间：2021 年 11 月 13 日。
② 《镇沅县将茶产业确定为"一县一业"主导产业》，https：//yndaily. yunnan. cn/html/2021- 01/15/content_ 1391603. htm? div=-1，最后检索时间：2021 年 11 月 14 日。
③ 《镇沅县：丰富"茶王"内涵　提升城市品质》，http：//yn. people. com. cn/n2/2021/0203/ c372451-34561752. html，最后检索时间：2021 年 11 月 14 日。

体验基地，构建普洱城市文化旅游新地标。① 此外，普洱市还积极挖掘茶文化历史资源，围绕"古茶""古府"和"古道"三个主题，在《普洱古树茶》《普洱府史料》两部书的基础上打造"普洱茶文化三部曲"系列丛书。2020年，普洱市正式启动了丛书系列的第三本《普洱茶马古道》的编撰工作，该书已出版。②

（五）普洱贡茶制作技艺传承茶文化根脉，非遗保护助力脱贫攻坚

2008年，普洱市宁洱哈尼族彝族自治县"普洱茶制作技艺（贡茶制作技艺）"入选第二批国家级非物质文化遗产，它是宁洱县世代传承的作坊式传统手工技艺。普洱贡茶的生产大致分为祭祀茶神、原料采选、杀青揉晒、蒸压成型4个步骤，但随着现代生产工艺的不断进步，由于断代时间过长、流传较少、手工艺成本高等问题，普洱茶贡茶的生产工艺面临失传危机。③ 为了更好地保护与传承普洱贡茶的传统制作技艺，普洱市实施了一系列保护措施。首先是保护和重用国家级非物质文化遗产省级传承人，李兴昌作为普洱茶制作技艺的传承人之一，始终以工匠精神为引导，坚持以传统工艺制作来代替现代制茶设备，为的就是将世代流传下来的传统制茶技艺完整地保存和传承下去。④ 其次，普洱市秉承"非遗见人见物见生活"的理念，推动非遗传承进校园主题实践活动以及文旅融合中非遗技艺展示等活动的开展⑤，让年轻一代观摩学习传统的普洱茶贡茶制作技艺过程，同时依托困鹿山、磨黑古镇等景区景点的开放，使游客能够亲身体验普洱贡茶制作技艺的

---

① 《普洱茶小镇建设持续推进》，http：//www. menglian. gov. cn/info/1314/35993. htm，最后检索时间：2021年11月14日。

② 《让古道文化"活"起来 普洱景谷县完成县内茶马古道踏勘》，http：//union. china. com. cn/txt/2021-04/14/content_ 41530244. html，最后检索时间：2021年11月16日。

③ 《普洱茶贡茶制作技艺 国家级非物质文化遗产》，https：//www. puercn. com/puerchazs/peczs/24223. html，最后检索时间：2021年11月16日。

④ 《李兴昌：玩转手艺只为"守艺"》，http：//www. ne. gov. cn/info/1105/43167. htm，最后检索时间：2021年11月16日。

⑤ 《体验制作加工普洱茶，宁洱非遗传承实践活动走进校园》，http：//www. ne. gov. cn/info/1099/48633. htm，最后检索时间：2021年11月17日。

整个流程，强化普通民众对于非遗文化的保护意识。最后，普洱市通过直播带货、会展活动等多渠道，将贡茶制作技艺直接搬到大荧幕上，贡茶技艺传承人的现场展示，不仅进一步扩大了普洱茶的品牌影响，更推动了贡茶制作技艺的广泛宣传，扩大了普洱茶的销售范围，使得非遗文化在科技助力下焕发新的生机。①

三 普洱市普洱茶产业发展态势

（一）完善普洱茶产业政策，引领普洱茶产业标准化发展

标准化发展是普洱茶产业健康发展的重要保证，目前，我国已建立起涵盖生产、种植、采收、加工、贮存、包装、产品标准、质量追溯等茶叶生产加工销售服务各环节的茶叶标准体系。② 在市场和产品多元化的发展趋势下，普洱市大力推广标准化科学种植技术，在"十项标准"的基础上，建立完善普洱茶的质量监管体系，引导企业提升茶产业标准化生产水平。③ 未来，普洱市将围绕"绿色经济示范区、兴边富民示范区、国际生态旅游胜地"的发展定位，搭建班子，制定普洱茶发展方案，在茶产业发展较好的县（区）深入调研，借鉴其先进且成功的茶产业发展经验和做法，主动服务和融入"千亿云茶产业"战略。同时，普洱市力求完善普洱茶产业政策，《普洱市茶产业高质量发展实施意见》和《加快全市茶产业发展10条措施》等相关政策措施将会陆续出台，重点对低氟普洱茶的生产加工技术进行研

---

① 《繁荣群众文化　助力脱贫攻坚》，http：//www.ne.gov.cn/info/1099/48639.htm，最后检索时间：2021年11月17日。
② 康燕妮、邱晓燕、李宝珠等：《普洱茶产业标准化水平研究》，《标准科学》2020年第7期。
③ 《普洱市人民政府关于普洱市茶产业绿色发展的实施意见》，http：//www.puershi.gov.cn/info/egovinfo/1001/xxgk_content/1033-/2020-0624016.htm，最后检索时间：2021年11月18日。

究,旨在为西藏提供低氟普洱茶①、为全力打造中国有机茶第一强市、为擦亮普洱茶"金字招牌"贡献普洱智慧和普洱力量。②

（二）推动普洱茶产业绿色发展,持续扩大有机茶园规模

随着大众消费需求日益多元化,对产品品质的追求逐渐成为消费者消费的主要关注点。面对庞大的普洱茶大众消费市场,只有不断改良低效茶园,提升茶园绿色生产能力,持续扩大有机茶园的规模,才能不断推动普洱茶产业健康绿色发展。一直以来,普洱市通过清理不合绿色要求的茶园、改进种植方式、推广绿色防控技术等方式,大力推动普洱茶茶园有机化绿色生产。在现有绿色生态茶园的基础上,普洱市将依照茶园的地形地貌特点,大力推广有机肥、农家肥等生态肥料进行普洱茶种植,并不断加强对农户的绿色种植技术培训,构建茶园绿色复合生态系统,并不断推动茶园进行有机转换认证,建立有机茶严格管理机制,确保产品质量稳定提升。争取到2022年,全市有机茶园基地面积达到60万亩以上,实现全市茶园全部绿色化。③

（三）组建区域普洱茶品牌联盟,强化龙头企业引领效应

在"联盟+区域+企业"的品牌模式下,普洱市已成立"千家寨"、"无量山"、"江城号"以及"景谷山"四个名山普洱茶联盟,区域品牌联盟的成立不仅彰显了普洱市普洱茶的品牌影响力,更是推动了普洱茶在生产过程中严格按照品牌建设管理工作流程进行管控,确保了联盟普洱茶产品的高质量。在普洱市市场监督管理局"一品一码"的要求下,联盟企业将按标准生产,每盒茶有属于自己的专用标识,消费者通过扫描专用标志上的二维码

---

① 《低氟普洱茶产品质量控制讨论会召开》,http://www.menglian.gov.cn/info/1314/45834.htm,最后检索时间:2021年11月18日。
② 《云南省普洱市茶产业发展工作专班2021年第一次专题会议》,http://society.yunnan.cn/system/2021/07/22/031569257.shtml,最后检索时间:2021年11月18日。
③ 《普洱市人民政府关于普洱市茶产业绿色发展的实施意见》,http://www.puershi.gov.cn/info/egovinfo/1001/xxgk_content/1033-/2020-0624016.htm,最后检索时间:2021年11月19日。

可查询和辨别普洱茶的原料来源、生产过程、执行标准和质检报告。① 此外，普洱市将加快构建以龙头企业、电商、农户、合作社等多元主体为基础的生产经营体系，在龙头企业的带动下，农户通过合作社的统一指导种植普洱茶，建立规范科学的种植、销售模式，这极大地调动起农民的积极性，使其主动参与到茶产业的建设中来，带动有机茶产业效益增长，在龙头企业的引领下发挥区域普洱茶联盟的品牌优势，推动普洱茶产业高质量发展。②

（四）加大科技创新力度，推进普洱茶产业数字化转型升级

互联网、大数据等技术引起了众多产业的变革式发展，普洱茶产业也必将在数字化背景下面向未来，蓬勃发展。普洱市未来将在普洱茶产业标准化、有机化建设的基础上，制定完善的金融扶持政策，在普洱茶新技术和新产品的研发中加大资金扶持力度，使普洱茶产业的数字化发展拥有坚实的物质基础。首先，推动普洱茶大数据中心以及普洱茶产业"一心两库三平台"的建设，积极构建茶叶种质资源大数据中心，逐步打造普洱茶公共科技服务平台。其次，依托国家、省级茶产业技术体系及试验站，培育一批科技创新团队，开展普洱茶专业仓储技术、普洱茶绿色靶向食品制造关键技术等重大技术攻关，构建区块链追溯体系以推进普洱茶产业提质增效，促进一二三产业融合发展，延伸茶产业链条。最后，在名山普洱茶诚信联盟基础上，依托物联网、大数据技术，建立产地企业联盟产品数据库，形成统一产地企业联盟标识，以提升普洱茶产业信息化管理水平，助推普洱茶产业转型升级。③

---

① 《普洱市发布"普洱茶十项标准"推出四个普洱茶品牌》，http：//k. sina. com. cn/article_2332808060_ 8b0bd37c02000mdm4. html，最后检索时间：2021 年 11 月 20 日。
② 《云南普洱：多元化发展擦亮普洱茶"金字招牌"》，http：//k. sina. com. cn/article_3164957712_ bca56c1002001kess. html，最后检索时间：2021 年 11 月 20 日。
③ 《普洱市人民政府关于普洱市茶产业绿色发展的实施意见》，http：//www. puershi. gov. cn/info/egovinfo/1001/xxgk_ content/1033-/2020-0624016. htm，最后检索时间：2021 年 11 月 20 日。

（五）充分挖掘和发扬普洱茶文化，打造普洱茶区域品牌

品牌作为产品的一个代表性符号，不仅赋予了产品文化精神内涵，而且对于产品的营销和推广具有重要意义。未来，充分挖掘和发扬普洱茶文化，对于提升普洱茶区域品牌的影响力有着深远意义。普洱茶文化展示交流中心以及各类茶文化商务活动平台的建设将推动普洱市将普洱茶文化、普洱茶产业品牌推向世界，成为全国乃至世界的普洱茶文化交流展示中心。在挖掘茶文化方面，普洱市通过组织缅怀先辈、重走茶马古道、重温马帮精神等系列活动，丰富普洱茶的精神文化内涵，同时依托景迈山古茶林文化景观、茶马古道等文化资源，大力发展文化旅游，完善普洱茶小镇、茶马古道走廊等景区建设，推进思茅区、西盟佤部落国家级旅游度假区的创建工作，利用普洱茶健康价值推动普洱茶文化康养体验一体化的开发平台建设，将普洱市打造成为普洱茶文化和旅游的精神和消费高地。① 在品牌推广方面，普洱市未来会积极制定区域品牌管理办法，严格创建、规范、管理和保护专属区域品牌，建立"区域公用品牌+企业品牌+产品品牌"三位一体品牌体系。通过"中国普洱茶节"、《普洱》杂志等媒介宣传渠道，充分挖掘普洱文化资源，大力发展旅游、原生态歌舞等多样化的特色文化旅游产业，在国内外开展普洱茶文化知识巡讲，加大"天赐普洱·世界茶源"的品牌宣传推介力度。将茶元素融入普洱市各交通干线、社区、酒店等公共场所，重点打造相关区域和企业品牌，做大做强普洱茶公用品牌，让普洱茶文化成为点亮普洱市的一张品牌名片。②

---

① 《中共普洱市委关于制定普洱市国民经济和社会发展第十四个五年规划和二〇三五年远景目标的建议》，http：//www.pejczx.gov.cn/zx_ nr.asp? id = 2601，最后检索时间：2021 年11 月 21 日。

② 《普洱市人民政府关于普洱市茶产业绿色发展的实施意见》，http：//www.puershi.gov.cn/info/egovinfo/1001/xxgk_ content/1033-/2020-0624016.htm，最后检索时间：2021 年 11 月21 日。

B.3
西双版纳州普洱茶产业发展报告

何青元　王慧园*

摘　要： 西双版纳州是普洱茶发源地，得天独厚的生态条件为普洱茶的种植、生产夯实了产业基础。近年来，西双版纳州将普洱茶产业发展放在突出位置，普洱茶生产、加工、包装、销售等产业链不断完善，普洱茶品牌逐渐深入人心，形成了国内外市场日益拓宽、"茶文化+"活动多元丰富、茶旅业态融合加深、富农兴业等显著的发展特点。普洱茶产业为西双版纳州经济社会发展做出了积极贡献，在助力脱贫攻坚、全面小康任务、铸牢中华民族共同体意识方面取得了突破。未来，西双版纳州将通过进一步完善标准化体系建设、强化绿色发展理念、深入融合"商旅文一体化"理念、加深产业化集聚来实现可持续发展。

关键词： 西双版纳州　普洱茶文化　普洱茶产业

作为世界茶叶发源地之一，西双版纳州在长期的种茶、采茶、制茶、品茶、贸茶等过程中已然形成产业体系和普洱茶文化习俗，助力当地经济社会的发展、丰富着居民的精神文化生活。近年来，普洱茶产业朝着现代茶产业深入发展，成为西双版纳州经济转型、社会发展、文化多样、文旅创新、乡村振兴、生活富足的有力抓手。

---

* 何青元，云南省农业科学院茶叶研究所所长，研究员，主要研究方向：茶树遗传资源，茶叶栽培、加工，茶文化，古茶树；王慧园，云南大学民族学与社会学学院在读硕士研究生，主要研究方向：文化管理、文化产业。

一 西双版纳州普洱茶产业发展现状

普洱茶是西双版纳州的特色产业。近年来，西双版纳州普洱茶产业处于稳步健康发展的良好态势，在西双版纳州的经济社会发展进程中发挥着举足轻重的作用。随着普洱茶生产、加工、包装、销售等产业链条的不断完善，普洱茶品牌逐渐深入人心，国内外市场日益拓宽，"茶文化+"活动多元丰富、茶旅业态融合加深、富农兴业等经济社会效益日益凸显，为加强民族团结、铸牢中华民族共同体意识做出了积极贡献。

（一）普洱茶产业整体发展情况

西双版纳州是普洱茶发源地，也是全省普洱茶产业重地。一直以来，西双版纳州致力于打造品牌优质有机高端的西双版纳普洱茶品牌。目前，普洱茶品牌已经在消费者心中形成号召力，普洱茶产业在促进西双版纳州经济社会发展、巩固脱贫攻坚成果、促进乡村振兴中起到举足轻重的作用。

1. 产业发展基础夯实

2020 年，西双版纳州普洱茶茶园面积 142.89 万亩，占据全省的 19.4%，全州 42.32 万茶农人均收入 7703 元。2021 年上半年，干毛茶产量 2.08 万吨，实现综合产值 105.61 亿元，朝着实现"一片叶子，成就一个产业，富裕一方百姓"理念持续迈进。[①]

2. 产业融合发展

西双版纳州"绿色食品品牌"茶产业基地 33 个，省级有 7 个，龙头企业 22 家，规上茶企 19 家，获 SC 认证企业 551 家；年销售收入 10 亿元以上的企业 1 家、1 亿元以上的 4 家，茶叶农业与加工产值比达 1∶2.2（全省产值比 1∶2）。此外，西双版纳州的县、镇拥有"易武镇——茶马古道的起点""中国普洱茶第一县""'一县一业'示范县"等称号，大渡岗乡拥有 6.5 万亩茶园，形成世界

---

① 资料来源：西双版纳州统计局。

最大连片茶园，有生态茶园86万亩，占全州茶园面积的60.15%。[①]

3. 品质稳步提升

西双版纳州普洱茶在发展过程中不断提升种植技术，促进普洱茶质量稳步提升。截至2020年底，西双版纳州普洱茶无公害、绿色、有机茶园（含转换期）认证面积26.51万亩，获证产品116个，认证产量1.26万吨，占总干毛茶总产量的23%。2020年11月，西双版纳州成功举办"第十六届中国茶业经济年会"，主要茶企经营专卖店和销售网点遍布全国各地、总数达10630家。老班章、易武、贺开、南糯山等茶山名品，大益、陈升号、雨林古茶坊、七彩云南、八角亭等名企享誉国内外，大益、陈升、八角亭3款产品入选云南省"十大名茶"。

4. 市场水平提升

勐海县荣获"中国茶业百强县"称号，入选全国唯一"普洱茶产业知名品牌示范区"，勐海茶厂获得绿色食品"十强企业""20佳创新企业"称号，截至2021年大益茶连续五年被评为天猫"双十一"茶行业销售冠军，销售额突破1.56亿元。

（二）普洱茶种植加工情况

1. 2016～2020年茶叶种植面积

2016～2020年，西双版纳州茶叶总种植面积每年均在100万亩以上，总体呈现上升趋势。2016～2018年，茶叶种植面积保持稳步增长，2019～2020年，茶叶种植总面积持续增长（见表1）。

表1　2016～2020年西双版纳州茶叶种植总面积统计

年份	2016	2017	2018	2019	2020
茶叶种植面积(万亩)	102.96	111.95	131.06	131.05	142.89

资料来源：西双版纳州统计局。

---

① 资料来源：西双版纳州统计局。

2016~2020年,西双版纳州普洱茶茶叶总产量呈现整体上升的趋势,其中2016~2017年,茶叶产量增长幅度较大,2018年茶叶产量出现下降的态势,2019~2020年,普洱茶产量恢复上升,且增长幅度较大(见表2)。

表2 2016~2020年西双版纳州普洱茶茶叶产量统计

年份	2016	2017	2018	2019	2020
茶叶产量(万吨)	4.83	5.42	4.96	5.15	5.57

资料来源:西双版纳州统计局。

2.分市(县)茶叶种植加工情况

景洪市、勐腊县、勐海县在茶叶种植面积和产业规模上有所差异,呈现不同的发展态势。

2020年景洪市茶园面积29.09万亩,其中有性系茶园9.02万亩,无性系茶园18.09万亩,古茶园1.76万亩;采摘面积27万亩。2020年全市干毛茶产量18250吨,比上年增850吨,同比增4.88%,农业总产值约86650万元,比上年增30751万元,同比增55.01%。全市从事茶叶生产经营的农户2.36万户,参与种茶、制茶、售茶的从业人员12.6万人,涉茶农户户均茶园12.87亩、人均茶园3.33亩。有茶叶生产经营企业、合作社、初制所(点)2450家,其中精制加工23家,州市级龙头企业4家;取得绿色食品茶认证企业2家,认证面积17245亩,认证茶产品60个;取得有机茶认证企业14家,认证面积27143亩,认证产品29个。[①]

勐腊县普洱茶主要分布在易武、象明,到2021年底茶叶种植面积达到23.06万亩,采摘面积19.15万亩,产量7568吨,产值11150万元。2019年勐腊县开展了古茶树资源的普查工作,并已完成申报普查结果申报认定工作,基本确定了全县范围内古茶树资源数据。全县古茶树(园)面积18054.9亩,百年以上的古茶树约118万株(基围直径在15cm以上)。到

---

① 西双版纳傣族自治州人民政府官网,https://www.xsbn.gov.cn/123.news.detail.dhtml?news_id=86506,最后检索时间:2021年11月6日。

2018 年勐腊县完成生态茶园建设面积 116219 亩（台地茶 26705 亩，有机茶园 89514 亩），开展了生态茶园建设项目科技培训，培训面对易武、象明、关累、勐伴、瑶区五个乡镇 15 个村委会 75 个村小组，共培训 4015 人，有效提升了茶农的专业素养，促进茶产业生态化、可持续化发展。[①]

勐海县长期致力于打造"中国普洱茶第一县"这一品牌，种植面积保持领先地位，产业规模持续扩大，经济社会效益显著。2020 年，勐海县茶园面积达 90.72 万亩，毛茶产量 3.17 万吨，涉茶人口 28 万人，综合产值达 120 亿元。无论是种植面积、毛茶产量、产值，还是品牌、税收等均是全国普洱茶产业县级第一，是名副其实的"中国普洱茶第一县"。据统计数据，全县共有注册的各类茶叶经营主体 6206 户，这些茶企每年收购加工毛茶近 3 万吨，惠及 12 个乡镇农场 92 个村（社区）的 26 万名茶农，纳税额突破 4.5 亿元。截至 2020 年底，全县共建成生态茶园 47.25 万亩，有机茶园基地认证面积达 17.58 万亩，有机产品认证 57 个，绿色食品认证 38 个，面积 2.9 万亩。[②] 2021 年，勐海县荣获"2021 年度产业百强县"、2021 年度"三茶统筹"先行县域称号。2021 年 9 月，勐海茶厂获绿色食品"十强企业""20 佳创新企业"称号。

（三）"毁林"乱象得到进一步整治

云南西双版纳勐海县，被称为"中国普洱茶第一县"。近年来，随着普洱茶销售价格的不断攀升，普洱茶产业规模的不断扩大，西双版纳州部分地区出现毁林种茶的现象，这一现象严重破坏了普洱茶种植的生态环境，使林地资源遭到严重的破坏，针对不断加剧的负面效应，政府部门介入管理，加大力度整治毁林乱象。据云南网 2020 年 3 月报道，西双版纳州 4331 条线索清单已全部销号，共立案 3276 起，收回林地 21788.3 亩，恢复植被 49386.95 亩（清单线索内 28023 亩、清单线索外 21363.95 亩），种植树苗

---

① 资料来源：勐腊县农业农村局。
② 《种质优"云茶"香》，云岭先锋网，http://ylxf.1237125.cn/Html/News/2021/8/24/366048_ 3.html，最后检索时间：2021 年 11 月 2 日。

68.1万株。① 2020年5月，云南省人民政府印发《云南省非法侵占林地种茶毁林等破坏森林资源违法违规专项整治工作方案》，严厉打击违法侵占林地行为，通过长期追踪式的专项整治，林地已基本恢复，"还林"工作取得阶段式成效。2021年，云南西双版纳傣族自治州委办公室、州政府办公室联合陆续印发《巩固种茶毁林整治成果十项举措》《加强森林资源保护十个严禁》等文件，巩固种茶毁林专项整治工作成果，打击破坏森林资源违法行为。近年来，西双版纳州深入排查打击种茶毁林等违法违规行为，大规模恢复林地面积，普洱茶种植环境得到有效恢复，"毁林乱象"整治取得显著效果。

（四）普洱茶产业应对新冠疫情成效初显

新冠疫情突发以来，2020年云南省春茶市场低迷，茶叶产销情况不容乐观。西双版纳州主产区的春茶采收遭遇外地茶商不能进山收购，外地、外籍劳工无法上山务工两大困难。此外，2020年的罕见干旱天气也加剧了春茶采摘的困境，西双版纳州2020年的春茶销量及茶农收入，均较为明显地下降。老班章、新班章、南糯山等产地部分茶农的销售营收降幅甚至达到50%以上。

西双版纳州政府、茶企、茶农等各界人士高度重视，齐心协力抗疫，做到防控生产两不误。疫情期间，西双版纳州茶厂、茶企联合成立防控小组，制定并启动应急预案，有条不紊地展开疫情防控工作。西双版纳综合试验站负责人也积极组织站点成员深入茶区示范点开展茶叶复工复产技术指导服务，改良生产技术、应对极端天气。西双版纳州政府创新营销思路，号召茶商带领茶农采取"互联网+主体+茶叶销售"营销新模式，直播带货在一定程度上带动了茶叶销售、缓解了春茶市场低迷困境，也增强了茶农的信心。多方主

---

① 《西双版纳大规模毁林种茶！国家启动专项打击！》，https://www.puercn.com/news/95231/，最后检索时间：2021年11月10日。

体多措并举，茶企、茶农增强信心，实现了疫情防控和茶叶生产两手抓、两不误。①

二 西双版纳州普洱茶产业发展特点

西双版纳州普洱茶产业在长期的发展过程中，与当地丰富多彩的少数民族文化和良好的旅游产业基础相融合，呈现独特的产业特色。利用靠近南亚东南亚的地理位置开拓普洱茶市场、以茶文化为底色开展各类活动、茶旅融合深入发展、带动地方经济助推乡村振兴等一系列发展亮点也是推动西双版纳州普洱茶产业创新发展的有效路径。

（一）实施"走出去"，拓宽普洱茶市场

随着西双版纳州普洱茶产业的不断发展，其品牌影响力和综合效益显著提升，国内外市场不断拓宽，普洱茶日益走向世界、走向未来。2020 年 5 月，西双版纳州组织三县（市）人民政府和有关茶企参与 2021 年中国（广州）国际茶叶博览会，举行了西双版纳茶产业发展专场推介会和"红色茶旅"西双版纳路线推介，与广州当地签订"红色茶旅"战略合作协议；60 多家参展企业现场销售收入 1055.78 万元，签订销售和合作协议 27 项、资金总额 3785.6 万元。2020 年 9 月上海茶博会上，西双版纳普洱茶荣获两个金奖，一个是月光美人，另外一个是陈皮普洱，借助"茶文化周"向外推广，为西双版纳州普洱茶走出云南、走向全国迈出了坚实的一步。② 2020 年 11 月，普洱茶高峰论坛在勐海县举行，为勐海县打造以普洱茶为核心的大健康产业，为加快推动普洱茶产业高质量发展奠定了坚实的基础。2021 年 5

---

① 《国家茶叶体系西双版纳试验站推进疫情防控和复工复产》，http：//www. bndaily. com/c/ 2020-03-31/115158. shtml，最后检索时间：2021 年 11 月 6 日。

② 《第二届上海国际茶产业博览会 勐海茶企获益多》，http：//www. xsbn. gov. cn/123. news. detail. dhtml？news_ id=82352，最后检索时间：2021 年 11 月 6 日。

月 30 日，西双版纳州与大湾区相关代表就普洱茶产业发展进行对话，对话
涉及产业深度融合发展、区域公共品牌的打造、茶旅融合新模式的创新、普
洱茶产业高质量发展的路径、助力巩固脱贫攻坚成果等全方位内容，① 为西
双版纳州普洱茶产业的进一步发展指明了方向。各类交流互鉴活动，为西双
版纳州普洱茶产业的知名度、声誉度、美誉度提升做出了积极贡献，为进一
步"走出去"奠定了坚实基础。

（二）实现"茶文化+"，多元活动广泛开展

西双版纳州是普洱茶发源地，是滇藏茶马古道的源头。千百年来，在长
期的种茶、品茶、贸茶活动中，积淀了深厚的茶文化内涵，形成了别具一格
的民族茶文化特色。西双版纳州利用"茶文化+"的创新形式，深入挖掘并
传承普洱茶的历史文化内涵，通过多元形式向社会大众公开普及普洱茶知
识，进一步推动了西双版纳州茶产业健康发展，提升了普洱茶文化的品牌知
名度。近年来，西双版纳州政府积极组织茶叶经济交流会、茶王节等各类活
动，参与茶博会、茶产业高峰论坛等各类国内外活动，与大批来自全国各地
的茶友、茶叶行业组织、茶企、茶商及茶界专家学者交往交流。以"以茶
会友"的方式，塑强品牌和促进茶叶贸易，活跃西双版纳州普洱茶市场，
促进普洱茶产业良性发展。2020 年勐海县举办"万人采茶、万人炒茶"技
能大赛，丰富茶王节活动内容，在全县兴起采茶、炒茶交流热潮，同时使茶
农牢固树立"靠技术提升品质、靠品质提升价值"和"科技致富、技能兴
业"的意识，让更多人了解普洱茶。西双版纳州政府借助社会资源，转变
单方面组织活动的传统方式，创新茶文化传承方式，积极培育茶文化传承的
教育基地。其中，勐海县政府联合教育部门出版《茶艺基础（幼儿版）》
《茶艺基础（小学版）》《茶艺基础（中学版）》《茶艺师》《茶文选读》
等 6 本"茶文化八进活动"系列丛书，使茶文化传承成功走出茶厂、走进

---

① 《以茶为媒，擘画未来！西双版纳对话大湾区》，https://www.163.com/dy/article/
GBDIH12D0521CNOB.html，最后检索时间：2021 年 8 月 5 日。

教育基地和活态传承的空间。① 各类茶文化活动营造了全民学茶爱茶的浓厚氛围,有效促进了西双版纳州普洱茶文化的传播。

(三)茶旅融合发展,打造发展新模式

在文化和旅游融合程度日益加深的大背景下,西双版纳州形成"以茶促旅、以旅带茶、茶旅互动"的融合发展格局。以茶为主题,以沉浸式体验为方式,西双版纳州推出红色茶旅线路、研学旅游、茶园体验游等各类旅游产品与服务,着力打造茶旅融合发展新模式。近年来,西双版纳州积极融入大滇西旅游环线,主动建设红色文化基地、红色茶旅传承点,将各类红色教育基地联合打造成 9 条红色文旅专线,② 使得红色茶旅成为西双版纳州旅游发展的新亮点。借助勐海县、勐腊县拥有的丰富茶树资源,以茶为中心,将茶区建成旅游景区,茶树种植流程、茶艺教学发展成为体验产品,将茶叶产品开发成旅游纪念产品,打造全方位、全产业链式的深度红色茶旅游。此外,精选南糯山、勐海县云茶源景区、班章、书剑古茶勐海中瑞茶厂四个茶旅目的地,进一步落地相关文旅项目开发工作,通过茶园、茶仓、茶博物馆等阵地传播茶文化,提升知名度,不断延伸普洱茶文旅项目的产业链,促进西双版纳州传统优势产业转型升级。茶旅项目的进一步开发实现了茶叶"走出去"、游客"走进来"的良好效果。

(四)"以茶兴业、以茶富农"助力乡村振兴

地方特色文化产业在助力乡村振兴中发挥着重要作用,西双版纳州优越的生态条件孕育了丰富的茶树资源,产业化发展路径也为贫困地区茶农脱贫致富创造了有利条件。近年来,云南省大力发展茶产业,通过普洱茶种植、

---

① 《勐海县举行"茶文化进校园"系列教材课题结题暨教材使用培训开班仪式》,勐海"一县一业"示范县创建工作领导小组办公室,http://www.xsbn.gov.cn/123.news.detail.dhtml?news_id=81954,最后检索时间:2021年11月6日。
② 《西双版纳推出红色茶旅路线》,http://www.xsbn.gov.cn/zmzj/65087.news.detail.dhtml?news_id=2174459,最后检索时间:2021年1月6日。

加工、销售、茶旅开发等相关产业吸纳大量劳动力，带动茶农脱贫致富、闯出"致富经"，也促进了当地整体经济实力的提升。数据显示，2021年西双版纳州全州茶园总面积131.05万亩，茶产业综合产值177亿元，从业人口36.2万人①。其中，勐海县茶产业综合产值55.94亿元，茶产业税收3.9亿元，占县级税收的41%，2021年勐海茶获批"十大优秀地理标志产品精准扶贫商标"。此外，少数民族茶农在脱贫致富的政策引导下，抓住机遇，依托当地丰富古茶树资源优势，大力推进生态茶产业发展，在政府引领下积极探索合作社发展模式，做优茶叶产业，全面提升茶叶品质；借助互联网，通过多种渠道与外地客商搭建合作桥梁，外引内联，进行产业化发展。② 茶旅项目的开发，吸纳了大量的劳动力，带动了当地就业，促进了社会繁荣发展，加上西双版纳州紧跟文旅融合的热潮，开发茶旅产品与项目、完善基础设施、打造深度体验游、延长普洱茶产业链条。普洱茶特色产业的发展，助力西双版纳州打赢脱贫攻坚战、完成全面建成小康社会任务，改良生产技术、开发茶园游等各类旅游产品和项目，其产业化开发路径让村民闯出一条"自我造血"的致富路。

三 西双版纳州普洱茶产业发展趋势

西双版纳州是普洱茶的发源地，具有得天独厚的生态优势和良好的产业基础，拥有巨大的发展潜力。在文旅融合深入发展、科技与创意双轮驱动、"大消费时代"的整体背景之下，推动西双版纳州普洱茶产业转型升级是实现可持续发展的有效路径。

（一）标准化体系建设助推普洱茶产业高质量发展

作为优质饮品的普洱茶已经日益吸引越来越多的消费者，且在大众消费

---

① 资料来源：西双版纳傣族自治州统计局。
② 《云南亚诺寨"以茶兴业、以茶富农"》，https://baijiahao.baidu.com/s？id=1681672491930043120&wfr=spider&for=pc，最后检索时间：2021年11月6日。

的基础上形成了中高端市场，因此市场需求导向下对普洱茶的质量要求越来越高。未来，西双版纳州普洱茶将形成世界一流茶产业，树立中国普洱茶的一流标杆。

普洱茶产业高质量发展要完善普洱茶标准化体系建设，形成健全协调、规范统一的质量分级标准化体系，严格把控茶树种植、茶叶采摘、茶品认证、茶叶销售等各个环节的量化标准，来促进茶产业转型和质量升级。加快相关政策的完善，加快《茶叶初制所建设管理规范》《普洱茶仓储技术规范》《茶叶加工厂房建设管理技术规程》《森林化生态茶园建设规程》等文件的完善与实施进度。此外，充分利用市场机制下中高端消费者对茶叶产品的个性化需求，将西双版纳州浓厚的民族茶文化内涵融入茶产品中，追踪市场发展趋势，进而开展生产、销售、服务等各类标准化工作。

理念上：坚持创新发展理念，推进产业深度融合，完善现代化生产技术和互联网环境下的营销手段，促进"茶农增收+茶企获益""经济效益+社会效益"稳步提升的发展模式。

在生产方面：遵循自然规律和经济规律，保护古茶树及其生存环境，实现古茶树资源永续利用，从根本上保证品质、保护品牌；在茶园管理上要高起点、高标准推动茶园向生态高效优质方向发展；改良生产技术、加强科技创新，提高茶产品质量。

市场主体方面：做大做强茶产业。制定初制所的标准，实行标准化生产，从源头把好茶叶原料质量关；制定加工厂房的标准，研究出台方案，推进规范化厂房建设；制定仓储标准，细化温度、湿度等数据，完备仓储设施条件，降低和避免潜在安全质量风险。[1]

（二）绿色发展理念将进一步强化

在"绿水金山就是金山银山"生态文化理念之下，绿色发展越来越成

[1] 《西双版纳州人民政府关于印发西双版纳傣族自治州国民经济和社会发展第十四个五年规划和二〇三五年远景目标纲要的通知》，http：//www.xsbn.gov.cn/582.news.detail.phtml? new s_id=2168870，最后检索时间：2021年8月10日。

为检验品牌可持续发展的重要指标，产业生态化、生态产业化相互交融是西双版纳州普洱茶生产发展的重要趋势，未来，种茶、制茶、贸茶各个链条的绿色发展理念将进一步强化。

自2019年西双版纳州政府发布《西双版纳州推动茶产业绿色发展实施方案》以来，政府加大管控力度、企业严控茶产品绿色生产标准、茶农明确茶林共生的生态理念。未来，西双版纳州将进一步落实《西双版纳州古茶树保护条例和实施办法》，巩固普洱茶产业绿色发展成果。严格保护生态环境，坚决贯彻习近平生态文明思想，持续巩固种茶毁林问题专项整治成果，全力保护生物多样性，积极构建利于林茶共生的生态链，不断提高茶叶品质和产值。[①] 此外，在互联网直播带货热潮下，"产业+主体+平台"的发展模式将进一步完善，"大消费时代"背景下消费者对有机高端普洱茶的市场需求量越来越大，直播带货更增加了普洱茶产品的销售。紧抓机遇、开拓市场，以绿色有机高端产品为核心，做大产业技术、做强企业品牌，打造普洱茶绿色生产地理标识，加速把资源优势转化为产业优势是贯彻绿色理念的有效路径。

（三）"商旅文一体化"深度融合发展

文化和旅游深入融合、在"大消费时代"的大背景下，"文化+旅游+商业"一体化的发展路径已经成为普洱茶产业高质量发展的新动能。借助西双版纳州丰富多元的民族文化和得天独厚的特色旅游资源，依托茶庄园、茶企、茶博物馆等载体讲好普洱茶故事、传播好普洱茶茶文化，进而构建全域旅游空间，拓展消费思路；同时，完善茶叶生态种植、精深加工、现代营销产业体系，加大"商旅文一体化"融合发展路径的建设力度。

打造勐海普洱茶文化休闲之城：勐海作为普洱茶第一县，以普洱茶产业为基础，重点发展以茶文化为核心的休闲旅游，同时结合热带绿林生态环境

---

① 《郑艺在勐海县调研茶产业发展时强调：坚持新发展理念　建立标准化体系　构建品牌优质有机高端的西双版纳普洱茶产业新格局》，http://www.xsbn.gov.cn/fpb/88878.news.detail.dhtml？news_id=2169432，最后检索时间2021年11月6日。

特色，积极发展康养旅游业态，建设成为中国普洱茶商旅文化之都、云南边境旅游及健康生活目的地、西双版纳热带风情旅游后花园。[①]

立足特色生物资源、区位优势，以技术改造、工艺革新、淘汰落后产能等为抓手，改造提升茶叶传统加工产业，以勐腊为中心打造高端精品普洱茶集中展示区、普洱茶顶级产区；以景洪为中心打造茶旅融合示范区。[②]

打造普洱茶商旅文化旅游带：西线以普洱茶商旅文化为主题，重点对勐海区域的旅游资源进行整合联动，突出普洱茶商旅文化特色，支撑西双版纳西线的旅游发展。[③]

（四）产业化集聚程度进一步加深

产业化集聚发展是高质量发展的必由之路，也是发挥规模效益的有效路径，普洱茶产业因"聚"而变，也因"聚"而兴。

2019 年，海县的勐巴拉小镇雨林小镇，秉承"一区三镇三产业"规划理念，布局了恒春雨林小镇、普洱茶小镇、康养小镇三个小镇，融合文化产业、普洱茶产业、康养产业，来打造"文旅+茶旅+康旅"三张亮丽名片，为探索产业集聚发展迈出了坚实的步子。[④] 未来，①西双版纳州将进一步加大园区基础设施建设步伐，借助政策支持，加大全产业链招商引资力度，围绕茶产业链招龙头、引配套，增强园区规模聚集效应、增强产业带动作用和整体承载能力，构建普洱茶全产业链发展的现代化路径。②加快推进茶叶初

---

① 《西双版纳州人民政府关于印发西双版纳傣族自治州国民经济和社会发展第十四个五年规划和二〇三五年远景目标纲要的通知》，http：//www. xsbn. gov. cn/582. news. detail. phtml？news_ id＝2168870，最后检索时间：2021 年 8 月 10 日。

② 《西双版纳州人民政府关于印发西双版纳傣族自治州国民经济和社会发展第十四个五年规划和二〇三五年远景目标纲要的通知》，http：//www. xsbn. gov. cn/582. news. detail. phtml？news_ id＝2168870，最后检索时间：2021 年 8 月 10 日。

③ 《西双版纳州人民政府关于印发西双版纳傣族自治州国民经济和社会发展第十四个五年规划和二〇三五年远景目标纲要的通知》，http：//www. xsbn. gov. cn/582. news. detail. phtml？news_ id＝2168870，最后检索时间：2021 年 8 月 10 日。

④ 《文博会 勐巴拉雨林小镇：打造文旅+茶旅+康旅三张靓丽名片》，https：//www. xsbn. gov. cn/lfw/84137. news. detail. dhtml？news_ id＝2830616，最后检索时间：2021 年 11 月 10 日。

制所规范化建设，鼓励支持重点茶叶龙头企业新建、扩建，提升精深加工水平，加强品牌保护，开发不同层次产品及衍生品，实现产业迭代升级，大幅提升产业附加值，着力打造好"种植-加工-营销-品牌"一条龙发展链条和"观茶-采茶-制茶-品茶-买茶-存茶"全产业链条。③紧紧围绕大健康、旅游、文化、休闲、度假、信息化等，推动产业文化旅游、体育健身、医疗保健、休闲养生等产业共生共融。以农产品加工业引领一、二、三产业融合发展，创建一批特色生态旅游示范村镇和精品路线，建设古六茶山和新六茶山景观带，创建大渡岗茶叶、旅游、养生三产融合示范区，① 形成产业集聚的发展样板。

---

① 《西双版纳州人民政府关于印发西双版纳傣族自治州国民经济和社会发展第十四个五年规划和二〇三五年远景目标纲要的通知》，http://www.xsbn.gov.cn/582.news.detail.phtml?news_id=2168870，最后检索时间：2021年8月10日。

B.4
临沧市普洱茶产业发展报告

江鸿键 李蕊*

摘　要： 临沧市独特的地理环境和生态条件孕育了丰富的茶树资源。近些年来，临沧市整合各方力量大力发展茶产业，种植采摘面积、茶叶总产量及综合产值等方面均取得较大成效。为深度挖掘茶资源、科学发展茶产业，临沧市普洱茶产业致力于与第三产业融合发展，同时采用"互联网+"延伸产业链、大力推广边销茶、加强专业技术人员培训等方式以适应市场发展，提高临茶影响力，不断加快第一、第二、第三产业之间的融合发展，进一步构建了多业态的茶产业现代体系，促进临沧茶产业的转型升级。

关键词： 普洱茶　茶产业　临沧市

作为普洱茶中国特色农产品优势区以及中国茶叶之都，临沧市长期以来认真贯彻落实云南省委省政府"三张牌"发展战略，以建设世界闻名的"天下茶尊·红茶之都"为战略发展目标，努力将临沧市打造成为中国乃至全球最为重要的茶产业中心。临沧市秉承"因地制宜、科学规划"的原则，努力促进茶叶产业不断向前发展，认真建设有机茶园、绿色生态基地，加强古茶树资源的保护、开发和利用，加大对经营主体培育的全方位投入，积极申报地理标志保护。因此，近些年来，临沧市茶叶生产规模逐渐扩大，茶叶

---

* 江鸿键，云南省临沧市农业农村局副局长，农艺师、经济师，主要研究方向：古茶树资源保护与利用，茶叶绿色低碳栽培，普洱茶、滇红茶、蒸酶茶生产加工储存技术，产业经济；李蕊，云南大学民族学与社会学学院社会学在读博士，主要研究方向：文化产业与区域社会发展。

产量产值持续增加，茶农收益不断提高，品牌茶叶价值进一步提升。从整体上看，临沧市茶产业呈现稳中向好、健康生态的发展态势。①

一 临沧市普洱茶产业发展现状

（一）普洱茶产业整体发展情况

近些年来，临沧市普洱茶产业整体发展态势良好，不断通过重保护、抓机遇、提质量、强品牌等方式强化资源管理、科学开发利用，提升茶叶精深加工水平、推动产业转型升级，通过打造绿色品牌、提升临茶竞争力，使普洱茶产业迅速发展、品质稳步提升。

1.重保护，强化资源管理，科学开发利用

临沧是世界茶树重要地理起源中心和栽培起源中心，是世界上最早发现和利用茶的地区。古茶树资源分布面积广泛，目前统计的栽培古茶园有11.12万亩，其中，凤庆3.9万亩、云县2.3万亩、临翔区0.9万亩、双江2.9万亩、耿马0.2万亩、永德0.5万亩、镇康0.4万亩、沧源0.02万亩。临沧是茶树种质资源最丰富区域，全市共有4个茶系、8个种。其中，凤庆县小湾镇锦绣村遗存的栽培古茶树锦绣茶尊树龄已有3200多年，是世界上现存的最粗壮、最古老的栽培古茶树；双江县勐库野生的古茶树群落，是目前世界上海拔最高、种群密度最大、抗性最强、能制茶饮用的野生古茶树群落，其影响力大、代表性强，茶叶品质多样性最突出，此地是最具特色化、差异化绿色发展潜力和巨大发展空间的古老而又现代的特色大茶区。近些年来，临沧市先后颁布实施了《临沧市古茶树保护条例》《临沧市古茶树保护条例实施办法》《临沧市锦绣茶尊古茶树保护实施办法》《临沧市古茶园管理技术规范》等地方条例及保护办法、管理规程。对古茶树资源的保护、

---

① 《天下茶尊茶更香——全市茶叶产业发展综述》，http://www.lincang.gov.cn/lcsrmzf/18332/18352/372916/index.html，最后检索时间：2021年11月10日。

管理、利用进行有效的、科学的规范和引导。同时，临沧市进行申报认定及挂牌保护工作，依据"条例"查处违法行为，对古茶树资源进行科学考察及研究，基于"保护优先、科学管理、合理利用"的原则依法进行保护与开发，为临沧市茶产业高质量发展奠定了基础。

2. 提质量，提升茶叶精深加工水平，推动产业转型升级

产品质量安全是茶叶产业得以长久发展的"生命线"，临沧市茶叶产业在"绿色生态"这一发展模式下重视茶叶质量把关。近年来，临沧市对市内 3572 个茶叶初制厂（所）进行排查以及深度改造，进一步加强从茶叶生产到茶叶加工到购销渠道等层面的规范性。基于此，临沧市茶叶品质不断得到提升，为茶产业发展奠定了坚实的基础。全市 40 户规模以上茶叶企业基本实现产品二维码扫描追溯，可管控范围不断扩大。同时，临沧市积极推广茶叶产品质量安全监管控制新模式、新方法，利用好现代生物科技、物联网、人工智能等新技术，建立覆盖全产业链的产业品质质量追溯体系和控制体系。在重视茶叶质量管控的同时，临沧市按照"一县一业、一园一特"的发展思路，着力构建以茶叶为主的产业资源精深加工体系，以园区集群化、专业化、特色化推动茶叶产业转型升级。①

3. 强品牌，打造绿色品牌，提升临茶竞争力

品牌是发展的动力。"天下茶尊""天下茶仓""红茶之都"是临沧三大茶叶品牌，在临沧城市品牌整合传播的过程中起着举足轻重的作用。近些年来，临沧使用地理标志证明商标、地理标志产品保护等手段，传播推广凤庆滇红茶、双江古树茶、永德熟茶、耿马蒸酶茶等茶类区域公用品牌，强力打造冰岛、昔归、锦绣等系列小产区古树名山茶品牌。同时挖掘品类品牌，做好中国红、经典 58 等品类品牌保护，支持企业进行品牌策划传播，使用现代品牌整合传播手段。目前，临沧市已成功打造出 5 个中国驰名商标，1个滇红茶中华老字号，2 个地理标志证明商标。茶业的市场竞争力和社会知

① 《天下茶尊茶更香——全市茶叶产业发展综述》，http://www.lincang.gov.cn/lcsrmzf/18332/18352/372916/index.html，最后检索时间：2021 年 11 月 10 日。

名度不断提升。如今，"冰岛茶""昔归茶""中国红"等茶叶产品，已成为中国茶界的顶级产品，名冠全球。①

4.抓机遇，产业迅速发展，品质稳步提升

茶产业是临沧市的传统特色优势产业，作为极具发展潜力的高原特色产业，临沧茶产业在国际国内具有一定的影响力和竞争力。因此，长期以来，临沧市委、市政府将茶叶产业作为"富农惠民"的重要抓手，抓住国家实施"一带一路"建设、"中国制造2025"、"互联网+"等发展战略机遇，科学规划茶叶产业发展，推进茶产业整合，努力提高茶产业集中度，打造具有世界先进水平的茶叶质量安全监督管理控制体系和茶产品质量追溯体系。同时，按照省委、省政府关于打好"三张牌"的部署要求，努力打造千亿级产业，基于全球视野和国际化思路，建设具有全球竞争力的优质茶叶加工基地和国际茶叶仓储交易中心。

（二）普洱茶种植加工情况

1.临沧市普洱茶总种植面积

2020年，临沧市茶叶共有164万亩，面积居全省第二，② 茶叶产量14.9万吨，居全省第一，③ 实现产值230亿元，实现人均茶叶收入3642元，占农村人均可支配收入的28%。截至2020年，临沧市共有140万茶农、茶叶专业村500余个、茶叶企业277户、茶叶初制所4896家，其中国家级龙头企业4户、省级龙头企业19户、规模以上企业39户④。以下，按照临沧市所辖的1区7县行政区划，列表逐一介绍各区县茶叶种植面积情况（见表1）。

---

① 《天下茶尊茶更香——全市茶叶产业发展综述》，http：//www.lincang.gov.cn/lcsrmzf/18332/18352/372916/index.html，最后检索时间：2021年11月10日。

② 《富农扬名临沧茶》，http：//www.lincang.gov.cn/lcsrmzf/18332/18352/724913/index.html，最后检索时间：2021年11月10日。

③ 《市农业农村局局长任建文和市茶叶协会会长马骁谈茶产业：发挥资源优势 打响临茶品牌》，http：//www.lincang.gov.cn/lcsrmzf/18332/18352/739896/index.html，最后检索时间：2021年11月10日。

④ 《2020云南临沧"天下茶尊"茶叶节启动》，https：//www.puercn.com/news/79480/，最后检索时间：2021年11月10日。

表1   2019~2020 年临沧各区县茶叶种植情况

单位：万亩

地区	2019 年	2020 年
临翔区	24.28	24.74
云县	24.77	28.40
凤庆县	29.71	35.60
永德县	19.15	24.19
镇康县	9.33	9.40
耿马县	11.37	11.70
沧源县	11.50	11.67
双江县	25.30	28.40

资料来源：根据临沧市人民政府官方网站相关资料整理。

根据表1各区县茶叶种植面积来看，凤庆县、云县、双江县和临翔区四个区县为临沧市重要的茶叶种植县区，相较于 2019 年，四个县区的茶叶种植面积平稳增长趋势明显，成为临沧茶产业发展的核心力量。从整体上看，除上述四个区县以外，2020 年永德县在茶叶种植面积方面有较大的提升，2020 年底，全县共有有机茶园面积 24.19 万亩，其中：百年以上古茶园 2.59 万亩、有机茶园 1.17 万亩、无公害茶园 0.6 万亩。茶农人数占全县总人口数的 62%，全县毛茶产量 1.81 万吨，实现农业产值 5.192 亿元，茶叶综合产值 28.3178 亿元，茶农收入 26990.85 万元。

2. 临沧近五年茶叶种植面积、产量、产值情况

在品牌引领、集群发展、龙头牵引、绿色生态等机制的引导之下，临沧茶产业取得了新进展。全市建成茶叶庄园 30 个，茶园面积 167.77 万亩，形成万亩以上的茶园 10 个，5000 亩以上的茶园 30 个[①]。从 2016~2020 年茶叶种植面积、产量、产值情况（见表2、表3、表4）来看，临沧茶产业的发展呈现稳定增长的趋势，成为临沧经济发展的一大动力。

---

① 《富农扬名临沧茶》，http：//www.lincang.gov.cn/lcsrmzf/18332/18352/724913/index.html，最后检索时间：2021 年 11 月 10 日。

表2　2016～2020年临沧市茶叶种植面积

单位：公顷

年份	面积
2016	9.46
2017	9.75
2018	10.00
2019	10.44
2020	11.01

资料来源：根据临沧市人民政府官方网站相关资料整理。

表3　2016～2020年临沧市茶叶产量

单位：万吨

年份	产量
2016	12.20
2017	12.88
2018	13.60
2019	14.00
2020	14.65

资料来源：根据临沧市人民政府官方网站相关资料整理。

表4　2016～2020年临沧市茶叶综合产值

单位：亿元

年份	综合产值
2016	91.30
2017	182.08
2018	202.97
2019	203
2020	221.3

资料来源：根据临沧市人民政府官方网站相关资料整理。

3.临沧市古树茶面积、产量、产值、价格

临沧市现有野生古茶树群落80万亩，现代栽培茶园164万亩，其中百

年以上栽培古茶园 11 万亩，茶叶产量 15 万吨，茶产业综合产值 230 多亿元。境内的冰岛茶和昔归茶名列世界三大顶级标杆古树普洱茶范围。报告期内，临沧茶产业古树普洱茶春茶价格较往年有所上涨（见表 5）。

表 5 2020 年普洱茶春茶价格

单位：元/公斤

	名称	价格
冰岛老寨	一类大古树茶	40000~60000
	二类大古树茶	20000~40000
	大树茶	8000~15000
	中树茶	6000~8000
	小树茶	3000~5000
冰岛南迫	古树茶	2500~3200
	大树茶	1500~2000
	小树茶	1000~1200
冰岛地界	古树茶	2000~3500
	大树茶	1500~2000
	小树茶	1000~1200
冰岛坝歪	古树茶	2000~3000
	大树茶	1000~1500
	小树茶	700~800
冰岛糯伍	古树茶	2400~3200
	大树茶	800~1000
	小树茶	700~1000
坝糯	古树茶	1000~1200
小户赛	古树茶	1500~2500
	小树茶	700~800
大户赛	古树茶	1400~2300
大中山	古树茶	3000~4500
磨烈	古树茶	4000~8000
	大树茶	1200~3000
	小树茶	500~600

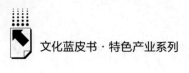

续表

	名称	价格
懂过	古树茶	1000~2000
	中树混采	800~900
那焦藤条	古树茶	1000~1100
	中树茶	600~700
那赛藤条	古树茶	500~1000
正气塘	古树茶	1100~1500
坝卡	古树茶	520
	大树茶	260
邦东	古树茶	900~1200
	小树茶	200~400
邦东大雪山	古树茶	800~1000
邦旭	古树毛茶	800~900
	小树茶	200~240
昔归	古树茶	8000~9000
	大树茶	4500~5000
	小树茶	800~1000
曼岗	古树茶	500~700
沟头寨	古树茶	1000~1500
南瓜老寨	古树茶	700~900
那罕	古树茶	1200~1600
	大树茶	500~800
	小树茶	120~160
忙肺	古树茶	500~700
马鞍山	古树茶	400~600
大寨龙潭	古树茶	350~460
	小树茶	80~120
白莺山	古树茶	1200~2000
	混采	280~350
梅子箐锅底塘	古树茶	800~900
黄草林	古树茶	800~1200
昔宜	古树茶	200~300
独木	古树茶	200~300
	小树茶	80~100
凤庆鲁史团结丫口	古树茶	4000~8000

名称		价格
凤庆平河	古树茶	1500~3000
凤庆营盘杨家寨	古树茶	1500~2500
凤庆锦绣	古树茶	8000~10000
凤庆诗礼古墨	古树茶	800~1500

资料来源：中国普洱茶网，https://m.puercn.com/news/90569/。

4. 临沧各区县普洱茶种植加工情况

临沧市云县、凤庆县、双江县等区域的茶种植面积最大，从各区县2020年发展现状来看，各区县呈现不同的发展趋势。2020年，凤庆县茶叶种植面积达35.6万亩，实现茶业综合产值56亿元。在茶园有机认证方面投入政策资金455.389万元，其中包含了7个企业、1个协会，实现了认证面积19819.45亩，完成7个产品的认证。同时，截至2020年，凤庆全县有84155户农户、32.55万人从事茶叶生产，生产毛茶4万吨，比上年增7.8%，实现茶业产值56亿元，比上年增5.6%，其中，农业产值13.34亿元；茶农人均茶叶收入达4097元，实现茶产业税收2000万元以上。被中国茶叶流通协会评为"2020年度茶叶百强县"称号。[①]

双江县2020年共完成新植茶叶3.1万亩，累计建成茶园28.4万亩，茶叶毛茶总产量达1.6万吨，实现茶叶工业总产值20.7亿元，同比增长48%。计划2021年新植茶叶1.6万亩，茶园总面积达30万亩，完成有机茶园认证8万亩，建成15个茶叶专业示范村，预计实现茶叶工业产值27亿元，茶农人均收入达7100元。[②]

2020年，云县茶叶可采摘面积达23.42万亩，比2019年同期增长0.54万亩，增幅为2.36%。全县精制茶产量达4277.9吨；工业生产总值为

① 《凤庆县着力打造"绿色茶品牌"》，http://www.lincang.gov.cn/lcsrmzf/lcszf/zwdt/qxdt/646797/index.html，最后检索时间：2021年11月10日。

② 《双江茶区春茶开秤》，http://www.lincang.gov.cn/lcsrmzf/18332/18352/688170/index.html，最后检索时间：2021年11月10日。

43014 万元，相较于上年 42478.5 万元增长了 535.5 万元，增幅为 1.26%；每公斤平均单价为 100.5 元，比上年 96.4 元增 4.1 元，增幅为 4.25%。①

（三）普洱茶与旅游融合发展情况

被誉为"茶资源历史博物馆"的临沧市具有丰富的茶资源和深厚的茶文化底蕴。在文化和旅游融合发展的大背景下，临沧市将茶文化作为旅游业发展的重点，以茶兴旅，以旅促茶，打造茶旅结合生态发展新模式。近些年来，凤庆县茶王自然村、云县茂兰镇、沧源县糯良乡等地开始着力促进茶产业与乡村旅游业的融合发展，着力开辟"茶叶+旅游"新路径，茶旅融合已成为临沧一大新的经济增长点。

1. 凤庆茶王村

锦绣是茶尊圣地、养生福地和古茶宝地，3200 多年的锦绣茶尊名扬四海，茶叶价格一直呈上升趋势，加之每年都会举行的茶王觐拜活动，吸引了大量商家、学者、游客、茶人的到来，备受客商青睐和消费者的认同。据不完全统计，每年到锦绣茶王村的游客约 10 万人，具有庞大的旅游市场。基于此，凤庆县小湾镇锦绣村茶王自然村（原香竹箐村）依托锦绣茶尊名片以及独特的古茶资源，打造"茶叶+旅游"的发展模式，通过茶旅融合促进当地经济效益的提升，帮助村民脱贫致富。随着锦绣茶尊名片影响度的不断提高和茶王村知名度不断提升，凤庆县茶王村的人居环境不断改善，茶产业以及乡村旅游业得以不断壮大。目前已有 5 家农家客栈，可接待游客 50 人，古茶加工厂 20 余家，餐饮饭店 4 家，茶王村乡村经济得以良性发展，② 为更进一步的乡村旅游打下良好的基础。

2. 云县茂兰镇

云县茂兰镇立足资源禀赋，利用大片生态茶园，围绕着"彝族风情、

---

① 《云县茶产业产销两旺》，http：//www.lincang.gov.cn/lcsrmzf/11967/11979/556770/index.html，最后检索时间：2021 年 11 月 10 日。

② 《茶王村打造茶旅经济增长点》，http：//www.lincang.gov.cn/lcsrmzf/18332/18352/322214/index.html，最后检索时间：2021 年 11 月 10 日。

茶马文化、宜居安乐"的总体定位，做好茶旅融合的新文章，努力打造"茶旅文化"新品牌。据统计，截至 2020 年，茂兰镇共有茶园 3.22 万余亩，年产值达 3792 万元，从事茶产业生产一万余人，拥有 11 个茶叶种植合作社。近些年来，茂兰镇依托着境内 80 多里的茶马古道，挖掘茶马历史文化，打造茶马旅游古镇，加强茶文化与当地乡村及居民的深度融合，涌现出了安乐村大地茶庄园、安乐塘茶马古镇等特色项目来进一步传承和发展茶马文化。新建茶旅融合发展旅游道路 19.2 公里，打造一条集种植、加工、科技、文化、旅游、康养于一体的"康养之旅""茶香之旅""民族风情游"旅游线路，推动了茶产业与旅游深度融合发展。[①]

3. 沧源糯良乡

截至 2020 年，糯良乡茶叶种植面积达 10823 亩，占全县茶叶总面积的 10.1%。长期以来，糯良乡利用丰富的茶树资源以及得天独厚的气候条件，大力发展茶产业。近些年来，糯良乡大力建设古树茶园观光栈道、茶叶主题公园等旅游设施。同时，紧密结合科技开发、茶文化展示、茶文化体验等形式，促进茶旅融合发展。同时，沧源糯良乡也通过积极打造集观光、休闲、采茶、购茶、摘果于一体的生态观光茶园游、民族文化体验游，[②] 提高茶产业与旅游产业的双向互动，进一步谱写沧源茶旅融合新篇章。

（四）普洱茶与脱贫致富

茶叶产业是临沧市传统优势产业之一。为响应云南省政府打造千亿云茶大产业的战略号召，临沧市政府依托云南第一大茶区的优势，利用丰富的茶资源，不断提高茶产品质量，促进茶产业的良性发展。截至 2020 年，临沧市共有茶叶种植面积 164 万亩，全市茶叶总产量 14.9 万吨，精制茶产量 8.5 万吨、综合产值 221.3 亿元（其中农业产值 52.65 亿元，工业产值 82.95 亿

---

① 《茂兰镇打造"茶旅文化"品牌》，http：//www.lincang.gov.cn/lcsrmzf/18332/18352/736000/index.html，最后检索时间：2021 年 11 月 10 日。
② 《糯良乡以茶兴旅　以旅促茶　打造茶旅结合生态发展新模式》，http：//www.cangyuan.gov.cn/cyxrmzf/zwgk49/cyxw/500526/index.html，最后检索时间：2021 年 11 月 10 日。

元，第三产业产值85.7亿元）；全市140万茶农人均来自茶叶的收入3760元，缴纳税收2536万元。临沧市各县区大力促进茶产业发展，推进脱贫攻坚进程，极大地推动了临沧市社会经济的发展。

从整体上看，近些年来临沧市采取扶贫协作机制、动态帮扶工作机制、返贫监测机制、消费扶贫机制、公益扶贫机制、疫情分析应对机制等系列措施助力脱贫攻坚，讲好脱贫攻坚的临沧故事，在中央定点帮扶、沪滇扶贫协作、地方各级结对帮扶的模式下，临沧市实现了"户户清""项项清""账账清"，促进了民族地区高质量跨越式发展。从茶产业方面看，临沧市将茶叶作为民族地区实现增收致富的重要产业，努力挖掘茶叶产业的发展潜力。为更好发挥茶产业在民族地区增收致富中的重要作用，临沧市政府制定茶产业的相关政策，财政每年拨款近2000万元用作茶产业发展辅助金，各相关部门及机构不断提供理论知识及实践技术指导培训，各地区积极探索"公司+合作社+基地+农户+贫困户""茶叶协会+党支部+农户+贫困户""茶叶大户带贫困户""双社三绑"等创新机制及发展模式，一方面解决了贫困村茶叶的生产和收购及茶农卖茶难问题，使茶农收益显著提高；另一方面从全方位、宽领域、多层面促进了茶产业发展，实现了民族地区的增收致富。

二 临沧普洱茶产业发展特点

（一）"互联网+"延伸茶产业链

报告期以来，受新冠疫情影响，临沧大面积出现茶农收入减少、茶叶滞销问题严重、茶企周转运营不力等问题，临沧茶产业的发展受到了严重阻碍。"互联网+"为解决疫情下茶叶滞销问题提供了出路，延伸了线上茶产业链。2020年，临沧市推出"茶益健康·临茶有礼·同心战'疫'·情暖佤乡"网络让利促销活动，以茶农茶企用心制茶、茶友茶客爱心购茶、茶企茶商真心让利的方式，通过互联网对茶叶进行售卖，促进茶产业相关从业人员增收，同时发挥茶企的作用，努力推进临沧茶产业的高质量、可持续发展。同年，临沧市也举办了"天下茶尊"茶叶节，采用"线上+线下"的模式，双管齐下延伸临沧茶产业链，就线上模块而言，茶叶节在临沧市各大微信公众号、"天下茶尊网"以及诸如淘宝、小红书、抖音、拼多多等新媒体平台展出。同时在"双十一"、"双十二"、"淘宝年货节"、春节等各大节日举办专场售卖活动。开展直播带货等营销活动，分别在线下茶叶节现场、临沧第一直播间、茶叶企业、古茶山、茶园进行直播活动。① "滇红生态茶·凤庆"作为省级新型工业化产业示范基地，成功列入云南省"5G+工业互联网"重点推广园区（基地）名单。② "互联网+"的出现推动了临沧茶产业链的发展，进一步发展和完善了临沧市普洱茶文化生态体系。

（二）边销茶促进茶文化传播

近些年来，边销茶成为推动临沧地区茶产业发展的一大动力，边销茶的推出让生活在新疆、西藏等高原偏远地带的少数民族可以喝到临沧茶、感受临沧茶文化。2020年9月西藏自治区供销社抵达临沧，对域内部分地区低氟边销茶的基本情况进行调研，在座谈调研之后，深入南美乡、天下茶都有机茶园基地等地进行走访和考察。在了解茶叶的基本情况以及运输情况之后，与临翔区天下茶都和永德紫玉茶业有限责任公司分别签署了购销合同。这是临沧茶叶不断走出去的重要标志，临沧市通过在新疆、西藏地区不断打造边销茶品牌，推动临沧市茶叶产业的对外发展，也为临沧市增收致富开辟了新的途径。自报告期以来临沧市不断抒写"供销"文章，开辟了茶产业发展新路径，③ 进一步促进了临沧茶文化的对外传播。

---

① 《2020云南临沧"天下茶尊"茶叶节启动》，https：//www.puercn.com/news/79480/，最后检索时间：2021年11月10日。

② 《我市"滇红生态茶·凤庆"列入云南省"5G+工业互联网"重点推广园区（基地）名单》，http：//www.lincang.gov.cn/lcsrmzf/12645/12658/612931/index.html，最后检索时间：2021年11月10日。

③ 《我市县（区）供销社引进西藏自治区低氟边销茶合作伙伴》，http：//www.lincang.gov.cn/lcsrmzf/12881/12894/555878/index.html，最后检索时间：2021年11月10日。

（三）专业队伍建设推动茶产业发展

近些年来，随着消费者对茶叶购买的理性程度逐年提升，临沧市茶产业的发展趋于专业及科学化。茶叶产业作为临沧重点发展的产业之一需要有科学的管控机制和专业的人才队伍作为支撑。因此，长期以来，为更好更快促进茶产业的高质量发展，临沧市政府成立茶叶产业发展办公室，建立茶产业专家工作站，成立茶产业发展工作领导小组，成立茶叶科技服务站（所），积极开展茶叶技术人员、茶园管理、茶艺师、茶艺服务等全产业链技术培训。同时，市内茶叶教育体系不断完善，全市新增了茶学本科教育，茶园工、茶叶加工员、茶艺师、评茶员等茶叶领域职业技能培训不断加强，茶叶行业从业人员的整体素质和业务技能得以不断提高，专业队伍推动了临沧茶产业的稳定发展。

三　临沧市普洱茶产业发展趋势

（一）绿色生态，扩大有机茶园规模

绿色、有机、生态、环保等在近些年成为临沧茶产业发展的关键词，是茶产业得以长久发展的"保鲜剂"，同时也是临沧各级政府、域内茶农以及各大茶企所达成的共识。长期以来，临沧市大力推行生态茶园建设，通过市政府制定的文件和相关规范，大力改善生态环境，大力推行机械除草、黄篮板、杀虫灯、有机肥、农家肥等绿色生态防控技术，尽最大努力减少化肥和农药的使用。临沧市在未来茶产业发展过程中，将努力实现100%绿色认证、50%有机认证，努力打造5个以上省级绿色食品品牌产业基地。[①] 同时将制定一系列茶产业"绿色生态发展"的政策，以"绿色、有机、生态、

---

① 《富农扬名临沧茶》，http://www.lincang.gov.cn/lcsrmzf/18332/18352/724913/index.html，最后检索时间：2021年11月10日。

环保"等标准来规范"第一车间"的生产。通过对不达标产品的严格控制、推行"一饼一码"追溯制度、制定并严格实施"绿色生态茶园"相关政策等措施不断扩大有机茶园的规模，提高临沧茶产业的质量和效益。

（二）品牌引领，提高临茶影响力

品牌是一个产业得以长久发展的关键因素，也是有效提高国内外市场竞争力的有效法宝。因此，想要进一步拓宽国内外市场、有效提高临茶影响力，就必须树立临沧品牌，以品牌引领产业持久发展。在未来的茶产业发展趋势中，临沧市应加快临沧城市品牌、茶叶区域公用品牌、企业品牌整合传播。临沧作为中国滇红知名品牌创建示范区，确立了"天下茶尊"和"红茶之都"以及"天下茶仓"等茶叶品牌，拥有云南省著名商标 38 件、云南名牌农产品 19 个。因此，在未来临沧茶产业发展的过程中，应将品牌效应放在发展的前列。使用地理标志证明商标、地理标志产品保护等手段，强力打造冰岛、昔归、锦绣等古树名山茶品牌，把冰岛、昔归打造成普洱茶顶级名山，把锦绣、白莺山打造成为红茶、白茶顶级名山。同时临沧在未来发展中应借力现代时尚元素，吸引更多青年的关注，例如打造茶文化主题公园、打造茶文化舞台剧、建设茶文化主题民宿等，把临沧茶打造成知名品牌，使之成为临茶对外展示窗口和城市新名片，提高临茶的国际国内双重影响力。

（三）集群发展，适应市场发展趋势

伴随着产业机械化、自动化等趋势，茶叶生产的集群化和标准化成为临沧茶产业发展的关键。截至 2020 年，临沧市茶叶企业生产加工能力已超过15 万吨，企业集群初具规模。临沧市在未来发展中应集商业、物流、加工、仓储等要素于一体，进一步打造功能配套、产业链聚集的茶产业园区。同时，临沧市部分有条件的地区可采用"公司+基地+农户"或"公司+合作社+基地"等方式促进临沧普洱茶产业的集群发展。另外，可以延长产业链的方式促进企业的集群发展，如打造"茶+美食""茶+民宿""茶+文化"

等业态，打造出一批符合市场发展趋势的茶产品，促进临沧茶产业的发展，进一步挖掘临沧茶产业的经济属性和人文属性。

（四）创意科技，构建茶产业现代体系

"后疫情时代"将加速促使茶产业重新走向正轨，助力茶产业经济焕发出活力，并逐步为临沧茶产业发展排忧解难，从而促进临沧茶产业的转型更新。在各产业界限日益模糊的今天，推动茶产业与各产业融合发展，激发业态、工艺、范式创新，鼓励茶文化产业等新业态的革新发展，是解决临沧茶产业一系列疑难杂症的行之有效的途径和推进茶产业转型升级的重要法宝。临沧市在未来应当注重将科技融入茶产业的发展之中，尽快完成临沧茶产业现代体系的建构，在利用与保护茶文化和名茶资源的基础上，进一步推动临沧茶文化产业跨行业、跨部门、跨地域成果转化。要基于5G、大数据、云计算、人工智能、物联网、区块链等在茶产业领域的集成应用和创新，将茶文化及其产业与休闲度假、旅游观光、创意设计、艺术创作等业态融合，激发出新业态，同时运用线上经济、电商直播等模式，推出"茶文化+互联网""茶文化+科技""茶文化+旅游"等，让茶文化与各产业在融合中焕发新的活力，从而推动茶产业融合优势资源，促进业态融合，推出创新创意，推进产品融合，优化资源配置，推进市场融合。

B.5
保山市普洱茶产业发展报告

胡皓明　田欣*

摘　要： 保山市古茶树资源丰富，茶叶产量和产值逐年上升。近年来呈现采取多种措施，重视保护利用；实施减税降费，减轻行业负担；探索合作机制，助力乡村振兴；创新种植模式，提升经济效益等发展特点。进入高质量发展阶段后，保山市普洱茶产业未来将朝着持续打造优质品牌，不断提升产业价值；扶持壮大龙头企业，走向标准化规模化；产业链条健全完善、深度融合进程加快；线上线下双向互动，消费渠道逐步拓宽的趋势发展。

关键词： 普洱茶　茶产业　保山市

保山市是云南普洱茶的重要产区，茶树种植历史十分悠久，古茶树资源非常丰富。2020年，茶叶产量5.93万吨，增产10.1%，全市保有古茶园1.07万公顷，古茶树群落105个，树龄百年以上的古茶树500565株。[①]近年来，保山市通过保护利用古茶树资源、推行减税降费、建立多元合作机制、创新种植模式等方式，推动了保山市茶产业走向高质量发展。

---

* 胡皓明，中国茶叶流通协会专家委员会委员，云南省茶马古道研究会会长，云南省茶叶流通协会副会长，正高级制茶工程师，主要研究方向：茶文化，茶马古道；田欣，云南大学民族学与社会学学院在读硕士，主要研究方向：文化产业管理、公共文化服务。
① 资料来源：保山市农业农村局。

一　保山市普洱茶产业发展现状

保山市地处太平洋板块和印度洋板块结合带，为低纬高原山地，海拔高低差距大，地形条件复杂，境内最高点为高黎贡山大脑子，海拔3780.2米；最低点为龙陵县万马河口，海拔535米，海拔高低差距3245.2米。多受孟加拉湾风暴、印度洋和南海热带暖湿气流影响，构成了错综复杂的气候，具有"一山分四季，十里不同天"的气候特点。有北热带、南亚热带、中亚热带、北亚热带、南温带、中温带和高原气候共7个气候类型。年均气温14.8℃～21.3℃，年均无霜期238～336天，年均降水量1463.8～2095.2毫米。土壤多为黄壤、红壤、黄红壤，pH值在4.5～6.0，山地大多土层深厚，有机质含量高，植被较好，森林覆盖率达46%。其得天独厚的自然条件，适宜多种农作物生长，是云南省最适宜茶树种植的区域之一。

2020年全市茶园面积67.41万亩，茶园面积、茶叶产量和总产值继续稳居全省第四位。其中，采摘面积63.44万亩、无性系茶园面积28.73万亩，绿色食品茶园面积3.78万亩、有机茶园面积2.55万亩、中低产茶园面积9.35万亩，中低产茶园改造面积8.28万亩。隆阳区5.64万亩、施甸县3.86万亩、腾冲市15.5万亩、龙陵县10.92万亩、昌宁县31.43万亩。[①]

由于保山境内自然环境优良，历史上未遭受过第四纪冰川的侵袭，迄今许多地方尚存有不少古植物资源，其中尤以山茶科植物最多、分布最广。古茶树属山茶科山茶属中的茶组植物，故至今在全市亦有大量分布。根据新中国成立以来的科学考察、古茶树资源普查结果，目前全市保存有古茶园1.07万公顷，古茶树群落105个，树龄百年以上的古茶树500565株，其中，基部直径大于80厘米、树高大于8米的古茶树917株，基部直径50～80厘米、树高5～8米的古茶树4644株。古茶园和古茶树在全市范围均有分布。其中，隆阳区有古茶园3448公顷、古茶树群落3个、古茶树169000

---

① 资料来源：保山市农业农村局。

株，分布在潞江、芒宽、瓦房、板桥、瓦渡等乡镇；施甸县有古茶园 93.3
公顷、古茶树群落 9 个、古茶树 35000 株，分布在酒房、万兴、旧城、姚
关、摆榔、太平、水长、老麦、木老元等乡镇；腾冲市有古茶园 3480.4 公
顷、古茶树群落 3 个、古茶树 14122 株，分布在芒棒、五合、团田、蒲川、
新华、腾越、曲石、猴桥、清水、北海等乡镇；龙陵县有古茶园 1145 公顷、
古茶树群落 42 个、古茶树 82443 株，分布在龙江、象达、碧寨、龙新、镇
安、龙山、平达等乡镇；昌宁县有古茶园 2533.3 公顷、古茶树群落 48 个、
古茶树 20 万余株，分布在漭水、温泉、大田坝、耈街、田园、鸡飞、翁堵、
更嘎、勐统、湾甸等乡镇。

2020 年，生产经营古树普洱茶企业 152 家，其中隆阳 4 家、施甸县 20
家、腾冲市 5 家、龙陵县 12 家、昌宁县 111 家；古树普洱茶总产量 566.5
吨，其中隆阳 24 吨、施甸 10 吨、腾冲 7.5 吨、龙陵 75 吨、昌宁 450 吨；
总产值 1.16 亿元，其中，隆阳 0.25 亿元、施甸 0.035 亿元、腾冲 0.032 亿
元、龙陵 0.21 亿元、昌宁 0.63 亿元。[①]

保山市作为云南省四大茶区之一，茶叶产量常年居全省前列（见表1）。

表 1　保山市 2016~2020 年茶叶总产量

单位：万吨

年份	总产量
2016	4.82
2017	4.97
2018	5.23
2019	5.35
2020	5.90

资料来源：根据保山市 2016~2020 年国民经济和社会发展统计公报整理。

2020 年干毛茶总产量近 6 万吨，总产值 69.8 亿元。红茶产量 1.71 万
吨，绿茶产量 4.24 万吨，其他毛茶产量 0.01 万吨；一产产值 23.23 亿元，

---

①　资料来源：保山市农业农村局。

二产产值30.89亿元，三产产值15.68亿元；成品茶产量3.09万吨，精制率50.08%。① 2020年，保山昌宁老树茶260~400元/公斤，小树茶80~120元/公斤，松山古树茶180~260元/公斤。

同时，保山市茶叶品牌建设成效显著。2020年，全市SC认证企业72家，国家级农业产业化重点龙头企业2家、省级10家、市级21家。初精合一茶厂71个，其中，隆阳3个、施甸7个、腾冲19个、龙陵6个、昌宁36个；茶叶初制所1141个，其中，隆阳11个、施甸16个、腾冲305个、龙陵158个、昌宁651个；茶叶专业合作社161个，其中，隆阳5个、施甸10个、腾冲59个、龙陵11个、昌宁76个。通过有机、绿色食品认证茶企19家、基地5.7万亩，认证产品89个、0.36万吨，地理标志产品数量2506个。② 2020年6月，腾冲市高黎贡山生态茶业有限责任公司的高黎贡山牌普洱古树茶、昌宁红茶业集团有限公司的龙腾沧江牌茶入选云南省"十大名茶"。

在保山茶区，比较独特的是昌宁县翁堵镇的富硒茶，因茶园富含硒元素，昌宁县翁堵镇是国内土壤硒元素含量较高的地区之一。2018年，翁堵镇茶园面积38307亩，通过国际雨林联盟认证面积34422亩，干茶产量3255吨，是昌宁县第四大产茶区。翁堵镇涉茶农户3543户，有茶叶专业合作社5个，有78个茶叶初制所。翁堵富硒茶产品主要销往昆明、成都、广州、上海、青岛、澳门等地。委托农业农村部农产品质量监督检验测试中心（昆明）实施主要产茶区土壤和农产品样本检测，送交31个茶区土壤样本，该中心出具的〔2016〕农质检核（国）字第0014号土壤检验报告（NO：20161962-20161992）显示："茶园土壤硒元素含量最低值每千克0.730毫克、最高值每千克2.100毫克，平均值为每千克1.300毫克。"其中，翁堵富硒普洱茶选用镇域晒青绿茶为原料，通过人工捏堆或蒸压成普洱熟茶或普洱生茶。2018年加工普洱生茶86吨，占普洱茶产量的91.49%，产值

① 资料来源：保山市农业农村局。
② 资料来源：保山市农业农村局。

442.90 万元，占普洱茶产值的 93.26%；加工普洱熟茶 8 吨，占普洱茶产量的 8.51%，产值 32 万元，占普洱茶产值的 6.74%。

二 保山市普洱茶产业发展特点

（一）采取多项措施，重视保护利用

保山市拥有的大量古茶山、古茶树资源是茶文化和茶产业可持续发展的基础。为推动古茶山和古茶树得到有效保护与合理利用，提升其社会价值和经济价值，助力文化和旅游产业高质量发展，保山市因地制宜、因时制宜，采取多种措施，加强保护、利用与开发。如保山市昌宁县一方面从资源保护入手，为发展古茶产业奠定基础。通过对全县的古茶树资源进行摸底排查，成立全国首个古茶树资源保护与开发协会——"昌宁县古树茶保护与开发协会"，引导古茶树专业合作社和古茶树加工厂等民间社团和企业参与古茶树的保护，打造了一批古茶树保护示范点。同时，昌宁县加强制度规范，出台了《昌宁县古茶树保护技术规程》，在古茶树的打药施肥、控制农残超标等方面做了严格要求，一些古茶区村组在村规民约中对古茶树保护措施做了明确规定。2016 年，昌宁古茶树群被列入保山市第三批市级文物保护单位，受到《中华人民共和国文物保护法》的保护。除政府发挥主体作用外，昌宁县鼓励企业和个人对古茶树实施挂牌和认养保护工作，积极开展古茶树保护与利用的技术培训。另一方面，保山市昌宁县对古茶树资源进行合理开发，提升古茶影响力。依托于丰富的古茶树资源，昌宁县通过创建漭水黄家寨古树茶厂、易佑茶厂等标准化示范茶所，提升了古茶加工水平与产品质量，提高了市场竞争力。在此基础上，昌宁县塑造了"黄家寨源头茶""易佑""遏尔"等一批古茶树品牌，提升了"千年茶乡"的知名度与美誉度。同时，漭水镇茶山河古茶树群、温泉镇联席古茶树群等一批具有代表性的古茶树群落被纳入发展规划，古茶园的旅游基础设施不断完善，精品旅游线路逐步健全。在这一系列综合举措下，昌宁县古茶树资源得到了很好的保护与利用。

（二）实施减税降费，减轻行业负担

新冠疫情突发以来，保山市通过组合式的减税降费，在稳定茶农信心、恢复茶业秩序、减轻茶企负担、促进消费需求、推进服务创新等方面发挥了重要作用，促进了茶产业的转型升级。2020年以来，保山市税务部门为提升茶农自身"造血"功能，充分发挥职能作用，主动深入企业，积极开展税收优惠政策的宣传和辅导，形成了"公司+基地+合作社+茶农"的新模式。通过主动创新服务模式、积极寻求应对方法，保山市税务部门为"专、精、特、新"企业提供了个性化的"一企一策、一企一档"服务，贡献了"税力量"。除了定期走访之外，税务部门还利用"一站式"咨询服务和"滴灌式"专人服务及时回应企业提出的疑难问题和诉求。① 通过"非接触式"平台与省内外茶商联系销售事宜，签订购销合同，保障茶叶产品的销量和收入。例如2021年以来，昌宁县茶叶种植加工等企业的减税降费数额累计达143.32万元，有力地保障了茶产业的可持续发展。其中，下辖8个自然村28个村民小组1600余户农户的昌宁县新华社区，是田园镇发展落后的主要片区。目前，全村有6000多亩茶园，茶叶是农户的主要经济来源。国家通过推行一系列税费减免政策，直达惠及民营茶企，特别是疫情以来，保山市税务部门成立专门的宣传辅导团队，主动了解该村茶企的需求和茶厂的生产经营情况，一对一、点对点帮助茶企精准用足国家一系列税费政策，助力民营茶厂尽快复工复产达产。在减税降费政策红利的推动下，逐步形成了"高品质原材料→高品质产品→企业高利润→企业给茶农高利润→茶农生产高品质原材料"的良性商业模式。这一系列的减税降费政策，及时地扶持了市域支柱产业，为经济发展注入了"强心剂"，增强了内部驱动力，带动了茶农增收致富。

---

① 《保山税务："税力量"为茶产业赋能增色》，http://yn.people.com.cn/news/yunnan/BIG5/n2/2021/0726/c393930-34838114.html，最后检索时间：2021年11月7日。

（三）探索合作机制，助力乡村振兴

乡村振兴战略是我国全面建设社会主义现代化国家的必然要求，是解决"三农"问题的主要抓手。在实施过程中，探索多元合作机制是巩固拓展脱贫攻坚成果同乡村振兴有效衔接的重要方式。目前，保山市茶农17.1万户56.77万人，其中，隆阳2.6万户0.94万人，施甸2万户8万人，腾冲4.2万户16万人，龙陵3.6万户13.6万人，昌宁4.7万户18.23万人；人均茶叶收入2000.91元。[①] 通过大力发展茶产业，加强社会力量的合作，能够从根本上促进茶农增收致富，有效带动劳动力就业，是实现致富的根本之策。例如保山市隆阳区板桥镇西河村在土地流转入股的基础上，与古道春茶叶有限公司建立合作关系，探索出"1+2"方式，即一次收购+两次分红。茶叶专业合作社生产出优质鲜叶，公司采取高于市场价60%的价格进行一次性回购，年终决算后，可分配盈余的70%按交易额比例二次分红返还给社员。在这种模式下，西河村的资源转化成了资金，茶农可以通过务工赚取薪酬，可以通过流转土地收取租金，也可以入股分红获取股金，有效化解了从产到销的风险。随着茶企经济效益的不断提升，茶产业链上的农户也享受到了规模产业的"红利"。[②] 再如保山市龙陵县勐糯镇践行"绿水青山就是金山银山"的理念，建立了"党支部+合作社+农户"的利益联结机制。2016年，在勐糯镇党委政府的领导下，沟心寨村成立了茶叶专业合作社，村委会以20万元入股参与管理，合作社与农户签订了一系列利益协议，盘活了土地、资金等要素，为巩固拓展脱贫攻坚成果和乡村振兴有效衔接奠定了坚实基础。此外，龙陵县鼓励茶农科学规划、因地制宜，引导茶农根据区域和气候等差异，走生态发展之路。为从源头上保障茶叶的质量，龙陵县每年检测种茶地的土壤和水质，合格后与收茶企业对接，提供地块信息。同时，龙陵县实行严格的"见牌

---

① 资料来源：保山市农业农村局。
② 《决胜脱贫攻坚｜板桥西河村：企业引领 茶农增收》，https://www.sohu.com/a/397649744_120054927，最后检索时间：2021年11月7日。

收购"，即企业向合格的茶农发放交售牌，以方便收购。目前，全县已发展了 10 万亩无公害茶园，春茶产量约 7500 吨，实现农业产值 1.8 亿元左右，带动 3.6 万户茶农增收。

（四）创新种植模式，提升经济效益

种植模式的创新有利于推动茶产业提质增效，由粗放式转变为精细化，在提升经济效益的同时，生态环境也得到有效改善。如位于云南省西部的昌宁县，地处大理、临沧、保山的结合部，隶属于保山市，有着"千年茶乡"、"名特优经济林核桃之乡"和"山水田园城市"等美誉。在退耕还林过程中，昌宁逐步探索出"林+茶"模式，不仅统筹兼顾生态建设、林业产业发展和农民增收致富，而且延长了林业产业链条，真正成为生态富民工程。

一是桤木+茶叶模式。昌宁县翁堵镇翁堵社区采用了"桤木+茶叶"的造林模式，其中桤木所占比例约为 20%，茶叶所占比例约为 80%。桤木是茶园的主要覆荫树，覆荫效果好，可以提升茶叶品质，提高茶叶产量。2017年 6 月，以桤木林茶园为核心的全镇 3.44 万亩茶园通过雨林联盟认证机构验收，成为全国单位面积最大、涉及农户最多的一块雨林联盟认证基地。经相关机构检测，翁堵镇茶园富含硒元素，主要的茶叶品牌有昌宁红茶、雪兰茶等。

二是核桃+茶叶模式。昌宁县栽培核桃的历史已有 2000 多年，是全国首批命名的核桃之乡，也是全国细香核桃的主产区，产量占全国的 90% 以上。2006 年，昌宁充分利用温凉山区特殊的地理环境，在田园、漭水、温泉等乡镇推广"核桃+茶叶"模式，进行立体化种植，解决了退耕农户短期的经济收益问题，农民的收益实现了以短养长、长短结合。

三是樱花+茶叶模式。昌宁县盛产野生樱花，依托其资源优势，以"打造樱花景观，建设生态茶乡"为主题，将樱花基地建设与千年茶乡、产业发展、城市美化和交通绿化结合起来建成了昌宁红茶味庄园、温泉大团山、松林山、翁堵大桤木林山、漭水元宝山樱花茶叶景观园等，打造出以县城为

核心，东接小湾百里长湖，西邻西山森林公园，北连天堂山原始森林、万亩杜鹃、高山湿地，南通温泉万亩有机生态茶园的樱花生态旅游圈。[1]

三 保山市普洱茶产业发展趋势

（一）持续打造优质品牌，产业价值不断提升

品牌是茶产品形象的展示，是企业综合竞争力的重要表现。随着我国进入高质量发展阶段，保山市推动茶产业结构优化调整，促进其转型升级，茶叶品牌建设迎来重要发展机遇。在品牌的助力下，制造将转变为创造，速度将转变为质量，茶产业价值将逐步提升。例如施甸县的尖山村依托600多亩茶园，充分利用野生古茶树资源，塑造古茶树品牌，提升影响力。通过创建茶叶加工坊和茶叶合作社，采用先进的制茶理念与工艺，尖山村塑造了"舌韵尖山""道酬农庄""古茶彝寨"等古树茶品牌。同时加大对外宣传推广力度，采取线下+线上的销售策略，逐渐在广州、昆明占据了一席之地。这些措施推动了尖山村茶叶的生产、加工、销售走向可持续发展之路，促进了茶农增收致富与保护生态环境共同发展。再如腾冲市新华乡通过建设标准化茶厂、注册公司、成立合作社、认证茶叶示范家庭农场等举措，为打造品牌奠定了坚实基础。目前，共注册了"黄梨坡""梅子坪""贸顺""陇川江"等20余个产品商标和品牌；认证了黄梨坡红茶、绿茶、普洱茶系列绿色食品和认证绿色食品牌绿色食品生产基地1000亩；有"黄梨坡公司""赛通古茶""藤弯茶业公司""五岔路家庭农场""腾璞茶业""山河农副产品加工厂"等多家企业进行直播和电商销售，推进产品销售渠道的多元化，提高茶叶销售量和品牌知名度。又如昌宁县龙头企业昌宁红集团立足全产业链布局，将提升产品质量作为可持续发展的核心，采取东西协作、

---

① 《保山昌宁："林"为茶添香 茶为民增收》，https://baijiahao.baidu.com/s? id = 166954 9006731913085&wfr = spider&for = pc，最后检索时间：2021 年 11 月 7 日。

定点帮扶、消费扶贫等线下方式以及云上昌宁、832平台、电商销售、直播带货等线上方式共同向外地推介茶品牌。由此可见，发挥茶企的主体作用，持续提升茶叶质量水平，不断优化品牌建设的社会环境，逐步完善茶叶品牌的政策制度，加快创新品牌的建设等措施将成为未来保山市推动茶产业提质增效、走向高质量发展的必经之路。

（二）扶持壮大龙头企业，走向标准化规模化

龙头企业是某个行业中综合竞争能力较强的企业，能够对其他企业起到引领示范作用，产生较强的号召力和影响力。扶持壮大茶产业中的龙头企业，有利于扩大市场份额、优化资源配置、提高茶产业的抗风险能力，通过标准化的手段实现规模化的目标，从而使茶产业扩量增产、提质增效。近年来，为规范保山市的茶叶生产，进一步改善茶叶品质，提高茶叶生产效益，满足茶叶消费者的真正需求，保山市加快推动茶叶标准化进程，制定、发布、实施了《保山市茶叶标准化生产综合技术规范》，从标准体系、产地环境及种植区划、主要种植品种、苗木培育、生产管理、有害生物控制、茶园改造、茶叶加工和茶叶质量等九个方面做了相关要求。在标准化的推动下，随着技术的不断提升与推广，茶农种植、茶园管理、加工技术等方面逐步规范。如龙陵县的茶叶加工厂增设了换衣间、包装间、农残检验室、化验室等，保障了对每道工序的严格把关，促进了精细化生产。与此同时，保山市积极培育发展壮大龙头企业，不断完善精深加工生产线、推动茶叶初制所规范化、鼓励标准化茶所申报SC认证、通过相关认定进行奖补、推进茶叶产业化经营。在一系列措施的助力下，腾冲市高黎贡山生态茶业有限责任公司、云南昌宁红茶业集团有限公司等企业入选国家重点龙头企业，进一步提升了市场竞争力和影响力。在上海市闵行区对口帮扶下，昌宁县温泉镇积极学习先进的发展理念和技术，推动当地茶产业朝着标准化、规模化和产业化方向发展。如茗韵古树茶专业合作社，这是由四个农民专业合作社组成的，通过建设"扶贫车间"，打造生产线，组织技术和茶艺培训730人次，提升了产品质量，奠定了农民专业合作社向标准化规模化发展的良好基础，在壮

大集体经济的同时，茶农收入也进一步提高，帮扶成效显著。由此可见，以标准化推动规模化、培育扶持壮大龙头企业将是保山茶产业未来的发展趋势。

（三）产业链条健全完善，深度融合进程加快

茶产业链将茶叶生产、加工、存储、物流与销售等环节整合成一个链条，对其中的人员、资金、信息、技术、管理等要素进行统筹协调，扩大附加价值。随着茶产业的内外部组成要素日益复杂，与其他行业相互融合渗透，保山市立足发展基础、特色优势，积极探索延伸产业链和商业链，与文化、旅游、饮品、健康等行业融合。近年来，腾冲市利用其丰富多样的茶文化资源，通过茶园流转，按照规模集中、有机绿色标准，依托茶叶龙头企业建设以茶叶采摘、加工、创意包装、茶艺等体验为主的研学馆，大力推动茶产业资源向文化、旅游、康养等资源的创造性转化和创新性发展，通过建立茶产业、茶经济、茶文化、茶旅游、茶生态和茶研学协调发展的产业体系，茶产业一二三产得到不断提升，茶产业链逐步延伸拓展，茶农收入稳定增长，为实现乡村全面振兴奠定了坚实基础。① 昌宁县则将茶文化融入美丽县城建设，建设茶韵公园，突出"茶"元素，形成了茶文化休闲体验区，促进了生态效益向经济效益的转变，推动了产业间的有机深度融合。此外，随着保山市文化产业的快速发展，保山普洱茶产业和旅游业、休闲娱乐业、民间文化艺术等逐步融合，形成"你中有我、我中有你"的相互联系的态势。其境内独具特色的民族文化、生态茶园以及古茶林为保山发展普洱茶文化的观光旅游奠定了坚实基础。依托文化旅游平台，借力文化旅游发展的趋势，可以开发涵盖"吃""住""行""游""购""娱"等要素的普洱茶文化旅游路线，让游客从"观""闻""采""制""品""购"等各个环节深入体验保山普洱茶文化的魅力，提升保山普洱茶的知名度。与此同时，在高黎贡

---

① 《好消息！腾冲市 11 个主体获得 2020 年云南省茶产业绿色发展政策支持资金奖补》，https：//baijiahao.baidu.com/s？id＝1700642446909492330&wfr＝spider&for＝pc，最后检索时间：2021 年 11 月 7 日。

山作家创作基地和昌宁茶文化基地,通过定期举办保山普洱茶文化研讨会,扩大区域交流和国际交流,能够提升保山普洱茶的影响力。未来,随着茶产业链条的不断延伸,茶产业与其他产业,尤其是文化和旅游行业的互动融合进程将加快。

(四)线上线下双向互动,消费渠道逐步拓宽

新冠疫情影响了茶叶的生产、加工与销售,改变了茶叶消费者的消费习惯与方式,茶叶产品与服务的提供需要转变。针对疫情期间在品牌打造和开拓市场方面遇到的困境,保山市积极推动线上活动的开展,组织"县长带货直播""网红带货直播保山茶""直播茶山茶乡"等网络活动,向社会公众展示保山茶的名牌魅力。通过网络平台讲述保山茶故事、传播保山茶声音,扩大了保山茶的传播范围,提升了保山茶的影响力。一方面扩展巩固了老市场,留住了老顾客;另一方面培育开发了新市场,消费者群体不断扩大。2020年7月,大连理工大学的修志龙教授与龙陵县当地茶企——龙眉茶叶公司共同发起了一场电商直播活动,从专业角度讲授生普洱、熟普洱等茶文化,吸引了12000名观众进入直播间,最终成交额接近2万元,真正诠释了"帮扶有大工,筑梦为龙陵"的直播主题。2021年4月,第六届茶文化节暨生物多样性茶产品推介会在高黎贡山茶厂举行,这次活动由腾冲市高黎贡山生态茶业有限责任公司以线上直播的形式举办。在直播过程中展示了世界最大的紧压茶、展示了"党建引领、三产融合、实现乡村振兴"成果、进行了高黎贡山新产品推介以及发起了以"高黎贡山"为主题的公益宣传活动,启动以"探神秘高黎贡山"为话题的抖音话题挑战赛,呼吁全社会共同关注,保护高黎贡山生态环境和物种安全。可见,在疫情防控进入新阶段后,茶农和茶企利用线上直播方式拓宽消费渠道也是茶产业的发展趋势。

B.6
德宏州普洱茶产业发展报告

何声灿 丁雪婷*

摘 要: 德宏栽培茶树历史悠久,目前已形成多个知名品牌。经过多年的发展,德宏的普洱茶产业不管是在技术还是在规模上都取得了突破性的成就。依托良好的气候条件和生态环境,德宏茶区建立多个茶咖生态旅游文化园,逐步推进农文旅融合的发展,不断增加普洱茶附加值,延长其产业链,吸引了一大批消费者。与此同时,德宏茶区不断改良茶叶种植技术与茶叶品种,提高了茶叶产量与质量,并且在德宏州政府的政策支持与推动下,强化对外出口、注重品牌建设、依托互联网平台进行销售,帮助众多茶农增收致富。

关键词: 德宏州 普洱茶产业 品牌建设 农文旅融合

云南省德宏傣族景颇族自治州是一个历史悠久、源远流长的少数民族聚居地,贝叶经中记载的"勐卯古国"、司马迁笔下的"滇越乘象国"、《马可·波罗游记》中的"金齿国"主要地域范围就是今天的德宏。德宏是古代"西南丝绸之路"的必经之地,二次世界大战期间滇西各族人民用血肉筑成的国际通道"滇缅公路"经过德宏出境;现今,德宏是"一带一路"的重要一环,更是面向南亚、东南亚交通物流的关键节点。德宏自然环境优

---

* 何声灿,云南省德宏州茶叶技术推广站研究员,德宏州产业协会会长,梁河回龙茶协会常务副会长,云南省科技特派员,德宏州委联系专家,享受云南省政府特殊津贴专家,主要研究方向:茶产业、古茶树资源保护与开发应用;丁雪婷,云南大学民族学与社会学学院在读硕士研究生,主要研究方向:文化管理、文化产业。

美，文化光辉灿烂，有独特的民俗风情，被国内外誉为"孔雀之乡""神话之乡""歌舞之乡"，著名歌曲《有一个美丽的地方》《月光下的凤尾竹》等所讴歌的就是德宏。

德宏地处中缅边境，地理位置特殊，自古以来是中国通往缅甸的重要陆上桥梁，是"蜀身毒道"、"永昌道"、明清茶马外贸古道，明清时期，德宏的茶马古道主要是由德宏经腾冲至缅甸八莫地区，是云南茶马古道主要通道之一，普洱茶等就是由此通道运输销售到国外和其他地区。

德宏不仅是茶马古道重要通道之一，德宏古树茶群落也是我国普洱茶产业的黄金宝地，德宏属南亚热带季风气候，冬无严寒、夏无酷暑，花开四季、果结终年，素有"植物王国""物种基因库""天然温室"之美称。中国是最早发现和利用茶叶的国家，云南是世界公认的茶树原产地，德宏便是原产地的中心地带之一。

通过国家、省、州多次普查、调查，德宏古茶树资源目前有栽培型、过渡型、野生型，以及由古茶树与其他物种和环境形成的古茶园和野生茶树群落。

全州已发现认定的野生型古茶树群 29 个、分布面积 24 万亩，栽培型古茶园 24 片、面积 1 万亩，现代栽培茶园面积 34.5 万亩，有力地证明了德宏属云南茶树发源地之一，同时，德宏也是云南普洱原料种植、生产加工、产品销售的重要原产地之一。

德宏有着上千年的种茶、制茶、饮茶历史。目前，茶产业已经成为德宏州农村经济的主要支柱产业，德宏的自然资源条件适宜种植茶叶，已被列为云南茶叶生产重点州，普洱茶、绿茶、红茶等优质原料基地州，优势农产品基地州，优质种苗基地州，茶叶产品出口基地州和高原特色基地州之一。[1]

经过多年努力，德宏茶产业特别是普洱茶产业发展取得了阶段性成果，德宏茶业也形成了许多知名品牌，许多茶叶产品多次在国内的各类名优茶评比中荣获金、银、铜及优秀奖，产品得到广大消费者的青睐。

"回龙茶"2014 年荣获农业部地理标志登记保护产品称号，2016 年荣

---

① 何声灿、王东、杨世达:《德宏州茶产业发展调研报告》,《中国茶叶》2017 年第 6 期。

获国家工商行政管理总局地理标志证明商标，"回龙茶"属云南区域性公共品牌，在省内外具有一定知名度，"德昂酸茶"产品影响力正在凸显。茶产业是德宏山区和半山区农户的主要经济来源之一，对广大农户增产增收、企业增效、地方经济发展、茶产品出口、助推乡村振兴战略实施、巩固脱贫攻坚成果与乡村振兴有效衔接等发挥着积极作用。

但是，与云南普洱茶生产重点区域相比，德宏普洱茶生产加工起步较晚，外界对德宏普洱茶的认识不足、开发生产技术相对滞后、投入开发不足等现实因素，也制约着德宏普洱茶产业的发展。

一 德宏州茶产业发展现状

（一）茶产量不断提升

全州 2021 年共有现代栽培茶园面积 34.5 万亩，其中采摘面积 30.22 万亩，绿色食品茶园面积 5.5 万亩，有机茶园面积 1.18 万亩，茶叶产量 2.14 万吨，农业产值 5.9 亿元，工业产值 10.05 亿元，第三产值 10.63 亿元；古茶园面积 25 万亩，产量 1500 余吨，农业产值 1.5 亿余元。

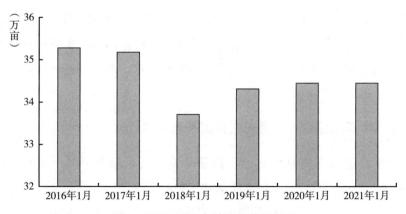

图 1　2016~2020 年德宏州茶园面积

资料来源：德宏州 2016~2021 年国民经济和社会发展统计公报。

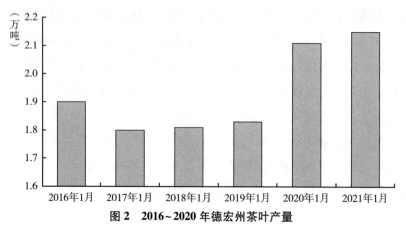

图2 2016~2020年德宏州茶叶产量

资料来源：德宏州2016~2021年国民经济和社会发展统计公报。

现有 SC 认证茶叶企业 42 家，省级龙头企业 7 家，州级龙头企业 18 家，初制茶所（厂）487 家，专业合作组织 76 家。①

自 2016 年以来，德宏州茶园面积数目呈先下降后上升的趋势，下降是因为人们生态环境保护意识淡薄，很多古茶树遭到破坏，茶园面积不断减少，2018 年作为一个拐点，是 2016~2020 年茶园面积最少的一年。2018 年之后，在国家和德宏州政府的大力支持下，改善茶树生长环境，提高人们的生态环境保护意识，2019~2021 年又呈现缓慢上升趋势。总体来讲，2021 年茶园面积相对于 2016 年下降 2.2%。尽管茶园面积相对下降，但由图 2 可知德宏州茶叶产量自 2017 年开始一直呈现上升趋势，2021 年茶产量甚至较 2016 年增长高达 12.6%。可见，茶园的种植技术、方式都进一步优化，茶树利用率提高，产量快速提升。

（二）茶咖结合，打造芒市普洱茶新特色

位于德宏州东南部的芒市，热量丰富，气候温和，盛产咖啡，素有"咖啡之乡"的美称，是全国咖啡深加工中心之一，同时也是全国咖啡科技中心。中国第一个本土咖啡品牌——后谷咖啡就位于芒市，后谷咖啡拥有国

---

① 资料来源：德宏州 2021 年国民经济和社会发展统计公报。

内最大的速溶咖啡生产线。近年来，后谷咖啡公司科研团队经过技术积累和创新，将咖啡萃取时间缩短到 10 秒以内，实现了咖啡行业技术上的大突破。外交部部长王毅曾在"魅力云南、世界共享"的全球推介活动上盛赞后谷咖啡，这个品牌也因此被更多人知道。

芒市种茶历史悠久，拥有大量的珍稀古茶树资源。集聚了芒市四季茶业有限公司、芒市德凤茶业有限公司、芒市宏跃茶业有限公司、芒市志成茶业有限公司、芒市生态茶叶有限公司、芒市五梁茶业有限公司等 6 家省级农业产业化龙头企业为代表的茶叶生产加工企业，是区域性茶叶加工和交易物流中心。其中，德凤茶业公司是德宏州最早实现普洱茶和德昂酸茶制作标准化、规模化生产的企业。近年来，企业注重产业园厂房改造，不断更新设备，并且引入"发花"工艺，在此基础上创造出了独特的"金花"普洱茶加工工艺，为德宏州普洱茶发展奠定了坚实基础。

咖啡和茶叶两大特色饮品产业是芒市主导产业。近年来，芒市积极探索茶产业创新之路，不断推动茶产业与咖啡产业相融合，形成了独具特色的"茶咖结合"的发展模式。

目前芒市已经形成覆盖 8 个乡镇 25 个村委会，总面积 124 万余亩的现代化农业产业园，以及咖啡和茶叶规模生产、品牌营销、科技创新、文旅互动融合发展、资源高效共享的产业新格局。茶咖结合的产业园成为芒市的特色之一。

产业园在创立之初就提出构建以"茶咖之旅"农业、文化、旅游融合发展走廊为纽带的"一心、两翼、一片区、一走廊"园区空间布局，形成一二三产业互动融合发展、资源高效共享的产业新格局。

在发展茶业和咖啡加工业的同时，产业园建成了多个集生产加工、旅游观光、产品体验、文化创意于一体的茶咖生态旅游文化园。产业园创建几年来，有 17875 户农户加入产业园经营主导产业合作社，与合作社或龙头企业建立利益联结机制的农户比重达 71.5%，园区带动就业人数近 5 万人。[1]

---

[1] 《两杯饮品造富一方——记云南省德宏州芒市国家现代农业产业园》，http：//www.farmer.com.cn/2021/07/27/99875251.html，最后检索时间：2021 年 11 月 9 日。

（三）疫情下的普洱茶

回黑基地位于芒市遮放镇邦达村委会回黑村，回黑基地有标准、绿色茶园 500 多亩，交由 46 户茶农承包管理（其中 13 户为建档立卡户），一年支付鲜叶款 50 万~60 万元。2020~2021 年，德宏虽然受疫情影响，但回黑基地和附近村寨的鲜叶都拉到遮放户拉的初制所加工，生产经营基本正常。

在与缅甸紧邻的瑞丽，春茶正常开采，但 2020 年，茶园干旱导致鲜叶减产，采茶工人难找，鲜叶下树率不高。出于疫情原因，缅甸籍工人无法回来工作，同时新茶销售形势也不乐观，只能勉强维持，生产销售都受到很大冲击，据了解，瑞丽市莫里山茶业有限公司 2019 年产品销售量为 4000 吨，销售额 5000 多万元。销售市场主要在国内，出口量占销量的 1/4。当时国外的销售渠道受疫情影响，货物物流有点拥堵。[①]

在疫情的影响下，有些茶区在生产环节就出现很大困难，有的茶区尽管生产加工正常，在销售环节也会遇到问题。德宏州位于边界地区，茶叶出口量占销量很大比重，德宏以 CTC 红碎茶、普洱茶等为主的茶产品出口东南亚国家和地区，茶产品出口占全省茶叶出口总额的 50% 以上，已经成为云南省茶叶出口的一个新亮点。其中：2017 年，全州茶叶出口量 4920 吨，产值 1426.8 万美元；2018 年出口量 1402.7 吨，产值 11057 万元；2019 年，出口量达 4964.1 吨，产值达 2995.8 万美元；2020 年，出口量达 2853.8 吨，产值达 1618.5394 万美元。疫情对德宏茶业发展带来一定影响。

（四）"德宏古茶"数字化

茶产业作为促进地方经济发展的重要产业之一，是带动一方茶农脱贫致富的重要力量。互联网的快速发展使得仅依靠线下经营的茶农与茶商都受到很大的冲击。依靠互联网电商平台销售茶产品无疑将成为茶产业发展的重要突破口。鉴于此，一个基于"大数据""区块链""新零售"等新技术新思

---

① 《德宏春茶上市！疫情多重博弈下，价格是涨是跌？》，https://www.sohu.com/a/386411880_ 181325，最后检索时间：2021 年 11 月 9 日。

想，以弘扬中国传统茶文化、振兴赤壁青砖茶为发展目标，通过新零售、微金融、社交娱乐电商重构组合链接，以新业态、新模式引领新型消费的平台——"德宏古茶"应运而生。

"德宏古茶"是黄山德宏古茶茶叶科技有限公司 2021 年的主打品牌，集结用户、商家、茶农、平台共同打造新型综合商业生态圈。"德宏古茶"深耕茶金融领域多年，作为专业的数字化服务商，以"数字化技术革新福利管理机制"，在降低企业采购成本的同时优化员工福利体验，助力企业构筑科学化、智能化、人性化的数字福利生态。"德宏古茶"推出的茶产业垂直投资平台，是自主研发的多商户社交电商系统，面向线下茶叶及茶周边产品零售商提供 B2B2C 的批发、零售垂直供应链电商平台，为茶行业提供一站式交易服务。除了能够一键开店、自主经营之外，还支持自助分账结算。自营平台+招商入驻模式实现联营与独营灵活设置。而与其他平台不同的在于，该平台可以实现相对的独立和绝对的共享，除了共享优秀的商家资源之外，还能够提供诸多原产地优势、口碑云仓供应链，高品质产品云仓集群的共享，更是能够实现无货源秒开店，不仅为创业者提供了轻创业环境，更为商家的产品销售打造更为庞大的分销链路。

"德宏古茶"推出的茶产业垂直投资平台，意味着市场、产品、消费者的联系将更加紧密，推动了平台与合作伙伴、消费者之间无障碍联系，并确保平台的品牌化、品质化、规模化发展，有利于发挥协力作用、提升经济效益与社会效益。①

（五）德宏茶业助力脱贫攻坚

在最新出炉的中国 2021 年茶叶行业百强县榜单中，芒市荣获"2021 年中国茶业百强县"称号，这也是自 2019 年以来，连续三年荣获该荣誉称号。在市委、市政府的坚强领导下，芒市茶叶以提质增效为发展主线，结合茶叶

---

① 《"德宏古茶"为茶产业送来了"东风"》，http://www.yyrtv.com/newsDetail-556106.html，最后检索时间：2021 年 11 月 9 日。

市场供给侧需求，持续推进全市茶产业绿色健康、稳中向优发展。茶产品的质量、产量、产值进一步提升，是助力芒市"脱贫攻坚"和"乡村振兴"的重要产业力量。

目前，芒市茶叶面积位列德宏州之首，在云南省排名前 20 位，同时也是云南省产茶大县之一，2021 年实现干毛茶产量 10195 吨，实现农业产值 2.09 亿元。

芒市志成茶业、宏跃茶叶、亚飞龙茶业、五梁茶业、宏德茶厂等企业拥有 CTC 红碎茶生产线 6 条，合计年生产能力达 7000 吨以上，同时，志成茶业有限公司拥有年产 2000 吨以上的速溶茶生产线 1 条，有自主出口茶叶经营权的企业 5 家，年均出口总量稳定在 3000~5000 吨，芒市是全省茶叶出口最大县之一，已成为优质的茶叶原料基地和出口基地。

目前，芒市获得 SC 认证的茶叶精深加工企业 13 家，其中省级龙头企业 6 家、州级龙头企业 2 家，全市正常运行的茶叶初制所 122 个，茶叶专业合作社 26 个，其中，国家级专业合作社 1 家。

芒市政府对这些企业和合作社开展了补助和支持，直接对茶叶发展产生了推动作用。同时，芒市依托国家级、省级农业产业园支持，积极推动茶产业融合发展，近 3 年来已打造省级现代农业产业园 3 家、国家级现代农业产业园 12 家，涉及面积 3.07 万亩，茶产业集种植、加工、体验、旅游、民宿、餐饮于一体，融合发展水平得到了显著提升，为乡村振兴奠定了基础。①

二　德宏州茶产业特点

（一）茶产品种类多样

德宏州主要茶类有普洱茶、红茶、绿茶等。经过多年发展，德宏茶业已

---

① 《芒市做优做强茶产业连续 3 年荣获"茶叶百强县"称号》，http://m. thepaper. cn/baijiahao_ 17663339，最后检索时间：2021 年 11 月 9 日。

经取得显著成效，茶产业已成为全州农村经济的主要支柱产业，茶产业收入成为广大农民增收致富的重要经济来源，德宏茶业发展初期沿用民国时期的栽培技术，茶种选用梁河大厂大叶茶和原潞西县官寨的云南大叶群体二代种及从腾冲、龙陵、昌宁引进的云南大叶种等。

（二）不断改良种茶技术，培育高质量品种

20世纪70年代涌现了原潞西县江东河头村和道坡、陇川王子树小牛村下寨、芒市华侨农场等一批高产典型，如原潞西县江东河头村种植茶园3036亩，平均干茶90千克/亩，从20世纪90年代至今，茶叶种植主要是示范推广无性扦插、种子育苗种植、嫁接改良品种、无性良种的选用、茶园间套种先进适用技术措施和推广无公害、绿色种植技术，积极选用"云抗10号"等无性良种和"勐库大叶种"及地方群体良种作为德宏茶叶主要栽培品种。

同时，大力推进有机茶生产示范区建设，推广茶园生产机械化技术，特别是州和县市茶叶技术部门，因地制宜，推广高优生态茶园"鲜叶采摘修剪一体化"综合技术，该技术在德宏茶区得到广泛推广应用，有效解决了鲜叶采摘难问题，提高了茶园机械推广应用效益。

（三）注重商标品牌建设

德宏州茶产业越来越重视加强标准化建设，大力培育和打造知名品牌。形成了以"梁河回龙茶"等为代表的一批茶叶种植、加工技术规程和产品质量标准。

强化品牌建设，在充分挖掘德宏独特的茶叶资源的基础上，结合当地少数民族茶文化，打造了一批德宏独有的茶叶品牌。同时，政府不断加大引导力度和政策扶持，鼓励企业开发具有自主知识产权、自主品牌的茶叶产品，推进企业申报国家专利和中国及云南名牌茶产品、著名商标认定。目前，全州已有"回龙茶""纵歌""香芝""孔雀公主""德凤"等50余个茶叶品牌，成功创建涉茶区域公共品牌——梁河回龙茶1个、国家地理标志农产品——回龙茶1个、云南省著名商标11个、德宏州知名商标11个。近年

来，芒市的民族特色产品"德昂酸茶"大放异彩，随着芒市一些企业和制茶专家的大力研发和推广，"德昂酸茶"制作工艺不断传承创新，知名度大大提升，茶叶品牌逐步得到推广。2021年，"德昂酸茶"更是被列入了第五批国家非物质文化遗产名录，基于多种形式的宣传和推介，越来越多的人喜欢上了"德昂酸茶"，民族特色产业得到了传承和发扬光大。

经过多年努力，一大批依托民族文化底蕴和农业产业化发展而"土生土长"的德宏商标品牌，在市场上饱受赞誉，产品远销全国各地，乃至走向世界。

（四）推广绿色普洱茶园集成管理技术

德宏州不断加大绿色普洱茶园管理集成技术研究与示范应用力度，将低效老茶园通过改土（土壤和茶树主要根系的改造改良）、改树（茶树树冠改造）、改园（茶园系统的改造改良）这三方面进行改造更新，取得了明显成效，提高了茶叶质量和产量，同时也有力推动了脱贫攻坚、精准扶贫和乡村振兴战略实施。[①]

三 德宏普洱茶产业发展趋势

（一）优化茶园管理，推动茶叶基地绿色化发展

近年来，德宏州在确保茶园面积稳定的基础上，大力推进茶叶基地布局优化，推进茶产业向最适宜区集聚发展。并且今后将不断提升茶园管理机械化水平，运用科技手段积极解决部分茶园存在的"低产量""低质量""低效能"等突出问题，加快对中低效能茶园改造的步伐。

要加快对中低效能茶园改造，不仅需要提升科技管理水平，还需要广大茶农积极参与。政府应做好规划，开展绿色茶园培训会并组织企业和茶农广

---

① 何声灿、李文炳：《德宏州绿色普洱茶园管理集成技术》，《中国茶叶》2020年第2期。

泛参与，从茶园、土肥管理、茶树修剪、鲜叶采摘、病虫害防治等方面向茶农传授绿色茶园管理技术，使企业和茶农掌握绿色茶园种植培育技术，全面扩大绿色茶园面积。

在发展绿色基地的同时，进一步发挥德宏茶历史、茶文化、茶资源等优势，围绕茶山分布打造知名茶山、茶园，打响德宏茶叶名片。

（二）推动茶产业多元化发展，延长茶叶产业链

德宏州不断强化茶叶新产品研发，进行茶叶深加工，努力提高其附加值。深加工是实现茶叶资源可持续利用、提高茶制品科技水平和附加值的有效途径。随着社会生产力水平的快速提高和人们健康意识的不断增强，具有天然、保健、方便、安全等特性的茶叶深加工产品深受广大消费者的青睐。因此，要大力推动茶产业跨界融合，如：同有实力的食品、医药等产业结合，制作便携茶包、茶味糖果、茶树面膜等产品。延长德宏茶叶产业链，增加其附加值，提高其综合竞争力。

同时，全力推进农、文、旅融合，支持和鼓励企业结合当地茶文化和特色风景，建设以"茶"为主题的集休闲娱乐、康养、旅游、体验于一体的茶庄园。以茶庄园为依托，与民族饮食、民族传说等特色文化结合，形成"茶叶+N"的产业格局。目前，全州9个"万亩茶乡"、65个"千亩茶村"都不同程度地融入了旅游开发。通过举办"德茶飘香""梁河回茶文化节""中华茶商德宏行"等茶事活动吸引了大量游客。梁河县大厂乡通过连续举办多次的回龙文化节，以"祭祀茶祖"为品牌的旅游项目吸引了广大游客观光旅游，同时带动了当地的经济发展。

（三）加大市场销售力度，提升产业综合效益

重视德宏州茶叶外销，采取多种措施加大对外宣传力度。深入挖掘德宏州各种茶文化，如茶传说、茶历史、茶故事等，以其民族节庆以及重大活动为载体，积极组织茶企业参加省外的各类展销、宣传、评比活动，提高德宏茶叶市场知名度、认可度和影响力；吸引国内外企业、专家、消费者关注德

宏茶叶；培养一批学茶、饮茶、爱茶之人，使其成为德宏茶的宣传者；加大德宏茶的广告宣传力度，利用多种媒体进行宣传，尤其要利用好抖音、微博等新兴媒体平台，针对不同受众采取不同的营销宣传手段。

加强产品信息网络建设，采用现代流通手段，与影响力大的电商合作，推进网络营销，通过线上网店和线下实体茶店相结合的方式开展经销活动，提高德宏茶的整体效益；同时，德宏州政府也应当加大政策支持力度，利用良好的区位优势，抓好茶叶出口工作，积极扩大国际市场。

（四）积极推动古茶树资源的保护和合理开发利用

保护古茶树资源是推动德宏州茶产业发展的重要一环。近年来，人们对古茶树的保护意识在逐步增强。为做好古茶树资源的保护，德宏州已全面摸清古茶树分布情况，建立了古茶树资源档案库，并采取 GPS 定位挂牌保护等措施加强保护。采取多种方式指导企业、茶农科学合理地保护和利用古茶树。同时，还采用科学的方式评估古茶树产茶能力，合理地进行资源开发，先后开发德宏古树普洱茶、红茶、绿茶等系列产品。基本形成了以保护促开发、以开发促保护的良性循环发展格局。

（五）主推茶产业扶贫，助力乡村振兴

茶产业已经成为德宏州脱贫攻坚的有力抓手，尤其是现代化农业产业园建设，有力地带动了当地百姓就业、促进了农民增收，可以说真正做到了"一片叶子造福一方百姓"。在建设产业园的过程中，对茶农的技能培训也将促使一批新型茶农队伍的形成，将有力推动"三农问题"的解决。

州和县市政府应出台相应政策，加大德宏茶产业发展资金扶持力度。积极向国家、省级争取项目资金用于德宏茶产业发展，德宏州政府出台德宏茶产业发展决定，每年将德宏茶产业发展资金列入财政预算，确保茶产业发展政策、资金扶持具有稳定性和连续性。①

---

① 李永席：《德宏州茶产业现状与发展对策》，《云南农业科技》2019 年第 6 期。

　　德宏茶产业是山区和半山区的主导产业，山区和半山区曾经是德宏实施脱贫攻坚的主战场，茶产业对实施脱贫攻坚、巩固脱贫攻坚成果与乡村振兴有效衔接发挥了积极作用，今后，德宏州茶产业发展将继续对实施乡村振兴起到重要的推动作用。

B.7
云南省其他产区普洱茶产业发展报告

苏芳华　吴伟　黄天祺　彭丹*

摘　要： 普洱茶产业作为云南省政府致力打造的重点特色产业，种植面积广阔。如今，普洱茶产业从西双版纳、普洱、临沧等主产区逐步扩展到大理、红河、文山等地，产区范围不断扩大。经过多年的探索与发展，大理、红河、文山等地普洱茶产量持续增长，产值逐步提高，发展稳中向好，形成了不同的发展特点与趋势。各大产区共同发力，坚持科学管理，推动茶旅融合发展，创新发展模式，在地区经济发展、脱贫致富、乡村振兴等方面发挥了重要的带动作用。

关键词： 普洱茶　茶产业　云南省　非核心产区

大理、红河、文山等地重视普洱茶产业的发展，近年来不断规范生产、种植、流通、销售等环节，加强科学管理，提高普洱茶产业的产量与产值，普洱茶产业稳步发展。在发展过程中提高科技水平，优化政策支持，严格把关产品质量，坚持绿色发展，打造知名品牌，推进茶旅融合发展，充分发挥

* 苏芳华，中国土产畜产云南茶叶进出口公司原总经理办公室主任，正高级工程师，兼任昆明民族茶文化促进会、云南省老科技工作者协会茶业分会常务副会长，吴觉农茶学思想研究会云南联络处常务副主任，云南省茶马古道研究会副会长，主要研究方向：茶产业、茶马古道；吴伟，云南大学民族学与社会学学院文化管理专业在读硕士，主要研究方向：文化产业管理、公共文化服务；黄天祺，云南大学民族学与社会学学院民俗学专业在读硕士，主要研究方向：非物质文化遗产保护与利用、文化产业理论与实践；彭丹，云南大学民族学与社会学学院民族文化产业专业在读硕士，主要研究方向：民族文化产业与文化传承创新。

茶产业在促进地区经济发展、脱贫致富、乡村振兴等方面的价值。同时依托互联网平台，创新发展模式，积极应对新冠疫情冲击。

一　红河州普洱茶产业发展概述

红河哈尼族彝族自治州（以下简称"红河州"）位于云南省南部，地势西北高、东南低，具有高海拔、低纬度的地理特征，属亚热带高原型湿润季风气候区，年平均气温 16~20 摄氏度，气候温和、雨量充沛，昼夜温差大，茶树害虫天敌多，具备了地形多样、土壤多样、气候多样、物种多样的自然条件，一直以来都是绿色食品的理想生产基地。茶叶作为一种绿色饮品，也早已经成为红河州的"特色产品"。以上得天独厚的区位优势和自然条件为红河州普洱茶产业的发展奠定了坚实基础。

（一）红河州普洱茶产业发展现状

红河州茶种数量繁多，是发展茶叶种植的天然基地。近年来，红河州坚持走"质量兴州、工业强州"的道路，靠质量来提升红河州茶叶品牌形象，茶叶产业规模不断扩大，产业规范化、标准化、数字化、品牌化水平不断提升。当前，红河州茶叶发展呈现良好态势，茶叶已成为促进农民增收、拉动地区经济发展的重要产业之一。

1.红河州普洱茶整体发展情况

红河州是云南省继普洱、临沧、西双版纳、保山之后的第五大茶叶主产区，茶叶种植主要分布在元阳、绿春、金平、屏边、红河、蒙自和建水等 7 县（市）72 个乡镇，有 8.5 万户 23.8 万人涉及茶叶生产经营。[①] 2020 年，红河州组织 13 户茶叶企业申报茶产业绿色发展政策支持资

---

① 《云南省红河州茶业概况简述》，https：//www.chayi5.com/zhishi/223894.htm，最后检索时间：2021 年 11 月 7 日。

金 199 万元,① 用于"红河州茶叶品牌创建及省外市场拓展",通过资金保障,在一定程度上推动了红河州普洱茶整体向前健康发展。在茶叶生产培育方面,红河州积极改良、推广并发展茶叶种植技术。截至 2020 年年底,红河州共发展茶园种植面积 40 万亩,占全省茶园面积的 5.6%(2020 年云南省茶园面积 719.3 万亩),② 全州茶叶总产量 3.66 万吨,比 2019 年(2.82万吨)增长了 29.8%,茶园面积、茶叶产量总体上呈增长趋势(见表 1)。依托一定数量的茶园面积和茶叶产量,红河州普洱茶产业市场逐渐壮大,省级、州级、县级茶叶龙头企业、重点企业数量逐渐增加,并由此带动了茶叶的第一、二、三产业的收入。通过以上描述,可以看出,在州委、州政府的相关资金扶持和政策的带动下,红河州普洱茶产业整体发展态势较好。

表 1 2017～2020 年红河州茶叶总产量变动统计③

年份	指标	数量(万吨)	增长率(%)
2017	茶叶总产量	2.50	
2018	茶叶总产量	2.91	+16.4
2019	茶叶总产量	2.82	−3.1
2020	茶叶总产量	3.66	+29.8

资料来源:笔者根据历年数据整理所得。

2. 红河州主要产茶县发展情况

红河州产茶县以绿春县、红河县为主。绿春县种茶自然环境优良,种茶、饮茶历史悠久,拥有坚实的茶产业发展基础,茶产业在绿春的发展实践中已达到全县人均一亩茶园的规模,践行了"绿水青山就是金山银山"的

① 《红河州人民政府关于红河州十二届人大三次会议第 126 号建议的答复 红政函〔2020〕42 号》,http://www.hh.gov.cn/zmhd/jytabljg/2020njytabldf/rdjybljg/202011/t20201127_483981.html,最后检索时间:2022 年 4 月 11 日。

② 《2020 年度云南省茶产业发展报告》,http://txpe.yunnan.cn/system/2021/05/10/031440635.shtml,最后检索时间:2021 年 11 月 7 日。

③ 《云南省红河州茶叶产量情况 3 年数据研究报告 2020 版》,https://www.docin.com/p-2648970015.html,最后检索时间:2021 年 11 月 7 日。

新发展理念。近年来，绿春县按照省、州关于打造"绿色食品"牌、培育
"一县一业"等决策部署，因地制宜把茶叶作为"一县一业"支柱产业来
抓，努力以茶叶产业为引领，从种植、生产、消费三个环节入手，实现茶农
增收，助推乡村振兴。2012 年，绿春县被云南省农业厅列为农业部云南省
标准茶园创建示范县，2019 年绿春县被列为中国茶业百强县。截至 2020 年
年底，绿春县共发展茶园种植面积 24 万亩，占红河州茶园面积的 60%，居
全州第 1 位，其中：有机茶园认证面积 3700 亩，绿色食品茶园认证面积
8000 亩；有茶叶加工经营主体 54 个，其中省级龙头企业 1 个、州级龙头企
业 2 个、农民专业合作社 11 个。2020 年，全县加工成品茶近 2.38 万吨，占
红河州茶叶总产量的 65%，实现年产值 3.5 亿余元；注册茶叶商标 22 个，
其中，"玛玉""黄连山"2 个商标先后获得云南省著名商标称号；研发了
"玛玉茶""哈尼珍香茶""玛玉银针""黄连山云雾茶"等 10 余个茶叶品
牌，其中："哈尼秀峰""哈尼龙井""玛玉古王"3 个茶叶品牌相继通过了
国家绿色食品认证；茶叶种植覆盖 9 个乡镇、4.6 万户农户，茶叶种植户占
全县农业户的 82%，茶农人均纯收入 2100 多元；37 个茶叶加工经营主体与
建档立卡户建立利益联结，带动建档立卡户 7094 户，占建档立卡户总数
的 31.49%。[1]

除了发展较好的绿春县之外，红河县茶叶在红河州茶产业发展中也具有
举足轻重的地位。红河县大力发展茶叶产业，增加农民收入。2020 年，红
河县茶园面积达 9.51 万亩，其中采摘面积占 8.1 万亩，春茶产量达 2446
吨，实现总产值 4158.2 万元。依托全县 9.51 万亩茶园，红河县坚持以市场
为导向，以龙头企业为带动，提升茶叶品质和市场竞争力，打造集采摘、加
工、销售于一体的全产业链。目前，该县有州级龙头企业茶叶深加工厂 1
个，精制加工企业 2 个，初制加工厂 14 个，茶叶流通环节从业人员
1700 人。[2]

---

[1] 《绿春县大力发展茶产业促进乡村振兴》，http://www.hh.cn/xw/szyw/202103/t20210312_940159.html，最后检索时间：2021 年 11 月 7 日。
[2] 资料来源：红河网。

（二）红河州普洱茶产业发展特点

红河州普洱茶得天独厚的生态优势和历史基础带来了红河州普洱茶产业发展的生动活泼的现代实践。红河州普洱茶产业涵盖了从茶树种植到茶叶采摘、加工、包装、出售，再到与之相关产业链的打造，其发展呈现如下特点：茶树保护与种植规范得到加强；普洱茶相关活动举办频繁；普洱茶产业市场发展模式多元化；普洱茶经济助力农民脱贫增收；积极防疫，借势搭乘"电商"快车道。

1. 茶树保护与种植规范得到加强

一是摸清家底，完成全州古茶树资源调查报告编制。据调查，红河州共有百年以上的古茶树 15664 株，分布面积 5.3 万亩，共有 12 个种，其中，野生型茶树有姑祖碑老黑茶、圆基茶、皱叶茶、马关茶、厚轴茶、大理茶、秃房茶、紫果茶等 8 个种；栽培型茶树有茶、普洱茶、金平苦茶、多脉普洱茶（玛玉茶）等 4 个种，是云南茶种最多的一个州，其中，金平苦茶、皱叶茶、多脉普洱茶、圆基茶、姑祖碑老黑茶、紫果茶的模式标本均产于红河州。[①] 二是开展茶叶种植培训与监管。针对当前红河州普洱茶产业发展存在重数量轻质量、重栽轻管、品种混杂、效益不高等情况，红河州农业农村局组织人员开展了相关的茶叶种植培训活动。另外，红河滇红茶叶有限公司开展茶叶种植及深加工建设项目（一期工程），项目拟建一条年产 490 吨精制茶的生产线，总占地面积 6745 平方米，总建筑面积约 4748 平方米。同时，红河州农业农村局组织人员对以上茶叶种植及加工情况进行专项执法检查，以加强茶叶种植规范和安全监管，确保茶叶质量安全。

2. 普洱茶相关活动举办频繁

活动聚集了大量的人和物，是密切连接人和物的一种组织方式。2020年伊始，红河州召开茶叶协会 2020 年年会，会议上全面总结红河州茶叶的

---

① 《红河哈尼族彝族自治州林业和草原科学研究所 2020 年度部门决算》，http：//www. hh. gov. cn/zfxxgk/fdzdgknr/zdlyxxgk_ 1/czxxgk/yjsgkpt/bmyjs/bmjs1/202107/t20210729_ 535064. html，最后检索时间：2021 年 11 月 7 日。

发展状况及面临的问题，并对下一步茶叶发展工作作出展望与部署。茶叶协会为红河州普洱茶产业发展中的茶农、茶商、政府等主体之间搭建了沟通交流平台。另外，2020年，红河州人民政府主办了2020年云南省职业院校技能大赛之"望远山杯"中华茶艺大赛，为来自全省10所院校的27名选手提供了切磋茶艺的机会。除了举办相关的茶叶交流和比赛活动外，红河州也从实践出发，开办了茶叶栽培培训班。如，为大力挖掘普洱茶文化内涵，开展元阳哈尼古茶树制作技艺非遗展示、展览与展演；融合建水紫陶进行茶叶文化艺术交流。各种相关普洱茶活动的频繁举办，从理论探讨、实践提升两个方面为红河州普洱茶产业的发展铺下了路子。

3. 普洱茶产业市场发展模式多元化

普洱茶从茶树的种植、茶叶的采摘与加工，到茶叶的包装与出售，整个过程涉及第一产业（栽培种植）、第二产业（技术加工）、第三产业（相关物流、包装、旅游等服务）。农民是第一产业农业的主体，是茶树栽培种植、茶叶采摘的核心人力资源，企业或公司则是推动普洱茶相关第二、三产业发展的中坚力量，除此之外，普洱茶产业发展过程中还涉及政府、消费者等相关利益群体。因此，红河州普洱茶的市场发展需要多方主体参与，打造组合牌的经营模式。目前，红河州普洱茶市场呈现协会组织、产业合作社、公司等多元化的发展模式。例如，红河五里冲生态茶业有限公司创始人——"新农人"秦晓绍提出了"公司+农户+科研院所+跨界合作企业+政府"五种力量融合协同发展的经营模式。[1] 金平县广西寨有经济林协会、红河州联农茶叶产销合作社两个协会组织，形成了"党支部+基地+协会（合作社）+农户"的发展模式。[2] 红河滇红茶业有限公司为打造绿色"航母"，成立产业合作社，打造了一条"市场+公司+农户+基地+产业合作社+农户"的"绿色产业链"。以上各种发展模式都涉及多个主体，多元主体中每个主体角色定位虽然有所不同，但都是普洱茶产业市场化发展中不可缺少的一

---

① 杨小雪：《秦晓绍：为滇茶添彩》，《农经》2020年第6期。
② 《绿水青山托起小康梦——金平县广西寨村产业转型助村民致富小记》，http：//www.hh.cn/xw/szyw/202010/t20201018_893422.html，最后检索时间：2021年11月7日。

员，各主体充分发挥自己的角色优势，通过相互配合、协同作用，助推红河州普洱茶产业向前健康发展。

4. 普洱茶经济助力农民脱贫增收

普洱茶具有极高的经济价值，依托其形成的普洱茶产业是一种劳动密集型产业，涉及多个岗位，而且对就业人员的年龄、性别没有严格限制，男女老少都可以参与其中的种植和采收等环节，能够有效带动就业，从而有利于促进贫困山区的经济发展。2020年是我国全面建成小康社会的决胜之年，红河州普洱茶在此过程中做出了有力的贡献。例如，位于绿春县的牛孔镇牛巩村是深度贫困村之一，村党总支结合该村地处黄连山国家级自然保护区周边的实际，探索出"示范基地+合作社+贫困户+茶叶企业"牛巩扶贫模式，带领群众发展茶叶种植4000余亩，2019年，合作社收购鲜茶51吨，农户共收益44万元，实现212户964人脱贫。[①] 绿春县绿鑫生态茶叶有限责任公司在东西部扶贫协作及重庆大学、中国海洋大学的定点帮扶下，积极拓展，不断成长。目前，公司年产能可达600吨干毛茶，精制茶150吨，可辐射周边茶园1.3万亩，涉及茶农3200余户，其中，建档立卡贫困户1390余户，户均增收1.2万元。[②] 滇红茶叶公司每年为当地提供采茶、制茶、管理、运输、销售等10多种工作、100余个就业岗位，优先雇用贫困户，并根据年龄、技能、身体状况打造多元化的就业岗位，按照每月3000~6000元支付劳务薪酬。[③] 享有"红河县西大门"之称的三村乡是典型的半寒山区乡，乡内土壤肥沃，常年云雾缭绕，茶叶是全乡主导产业。自国家扶贫大开发战略实施以来，三村乡依托良好的生态环境、发挥特色产业优势，因地制宜引导群众大力发展茶叶种植，成功走出了一条"有机、特色、优质、高效"的

---

① 《【六步决战法之绿春脱贫攻坚实践】脱贫路上党旗红》，http://www.hh.cn/xw/szyw/202004/t20200420_835035.html，最后检索时间：2021年11月7日。

② 《绿春县绿鑫生态茶业有限责任公司总经理白冰：助力脱贫攻坚，带动茶农致富》，http://www.hh.cn/zt/2019/2015_01/07/202010/t20201017_893160.html，最后检索时间：2021年11月7日。

③ 《云南红河县：千里云飘红河红，万顷茶山滇红秀》，https://www.163.com/dy/article/GER1SRJ90514R9NO.html，最后检索时间：2021年11月7日。

茶叶发展路子，为群众增收致富开辟了新途径，为全面推进乡村振兴奠定了坚实基础。2020年末，全乡茶叶种植面积已达2.7万亩，年总产量达1000吨，总产值达上千万元，直接带动2939户13318人从事茶产业相关的工作。① 普洱茶进行市场化运营、产业化发展，不仅使其经济价值得到有效凸显，也提供了就业岗位，带动当地民众就近就业，是农民脱贫增收的好路子。

5. 积极防疫，借势搭乘"电商"快车道

2020年新冠疫情的突袭而至、快速蔓延，使得普洱茶产业线下发展受到了严重的制约。为缓解此情况，红河州一方面积极防范疫情，另一方面借助互联网不受时空限制的优势，踊跃搭乘电子商务快车道，开辟普洱茶发展的新空间。线下加工、线上售卖是红河州普洱茶面对疫情、适应互联网时代做出的积极改变与创新发展。为了防疫种茶两不误，绿春县农科部门采取线上线下两种方式，在开展防疫宣传的同时，动员农户及时对茶树进行修枝、施肥；对有技术需求的茶叶基地、农户等进行线上技术培训和线下深入茶园进行指导；同时做好农资保障工作，储备有机肥料4523吨。② 元阳县积极搭上"电商"快车，开通电子商务运营新渠道，2020年，实现云雾茶成交量4876饼。③ 另外，依托不断发展壮大的绿色食品厂和"一县一业"示范创建，红河州积极创立"绿春四季"等一批小而美的县域电商公共品牌。在疫情之下，红河州积极应变，紧抓互联网时代机遇，培育了一批富有地方特点的普洱茶电商品牌。

（三）红河州普洱茶产业发展趋势

红河州普洱茶产业因地制宜、因时而变的发展模式预示了红河州普洱茶

---

① 《红河三村乡：片片绿茶变"金叶"》，http：//union. china. com. cn/txt/2021-07/16/content_ 41618922. html，最后检索时间：2021年11月7日。

② 《云南绿春：23.8万亩茶园长势喜人 哈尼人民采茶忙》，http：//honghe. yunnan. cn/system/2020/03/07/030609829. shtml，最后检索时间：2021年11月7日。

③ 《元阳县：搭上电商快车，奔向脱贫致富路》，http：//www. hh. cn/xw/yyxw/202003/t20200309_ 822072. html，最后检索时间：2021年11月7日。

产业未来的发展趋势：一是深入打造普洱茶"产、学、研"一体化服务平台，二是持续推进普洱茶与旅游、文化等产业融合发展，三是积极搭乘互联网电商平台，四是以高质量绿色发展助力乡村振兴。

1. 深入打造普洱茶"产、学、研"一体化服务平台

无论是种植技术还是文化内涵，普洱茶都有极其丰富的研究价值，而院校合作、专家合作是最好的平台。目前，红河州已与中国海洋大学进行深度合作。中国海洋大学针对绿春县富产茶叶的特点，按照该县"一县一叶"3年行动计划，聚焦绿春茶产业发展，深入实地开展调研，就茶叶产业献计献策。2020年年初，中国海洋大学在绿春县举行2020年春季茶叶种植管理技术培训班，设立"绿春县茶叶精深加工技术专项"，捐赠专为绿春县定制的生物有机肥等，多措并举、精准发力，共促绿春茶叶产业高质量发展。2020年5月，中国海洋大学组织茶叶技术专家组一行赴绿春县，深入戈奎乡、大黑山镇、三猛乡等3个乡镇的田间地头开展茶叶产业调研，手把手开展技术指导培训，并深入骑马坝乡玛王村、大兴镇绿鑫等茶厂进行调研，为绿春县茶叶发展现状把脉问诊，开展茶叶技术人员培训，提升相关人员素质和能力。一系列深入的走访调研，催生了中国海洋大学在绿春设立茶叶精深加工技术专项的设想。学校计划在2~3年内共注入160余万元，通过"龙头企业+合作社+农户"带贫益贫，利用2~3年时间选定4~5家示范点，在绿春县推广茶叶种植、采摘、加工技术，并开展茶叶加工试验，扶持茶叶龙头企业5家左右，执行期内生产100吨至200吨富含茶多糖系列饼茶，10~20吨高香白茶，按每公斤饼茶或高香白茶200元计，年均产值约为2200万元至4400万元。① 以与中国海洋大学合作为契机，未来，红河州普洱茶将以市场为导向，以企业为载体，以院校为支撑，持续加强与院校的合作，建立院校实习基地，为院校提供"产、学、研"服务平台，通过院校挖掘人才，加强红河州普洱茶产业的科技创新研发，做好普洱茶相关研究。

---

① 《绿春县绿鑫生态茶业有限责任公司总经理白冰：助力脱贫攻坚，带动茶农致富》，http://www.hh.cn/zt/2019/2015_01/07/202010/t20201017_893160.html，最后检索时间：2021年11月7日。

2. 持续推进普洱茶与旅游、文化等产业融合发展

当今时代是一个抱团取暖、融合发展的时代。以普洱茶带动紫陶、茶旅、茶艺等产业发展，能够实现"1+1>2"的目标。建水紫陶壶是普洱茶的最佳茶具，普洱茶是养在紫陶壶里最久的茶，普洱茶与建水紫陶不断"亲密接触"，使得彼此相得益彰。红河州将紧抓建水紫陶国家级示范园区的建设契机，深入推动普洱茶与建水紫陶的文化融合。位于红河县的石头寨依托丰富的自然资源和特色绿色产业，在产业帮扶上下足功夫，将积极打造"茶叶+旅游"发展模式，围绕古树茶产业，打造娱乐休闲古村民宿、茶林生态鸡、生态猪以及生态鳝鱼等脱贫特色产业，盘活农业资源，使乡村产业释放出新的活力。① 这为红河州其余的茶产业集散地的发展做出了示范。在人民群众不断向往美好生活的当下，精神需求显得极其重要，饮好茶、品好茶成为人们的日常所需。在民族文化旅游热兴起的今天，红河州将抓住当地民族特色，发展民族文化旅游，以普洱茶文化为基点，深入开发茶园观光和采茶、制茶、品茶、茶叶等产业链条，并在旅游景区中提供体验场所，让游客参与采茶、制茶，在此过程中感知、领悟普洱茶的魅力，提升游客的体验感与获得感。此外，茶叶是送礼的最佳礼品，在旅游中需求量很高，通过研发创新各种茶产品，挖掘普洱茶的文化内涵，使普洱茶充分介入、融入旅游业、文化产业，这是未来红河州普洱茶产业发展的一大趋势。

3. 积极搭乘互联网电商平台

伴随科学技术的迅猛发展，电子商务给传统市场带来了冲击，改变了人们的消费模式。随着互联网的快速发展，"云上茶"成为红河州普洱茶产业发展的新业态。目前，红河滇红茶有限公司已与中国农业银行农银 E 管家电商平台、中国扶贫基金会网站、上海长宁区服务网等合作，"滇红茶""依期洛生态茶"等产品上线抖音、拼多多、淘宝等商务平台销售。电商的辐射效应打破了时间和空间的限制，快速聚拢了普洱茶企业和普洱茶爱好

---

① 《马鞍底蝶乡"茶起贫落"绿叶托起"致富梦"》，http://www.jp.hh.gov.cn/xwzx/xzzc/202103/t20210304_502957.html，最后检索时间：2021 年 11 月 7 日。

者,电商在红河州普洱茶产业的发展过程中扮演着越来越重要的作用。随着抖音用户增多、普及率提升,抖音等逐渐成为商家的营销平台,大部分茶商、茶企业看中了抖音所蕴含的商机,纷纷注册了抖音账号,入驻抖音平台。通过抖音在线直播并附上商品链接,挖掘潜在消费群体,从而拉动普洱茶消费增长,同时,在抖音上发布普洱茶相关视频进行宣传,树立属于自己的茶叶品牌,最终实现品牌变现。随着数字技术的发展,电商以其前所未有的速度在发展着,前景广阔,红河州普洱茶也将顺应时代发展,积极利用互联网电商平台,壮大普洱茶产业。

4.向高质量绿色发展迈进,助力乡村振兴

在实现全面建成小康社会的目标之后,乡村振兴成为重要抓手。普洱茶以物的形式凝聚起一系列与之相关的经济链条上的茶农、茶商、茶叶爱好者等主体,其带来的经济效应有利于巩固脱贫攻坚成果并衔接到乡村振兴。首先,普洱茶产业发展的第一步是茶树种植,依托红河州的生态优势,打造绿色、有机的生态环境是其发展之根本,保护茶树的生态环境有助于乡村生态振兴。其次,普洱茶种植、生产、加工、销售等岗位需要大量的人才参与,人才队伍的壮大有利于产业的发展、带动就业,这在一定程度助力了乡村的产业、人才、组织振兴。最后,红河州是多民族杂居地,各民族在长期的生产生活实践中无疑会与普洱茶发生或多或少的关系,茶叶属于红河州的农特产品,通过在其包装外观上融入哈尼族、彝族等民族符号或元素,将普洱茶与民族文化进行有机结合,在美化产品外观的同时提高茶叶的文化附加值,从而助力乡村文化振兴。在乡村振兴战略实施的关键时期,以生态优先、绿色发展为导向的高质量发展路子是红河州普洱茶产业健康可持续发展的有效路径。

二 大理州普洱茶产业发展概述

大理州茶文化历史悠久,有着不可被忽视的茶资源,发展茶叶产业对大理州山区、半山区农民增收和企业增效具有重要意义。普洱茶产业是大理州传统特色优势产业,下关沱茶、南涧凤凰沱茶等知名品牌影响力不断提升。

近年来，大理州茶产业发展再创佳绩，产量、产值不断提高，各大主产区持续发力，坚持绿色发展、三产融合、茶旅携手并进，提高科技水平，依托重点项目，加强保护规划，全面促进普洱茶产业的发展。

（一）大理州普洱茶产业发展现状

近年来，云南省大理州茶产业稳步发展。2019 年，大理州按照"大产业+新主体+新平台"的发展思路，以水果、蔬菜、茶叶、中药材等特色产品作为重点，大力实施特色产业培育工程，茶叶面积达 227610 亩，总产量 0.99 万吨。[①] 近年来，茶叶产量稳步增长，2020 年大理州茶叶产量 1.1 万吨，增长 11.2%；[②] 2021 年茶叶产量达 1.2 万吨，比上年增长 12.0%。[③]

就主产区发展情况来看，普洱茶产业发展态势良好，在提供就业机会、增收创收、带动当地农民脱贫致富方面发挥重要作用。南涧县是大理州一个重要的茶叶生产基地，近年来，茶产业发展势头猛、速度快。截止到 2020 年，全县创建茶叶企业 56 家，茶叶合作社 35 个，茶农达 2.6 万户。在龙头企业培育方面，不断发力，已建成 7 家龙头企业，包括 2 家省级、5 家州级，另有 2 家州级休闲农业与乡村旅游示范企业。在品牌创建方面，已取得成功创建 1 个中国驰名商标、5 个云南省著名商标、3 个云南名牌农产品的佳绩。[④] 同时，南涧县致力于建设绿色有机茶园，2020 年，全县建成 71996 亩绿色有机茶园，占比近 60%。[⑤] 如今，凤凰沱茶已成为知名品牌，销量不断攀升。作为全国重点产茶县和中国茶旅融合发展竞争力十强县，南涧县茶

① 资料来源：《大理州年鉴》。

② 《大理白族自治州 2020 年国民经济和社会发展统计公报》，http://www.dali.gov.cn/dlrmzf/c100640/202201/4304131ec7224c26bcaf33fd2a3f1d84.shtml，最后检索时间：2021年 11 月 12 日。

③ 《大理白族自治州 2021 年国民经济和社会发展统计公报》，http://www.dali.gov.cn/dlrmzf/c100640/202202/708c31d0937541b89ff62a54c0372c56.shtml，最后检索时间：2022年 4 月 12 日。

④ 《南涧县无量山高山茶产业简介》，http://www.zgnj.gov.cn/njxrmzf/c100834/201908/4eaa59e44a6a46b285b2a1620e406c78.shtml，最后检索时间：2021 年 11 月 12 日。

⑤ 《沪滇协作助力南涧茶产业蓬勃发展》，http://www.zgnj.gov.cn/njxrmzf/c102086/202104/6ff74b19b4dd4725a8198d2044fdf3e1.shtml，最后检索时间：2021 年 11 月 12 日。

产业带动了当地农民脱贫致富，极大地促进了经济发展。

云龙县也是大理州茶产业主产区之一，近年来，云龙县以"扶龙头、建基地、拓市场"的发展思路，加强企业建设，积极开拓市场，成功创建"龙头+基地+农户"的基本格局，全方位促进涉茶企业发展、茶农增收创收，推动当地普洱茶产业价值最大化。在"大栗树"茶品牌影响力不断提升的同时，宝丰乡大栗树茶厂为当地群众提供大量就业机会，带领当地群众在家乡增收创收、脱贫致富奔小康。近年来，大栗树茶厂按照"精准扶贫+特色产业+贫困户"的发展思路，与农户签订最低保护价鲜叶回收合同，每年支付近4000万元给茶农用于鲜叶收购，充分保障茶农的权益，调动了800多户群众的生产积极性，带动了茶厂周边80%的群众种植了茶叶，新种植茶叶5万多亩，2019年大栗树茶厂共产茶550多吨，创造7800多万元产值，在此基础上，2020年茶产量、产值均取得了新突破。目前，大栗树村几乎所有村民都以不同形式参与到当地茶产业中，"一片茶带富一方百姓"的成功实践实现了生态、经济和社会三大效益的有机统一。①

（二）大理州茶产业的特点

1. 坚持绿色发展，种植好茶

大理州认真贯彻云南省打好绿色能源、绿色食品、健康生活目的地"三张牌"的政策方针，坚持走绿色发展之路。以主产区南涧县为例，目前，南涧县有11万亩茶园、2.6万户茶农，涉及10.4万人，2019年实现10.5亿元产值。② 南涧县有一半人口是茶农，发展好茶产业对南涧县人民来说至关重要，必须坚定不移走绿色发展之路。为此，南涧县努力探索，从多个方向发力，首先是建设优质原料基地。按照绿色食品茶、有机茶国家生产标准，加强技术创新，以"高产、高效、优质"为目标，对低产茶园进行

---

① 《云龙：一片茶带富一方百姓》，http：//www. dali. gov. cn/dlrmzf/c101533/202010/c2b257b0d2cc4891be9ccf8914d410c8. shtml，最后检索时间：2021年11月12日。

② 《立足茶旅融合　打造县域经济新引擎》，http：//www. dali. gov. cn/dlrmzf/c101679/202012/0eef655820184fe5b9b3766f3bd8dac2. shtml，最后检索时间：2021年11月10日。

改造；在普洱茶原料生产基地杜绝化肥农药的使用，引导茶农移除茶园内影响茶叶口感的其他树种，保证茶叶的纯度；设立每年新认证绿色食品茶、有机茶 2 万亩以上的目标，加强绿色有机认证。其次是以"一村一品"为原则，建设专业化茶村，保证每个茶村的生产基地、初制加工所等采茶制茶基础设施完善。最后是加强对古茶树的保护和利用。南涧县计划对 3 万多株古茶树摸清底数，建设可以进行在线监测的可视化信息平台，进行统一保护，目前已采集约 1.2 万株古茶树的各项数据。未来将划定建设一批古茶园，集中保护古茶树资源，同时严格筛选，利用成熟的项目和企业有序进行开发利用。①

2. 坚持三产融合发展，提高普洱茶产业"附加值"

一、二、三产业融合发展有利于整合资源，打通发展新渠道，大理州普洱茶产业坚持三产融合发展，政府部门加大财政投入力度，加强重点环节扶持，用活土地政策，改善投融资环境，不断优化产业发展条件，完善相关基础设施建设，提升三产融合发展水平。在主产区南涧，茶产业发展没有"单打独斗"，而是坚持一、二、三产业分别做好种茶、制茶、品茶工作，整合茶产业资源，最大限度地延长产业链。南涧秉持绿色发展理念，在海拔1800 米到 2500 米的无量山间种出了高品质、原生态的茶叶。为了解决三产如何"融"的问题，南涧县积极探索，勇于实践，以规范茶叶初制加工、平均每年新建 10 个以上标准化初制所、改造老初制所从而提升其标准化与清洁化加工水平等措施确保"一村一品"专业村采茶制茶的专业化水平。同时，结合茶园周边生态环境搭建相关景区景点，提升周边地区服务能力，完善相关基础设施，搭建集展示、购物、食宿、体验、娱乐、茶艺学习、茶农培训站等功能于一体的综合服务平台，助力三产融合发展。

3. 促进茶旅融合发展，发挥茶产业造福四方的综合效益

大理旅游业是其经济发展的重要组成部分，近年来，大理州深入贯彻省

---

① 《立足茶旅融合　打造县域经济新引擎》，http://www.dali.gov.cn/dlrmzf/c101679/202012/0eef655820184fe5b9b3766f3bd8dac2.shtml，最后检索时间：2021 年 11 月 10 日。

级政府政策要求，主动服务和融入大滇西旅游环线建设，着力打造"一带三道"，加强对旅游业的改革转型，大力发展康养产业，提升大理旅游业的发展质量。大理州的茶产区是云南省海拔最高的茶产区，生态环境天然无污染，打造了众多生态茶园，为茶旅融合发展提供了良好的条件。南涧县的生态茶园分布在海拔 2000 米左右的无量山间，"一片森林一片茶"，茶林相依，茶山相衬，相辅相成，造就了一个别致的山村茶园仙境，吸引了众多爱生态、爱田园的游客前来参观。无量山樱花谷如今已经成为"国家 AAA 级旅游景区"，以茶产品展示、茶文化体验、茶园观光为主要形式发展现代茶园经济，提高经济效益，带动当地茶农创收致富，促进了当地乡村振兴。2020 年 9 月 25 日上午，大理州重点文化旅游项目大理茶博院举行开工仪式。作为"一带三道"中茶马古道子项目之一，大理茶博院项目融合了茶产业、旅游产业、康养产业等资源，以深耕云南、服务大理为基本理念，契合大理产业发展方向和需求，打造国家级茶产业示范基地。项目计划打造集大理茶博物馆、高端精品茶加工厂、茶马古道文化展示馆、康养中心、六善酒店等内容于一体的综合服务中心，助力大理形成新的竞争优势，同时整合茶旅资源，推进茶旅融合发展。

4. 坚持走品牌化建设道路，提高品牌影响力

大理州茶产业在发展过程中注重产品质量把关，加强宣传推广，塑造品牌文化。如今大理州茶产业发展积极融入省州"云茶大品牌"战略，品牌创建已取得良好成绩，形成中国驰名商标、云南省著名商标、州知名商标、云南名牌农产品等多个品牌，凤凰沱茶、南涧绿茶已成为知名品牌，销量不断攀升。[①]

始创于 1902 年的下关沱茶，距今已有约 120 年的品牌历史，是云南省茶产业中第一批通过 TQM、中国绿色食品、国家地理标志保护产品和云南名牌产品等一系列认证的企业。一度成为云南普洱茶产业发展的巨头，在云

---

① 《南涧县无量山高山茶产业简介》，http://www.zgnj.gov.cn/njxrmzf/c100834/201908/4eaa59e44a6a46b285b2a1620e406c78.shtml，最后检索时间：2021 年 11 月 10 日。

南普洱茶生产和销售方面，至今仍名列前茅。下关沱茶"松鹤延年"茶，连续两年登上《2021胡润中国最具历史文化底蕴品牌榜》，成为云南省精制茶行业中唯一一个百年品牌，其品牌历史和现在的价值得到了肯定。下关沱茶作为国家级的龙头产业，尽管在品牌建设方面已经获多项殊荣，但仍不断加强管理，创新制定"公司工序质量标准化考评"制度，不断提高产品质量、铸就品质沱茶，2021年获得云南省政府质量奖。同时开展职业技能提升学习、茶文化传承传播活动，建设"下关沱茶馆"、国家茶叶加工技术研发分中心暨下关沱茶技术中心新实验室，保护传承国家级非物质文化遗产下关沱茶制作技艺，促进企业发展，提高品牌影响力。

（三）大理州普洱茶产业的发展趋势

1. 重视程度提高，将普洱茶保护与发展纳入政府规划

当地政府和相关部门高度重视普洱茶产业的发展，积极制定相关发展规划，切实推进当地普洱茶产业的发展。近年来，多位政府领导、人大代表等到大理南涧县、永平县、云龙县等主产区就普洱茶产业发展情况进行专题调研，密切关注大理州普洱茶产业的发展状况。同时把茶产业纳入《大理白族自治州国民经济和社会发展第十四个五年规划和二〇三五年远景目标纲要》中，明确未来大理州普洱茶产业发展的总体方向，确保茶产业在大理州经济社会发展中的地位。如在对南涧县的规划中强调要打响以跳菜文化为重点的民族文化品牌，做优花谷、茶谷、药谷，促进茶旅融合、文旅融合、农旅融合，形成三产融合、优势突出、特色鲜明的发展局面。[1] 云龙县出台《关于茶叶产业化发展的意见》，立足于本地区茶叶发展现状，为茶产业发展指明了方向。

2. 依托重点项目建设，促进普洱茶产业发展

项目建设能够快速整合相关资源，带动区域经济增长。近年来，大理州

---

[1] 《大理白族自治州人民政府关于印发大理州国民经济和社会发展第十四个五年规划和二〇三五年远景目标纲要的通知》，http://www.dali.gov.cn/dlrmzf/xxgkml/202103/d5bc4e675ed54a07926f5d14975d73b4.shtml，最后检索时间：2021年11月10日。

结合区域发展要求，因地制宜，积极开发与普洱茶产业发展的相关项目，同时与外部企业集团合作，依托项目建设快速提升大理州普洱茶产业的发展水平。早在 2018 年，上海市浦东新区按照中央关于深化东西部扶贫协作的统一部署，结对大理州并对南涧县进行了帮扶。2019 年至 2020 年，沪滇协作项目对南涧县的茶产业资源进行总体规划，分两批共计投入援滇资金 2800 万元，用于建设集"基础设施、产业发展、残疾资助、爱心超市"等功能于一体的"沪滇协作综合示范园"，涉及健康、教育等方面的帮扶工作，综合提升南涧县的产业发展成效。① 剑川县象图以建设"一村一品""一乡一业"为目标，依托乡村整体推进、生态保护、以工代赈、生产基地改造、农业综合开发等项目的实施，全面促进普洱茶产业的发展。② 在《大理白族自治州国民经济和社会发展第十四个五年规划和二〇三五年远景目标纲要》中，明确要做强高原特色现代农业产业，发挥古茶树资源优势，必须依托重点建设项目，实施南涧、永平、弥渡古树茶资源保护和开发利用工程；打造文化旅游产业重点建设项目，加快推进大理茶博院、大理书院、剑川木雕艺术小镇区域文旅融合发展；构建大健康产业优势项目，如南涧县无量山藏茶谷综合开发项目。可见当地政府十分重视项目建设对普洱茶产业发展的带动作用，未来将努力开发更多优质项目促进普洱茶产业的发展。③

3. 科技水平提高，茶产业规范化发展

随着科技水平的提高，科学技术在普洱茶产业中的应用也越来越广泛，如监测古树茶生长环境及长势、加强茶树的引种与栽培、茶苗的培育与优化等。如今南涧县已采集将近一半古茶树的相关数据，未来将大力推进茶产业

---

① 《沪滇协作助力南涧茶产业蓬勃发展》，http：//www.zgnj.gov.cn/njxrmzf/c102086/202104/6ff74b19b4dd4725a8198d2044fdf3e1.shtml，最后检索时间：2021 年 11 月 11 日。

② 《剑川象图乡：生态茶产业富民强村》，http：//www.dali.gov.cn/dlrmzf/c101533/202110/f80066ae5378447d80d568bc65d70e74.shtml，最后检索时间：2021 年 11 月 11 日。

③ 《大理白族自治州人民政府关于印发大理州国民经济和社会发展第十四个五年规划和二〇三五年远景目标纲要的通知》，http：//www.dali.gov.cn/dlrmzf/xxgkml/202103/d5bc4e675ed54a07926f5d14975d73b4.shtml，最后检索时间：2021 年 11 月 10 日。

科技化创新，从而促进普洱茶产业增量提质。① 另外，经过多年的探索与努力，大理州普洱茶产业在古树茶种植、管护及生产加工、销售等方面也逐渐趋于规范化。2021 年 7 月 20~23 日，云南省大理州农广校在云龙县举办产业工人技能提升生态茶园管护培训班。大理州农广校和云龙县团结乡邀请州农科院、大理州电子商务产业园具有丰富实践经验的教师开设茶叶概况和综合知识、农村电商概述、茶园病虫害绿色防控、手机应用等课程并现场到下关沱茶厂、南涧凤凰沱茶厂、中国滇红第一村云南凤庆安石村（生态茶园）、滇红集团股份有限公司等田间学校进行茶叶有关知识的考察学习，促进了云龙县团结彝族乡茶叶产业发展，为茶叶产业的发展培养人才，推动茶叶生态化种植，提高茶叶生产附加值，提高经济效益。

4. 以打好"绿色食品"牌为指导，持续打造"一村一品""一县一业"，加强品牌建设

大理州按照省委提出的大力推进"大产业+新主体+新平台"建设，实施"一二三行动"和"抓有机、创名牌、育龙头、拓市场、建平台、解难题"要求，以绿色食品加工营销为龙头，做强高原特色现代农业产业。南涧县在已有品牌的基础上，将茶产业纳入"一县一业"重点培育对象计划，提高品牌知名度与影响力。制定出台了《南涧彝族自治县人民政府关于打造绿色食品助推"一县一业"茶产业发展的实施意见》，积极打造全县绿色食品牌。现今南涧县已汇集各级各类茶叶商标、中国驰名商标、云南省著名商标、云南名牌产品、云南名牌农产品、地理标志产品等，塑造了"凤凰沱茶""无量山高山茶"等知名品牌，被云南省政府评选为创建"一县一业"茶产业示范县。② 永平县生态茶、古树茶市场空间大，立足于不同茶叶资源及特点，永平以古树茶做高端、以生态茶做中端，打造好"离天空最

---

① 《立足茶旅融合　打造县域经济新引擎》，http://www.dali.gov.cn/dlrmzf/c101679/202012/0eef655820184fe5b9b3766f3bd8dac2.shtml，最后检索时间：2021 年 11 月 10 日。

② 《南涧探索茶旅融合模式助推茶叶产业发展升级》，http://www.zgnj.gov.cn/njxrmzf/c102089/202001/a707e15e48a34e9f9112ffc2b28f168c.shtml，最后检索时间：2021 年 11 月 10 日。

近的茶园"这一品牌，提高博南山生态茶、金光韵（普洱茶）等产品的知名度，不断拓宽市场。

5. 依托互联网电商平台，积极探索普洱茶产业发展新形式

茶产业属于劳动密集型产业，近两年新冠疫情的蔓延加大了用工难度，限制了季节性专业性采摘团队的出行流动和外地商客的进入，对普洱茶产业的采摘、制作、流通、销售等方面均产生了一定的影响。在疫情防控常态化的背景下，大理州进行政企联动，鼓励各大茶企积极借助互联网优势，依托淘宝、抖音、微信等互联网平台，创新茶产品连锁经管、直供直销、电子商务等新型经营发展模式，实行数字经济助推茶产业发展的策略，加强宣传推广，积极拓展销售渠道与市场。大理南涧县茶农利用疫情不能出门，进行茶叶嫁接管理，同时有序开展剪枝、除草、整地等工作，加强茶园管理，促进茶产业稳定增收。另一方面，推广"茶产业+互联网+金融+现代物流"的创新运营模式，政企合作搭建对外展销平台，"战贫""战疫"两手抓。①

三 文山州普洱茶产业发展概述

文山壮族苗族自治州坐落于云南省东南部，由于所处地理环境地层基质古老，地形复杂多样，未受第四纪冰川侵袭，是许多古老植物的发源地，是茶树的地理起源中心的重要区域，孕育和保存了丰富多样的茶树种植资源。文山州 11 个民族聚居，茶叶生产历史悠久，茶文化丰富纷呈。茶叶作为文山州重要的经济作物之一，栽培种植历史悠久，据记载，清道光十八年，在广南县底圩、麻栗坡县猛洞等地就有种植，人们在长期的生产实践中，积累了丰富的种植茶叶的技术和经验。文山州茶区主要分布在广南、富宁、马关、麻栗坡、西畴、文山、丘北 7 个县 36 个乡（镇）194 个村。近年来，

① 《共谋发展良策 | 大理南涧数字经济与茶产业融合发展研讨会召开》，http：//www.zgnj. gov.cn/njxrmzf/c102086/202111/6c4b0a11a7ce4b2f96c5300cde790244.shtml，最后检索时间：2021 年 11 月 10 日。

随着文山州种植业结构的调整，土地、气候资源的优势重组，优势生物资源得到广泛开发利用，茶叶生产规模不断扩大，产量逐年增加。

（一）文山州普洱茶产业发展现状

地处云贵高原东南部的文山州，西北有世界屋脊青藏高原、东北有云贵高原为屏障，南部邻近北部湾，西南部离孟加拉湾不远，北回归线穿越境内。夏季受孟加拉湾和北部湾暖湿气流影响，冬季主要受偏西及西北干冷气流影响，属低纬度高原季风气候，具有北热带、南亚热带、中亚热带、北亚热带、暖温带、中温带六种气候类型。同时，由于地势起伏大，高低相差2884.2米，"一山分四季，十里不同天"立体气候特征十分明显。全州年平均气温最低15.8℃，最高19.3℃，一月为平均最低月，在8.3℃~10.9℃，七月为平均最高月，在21.0℃~25.3℃，极端最低温度为-7.8℃，极端最高温度为38.6℃，年平均降雨量在992.2~1329.4mm，平均值为1254mm。太阳辐射量大，全州平均日照时数在1494.2~2055.5小时，占可照时数的34%~47%。全州大部分地区夏无酷暑，冬无严寒，大于或等于10℃的有效积温在4863.7℃~6436.8℃，日照时数在294~306天。

近年来，文山州依托得天独厚的地理环境和生态条件大力发展茶产业，种植面积、采摘面积、茶叶总产量、茶叶综合产值等方面在报告期内均持续上升。全州产茶2000吨以上的县有广南县，年产茶100吨以上的县有麻栗坡、西畴、富宁、马关4县。文山州茶叶初具产业化经营规模的有广南、富宁、麻栗坡、马关4个县。龙头企业规模大的有广南的凯鑫、富宁的万道乡公司等，在龙头企业的带动下，茶叶产业推动农业结构调整，促进农业增效、农民增收的效果十分明显。据统计，2015年末，全州现代茶叶面积（台地茶）达300000亩，茶叶总面积发展逾450000亩（不含古茶树），最高年产量达14000吨，茶叶产业初具规模，茶区群众得到了实惠，增加了收入，助推了茶区群众脱贫致富。广南、富宁、麻栗坡、马关、西畴5个县茶叶形成了农业龙头产业。

1. 广南县

广南县是文山州现代茶叶产业发展最早的县，也是全州茶叶产业大县。该县从20世纪50年代初开始就把茶叶作为产业来发展，全县18个乡（镇）均有现代茶叶种植生产，高峰时期茶叶面积发展到了近435000亩，加工企业初制所发展到1030个，最高年产量逾11000吨。截至2015年末，茶叶保有面积逾420000亩，加工产量逾11000吨，面积、产量均居全州之首，成为云南省茶叶产业重点县之一。创建的"源升""正道"等系列品牌产品销往北京、上海、广州等地。

2. 富宁县

富宁县茶叶生产始于20世纪60年代。该县先后在花甲、里达、木央、田蓬、归朝等乡（镇）建立了茶叶生产基地，同时配套建设了相应的初、精加工生产线，高峰时期茶叶面积近22500亩，加工企业及初制所发展到9个，最高年产量达1060吨。截至2015年末，茶叶保有面积逾21000亩，加工产量152吨。该县创建的"万道香""富州""鸟王山"品牌产品销往昆明、北京、上海等大中城市。

3. 马关县

马关县于20世纪60年代开始茶叶生产。数十年来，先后在马白、大栗树、八寨、古林箐、夹寒箐、南捞、都竜等乡（镇）建立了茶叶生产基地，同时配套建设了相应的初加工生产线，高峰时期茶叶面积发展到了近25500亩，加工企业及初制所发展到9个，最高年产量逾1000吨。2015年末，茶叶保有面积逾24000亩，加工产量784吨。

4. 西畴县

西畴县于20世纪60年代先后在鸡街、柏林、西洒、蚌谷、新马街、坪寨（现属法斗乡）等乡（镇）建立了茶叶生产基地，同时配套建设了相应的初、精加工生产线，高峰时期茶叶面积发展到近18000亩，加工企业及初制所发展到13个，最高年产量达350吨。2015年末，茶叶保有面积逾12000亩，加工产量280吨。该县创建的"高原谢氏"品牌产品销往昆明、北京等大中城市，且供不应求。

5.麻栗坡

麻栗坡县从 20 世纪 60 年代起先后在猛硐、杨万、马街、新寨（现属董干镇）、天保（原南温河乡）等乡（镇）建立了茶叶生产基地，同时配套建设了相应的初、精加工生产线，高峰时期茶叶面积发展逾 22500 亩，加工企业及初制所发展到 15 个，最高年产量达 1000 吨。2015 年末，茶叶保有面积逾 21000 亩，加工产量 512 吨。该县创建的"老山""山韵霖""瑶君山""高朋""者阴山"等品牌产品在市场中均得到高度好评。

（二）文山州普洱茶产业特点

1.民族茶俗多姿多彩

截至 2021 年年中，文山州常住总人口为 350.32 万人，少数民族人口 210.62 万人，占总人口的 60%。有汉、壮、苗、彝、回、傣、布依、蒙古、白等 11 个民族。各民族大杂居小聚居，因地域、民族、文化背景和茶文化水平与表现形式不尽相同，形成了富有特色的各种民族茶俗。壮族作为文山的土著民族，是文山州境内最早利用茶和饮茶的民族。壮族饮茶最初始于富裕大户人家，一是自饮，二是招待客人，以示好客或留客。主要以喝烤茶为主，宾客（主要是男宾）围坐在火塘边用罐烤茶喝，农支系（濮衣）称为"谨喳"，沙支系（濮依）称为"哽沙"，土支系（濮僮）称为"吃差"。此外，壮族有喝喜"糖茶"的习俗，这种"糖茶"不放茶，是在糖水里放点生姜煮出来的红糖水，但这种习俗只有男、女青年结婚时才时兴，主要是婚礼拜堂日给族内至亲、长者孝敬"糖茶"，以示认亲，至亲或长者辈分最高的居中，其余左右就座，在接受并喝下新婚夫妇孝敬的"糖茶"后，便回馈事先准备好的红包，以祝福新人生活甜蜜、事业红火、如茶生子、不离不弃。而文山苗族主要来自湖南、贵州等地，其茶俗主要是喝"泡茶"和"煮茶"。但凡有亲朋好友到访时，大家围坐在火塘边（主要是男宾）用茶缸或茶壶泡煮茶喝，边喝茶，边交流，以示友好，俗称"火笼茶"，但当主人双手递上滚烫的"火笼茶"时，来客须得礼让、请主人饮第一杯，以示懂礼貌，反之则被主人视为不懂礼貌而不受欢迎、遭冷落。文山瑶族的茶俗总体与其他民族大体相同，有别于其他民族的是喜欢喝咸油茶，认为喝咸油茶可以充饥健身、祛邪祛湿、开胃生津，还能预防感冒等。每当有宾客到来，主人总是要制作咸油茶让客人品尝，如果主人认为其茶技欠佳，会另请技艺高超者到家帮助制作。但由于制作咸油茶技术要求高，且费时费料，现如今大多改以喝泡茶为主。其他民族如傣族、布依族等与壮族同属百濮族群，历史同源，文化习俗同类，在茶俗上则大同小异。茶文化产生于民间又植根于民间，作为民族文化与生活的重要组成部分，对文山州茶产业发展的影响深远。

2.茶树种质资源丰富多样

文山的茶树种质资源非常丰富，野生大茶树种类比较多，有厚轴茶、白毛茶、阿萨姆茶、广西茶、大厂茶、马关茶、广南茶等。综合地理环境和野生茶树种的丰富性来看，文山应该是古茶树的起源中心之一。目前，在全世界的 31 个茶树种 4 个变种中，云南占 23 个种 3 个变种，而文山仅初步命名的就有 9 个种 3 个变种。据不完全统计，文山州茶树种质资源分为野生型和栽培型两种。文山栽培型茶树种质资源地域范围在北纬 22°57′~24°12′、东经 104°26′~105°28′，东起富宁县里达镇里拱村委会，西至西畴县莲花塘乡香坪山村委会，南起麻栗坡县猛硐乡铜塔村委会，北至广南县底圩乡底圩村委会。主要分布在麻栗坡、西畴、广南、富宁、砚山 5 个县 23 个乡（镇）41 个村委会 61 个自然村。全州共有茶树种质资源居群 29 个，分布总面积约 37500 亩，约 57 万株。文山野生型茶树种质资源分布地域在北纬 22°46′~24°35′，东经 103°09′~105°45′，东起富宁县板仑乡木腊村委会，西至文山市小街镇老君山村委会，南起马关县小坝子镇田湾村委会，北至丘北县花交村委会，涵盖全州 8 县（市）共计 24 个茶树种质资源居群，分布总面积约 180000 亩，株数约 46 万株。① 文山州茶树种质资源是云南乃至世界茶树种质资源库的重要组成部分，是研究茶树进化演变的"活化石"。野

---

① 资料来源：文山州人民政府网。

生型茶树在系统发育过程中具有原始的特征特性和丰富的变异类型，抗逆性强，是研究茶树演化、分类和进行高抗新品种选育的重要材料，更是发展茶产业的种质资源库。栽培型茶树是经长期的自然选择和人工栽培演化而形成的，其变异十分复杂，但就主体特征看，芽叶一般多茸毛，茶叶中氨基酸、茶多酚、可溶性糖和果胶质含量都比较丰富，是优质红茶、绿茶和普洱茶加工制品的首选优质原料。众多的变异体又是进行种质创新和新品种选育的重要基因源。

3. 以茶普技、以技兴茶

现代技术种植生产对茶叶生产的立地条件、种植规模、品种、种植密度等都提出了科学要求。从20世纪70年代中期至"十二五"末的30多年间，全州先后掀起了现代茶叶种植生产高潮，"台地茶"应运而生。在立地条件上，采取了集中连片、规范化开垦等高台地。在种植规模上，要求集中连片并具备一定的面积；在品种上，要求引进新品种、新技术，从有性繁殖向无性繁殖过渡，最终实现现代品种全覆盖；在密植上，要求科学合理密植，增加密度。强化茶产业科技创新，提升茶叶单产和品质；推进绿色标准化生产，改进制茶工艺、实现茶叶精深加工；引入环境保护型生态发展模式，加大低产茶园改造力度，提高土壤肥力，增强茶园综合生产能力，把茶叶种植发展成为"绿色银行"。

4. 茶树资源利用困难，缺乏市场竞争力

经过对整个文山州茶产业发展现状的调查可知，文山州现存的古树资源面积广阔并且数量巨大，但大部分古树茶加工企业位于偏远山区，初级加工和粗加工阶段普遍规模小，多数以初级产品的形式进入市场，发展形式单一，整个区域茶叶产品缺乏市场竞争力。而古树茶分布较为密集的边境地带，曾经是保护山河的雷区，直到2018年11月才由排雷部队将茶山清理完成交给当地村民，才有了可以连片发展的古茶园。由政府合力推动，盘活利用文山州边境茶山中被遗落的古茶园，成为带动边民共同致富的新思路。

（三）文山州普洱茶产业发展趋势

1. 优化政策环境，助力产业转型

云南省人民政府已把"云茶"列入全省"十三五"高原特色农业现代化建设规划。在文山州人民政府 2016 年 12 月发布的《文山州"十三五"高原特色农业现代化建设规划（2016—2020 年）》中，茶叶产业已被列入并提出了具体的目标和任务，至 2020 年，全州茶叶面积稳定在 600000 亩左右，产量提高到 20000 吨左右。[①] 在产业发展上，政府已制定一系列支持政策，如用地政策、税收政策、投资支持等。这些都为茶产业发展营造了宽松的政策环境，助力文山茶产业高质量发展和转型升级。

2. 整合各方资源，创新发展方式

文山州有丰富的茶树种质资源，可以为茶产业发展提供种质支撑。历次茶树调查和本次茶树种质资源普查为未来茶叶产业发展研究建立了三维地理数据信息库，众多的茶树种质资源为茶产业发展提供了丰富的种质基因源。茶树种质资源要倍加珍惜和保护，要正确处理保护与利用的矛盾，在保护的前提下科学合理利用，在利用中加以保护。一是打造古树茶品牌。重点打造古树茶产品——麻栗坡"老山有机古树茶"、马关"古林箐有机古树茶"、西畴"坪寨有机古树茶"等。二是打造茶旅一体化项目。如配合老山爱国主义教育基地建设，建立老山古茶园观光景点，集爱国主义教育与休闲观光于一体。马关古林管卡上古茶林历史悠久，茶林保护较好，原始森林中有许多珍稀植物值得探秘，还有古林箐瓢厂村的云海奇景，可以建立古林箐茶林旅游景点，让游人在观光的同时也增长茶叶知识。三是进行育种创新。古茶树种质资源是茶树品种选育的优良亲本材料，尤其是野生型茶树，是新品种选育不可替代的初级基因源。要充分应用茶树种质资源普查成果和生化样检测分析结果，加快选育茶多酚含量超过 35%、氨基酸含量超过 4%的高产高抗新品种和国际市场颇具竞争力的低咖啡碱茶新品种，为茶叶精深加工产品

---

① 资料来源：文山州人民政府网。

提供原料，提高文山茶叶产品市场竞争力，推动茶产业发展。广南县在国家和省茶叶研究机构支持下，底圩茶树群体良种选育取得了突破性进展，其初步成果将为今后全州地方茶树良种选育奠定技术基础。另外，茶产业已初步形成，具备发展基础。长期以来，经过艰苦努力，文山州初步走出了茶产业发展的路子。全州茶叶面积已发展到 600000 亩（含古茶树），形成了规模，建立了相应的茶叶产业种植基地。全州已探索出"公司+基地+农民茶叶合作社+市场"的发展模式。2015 年末，茶叶企业（含农民茶叶合作社）发展到了 390 多个。其中茶叶公司（厂）20 多个，农民茶叶合作社 300 多个，加工生产能力达 10000 吨，最高年加工产量达 14000 吨，龙头带动格局已经形成，市场已有一定份额，产品销往北京、上海等国内大中城市。

3. 打造品牌效应，提升市场影响力

文山州茶叶品牌创建应当追溯到 1862 年广南县底圩的"竹筒茶"。底圩人将茶叶和糯米同蒸后将茶叶装入竹筒进行烘烤，制作成"竹筒茶"，是当时当地最珍贵的礼品，这是文山州最早创建的茶叶品牌。关于现代品牌，从 2001 年至今，全州创建并注册了"源升""万道香""者阴山""老山"等 12 个品牌商标。近年来，随着社会各界对文山茶树种质资源价值的认识加深，如文山州积极主动与科研院（所）合作，将会吸引更多的茶界学者、专家的关注和研究，茶树种质资源将会由地方性优势资源上升到世界共同财富的地位，从而成为共同研发的对象，文山茶叶的品位将会逐步提升，知名度会不断提高。

文山森林覆盖率已达 50%，农业生态环境好，工业欠发达，茶叶生长环境无污染，随着人类环保意识的增强，追求健康理念人群的增加，如果在种植生产、加工生产等环节实行全程安全监管，一定能生产出深受不同消费群体欢迎的文山生态茶、绿色茶、有机茶。

茶是世界上三大无酒精饮料之一，消费群体庞大。加之中国茶文化历史悠久，源远流长，影响广泛。随着世界经济的发展、人类生活水平的提高，茶文化将更加普及，饮茶国家和人群将会越来越多，对茶的需求量也会增长，作为茶树起源重要中心之一的文山茶前景将更加广阔。

4. 科学保护茶树种质资源

近年的资源普查发现，文山州茶树种质资源总体呈萎缩态势，面积在缩减，存量在减少，古茶树在逐渐消亡。究其原因，主要是人为因素，一方面是出售古茶树，茶树被整株挖走，且乱砍滥伐，把古茶树当作普通杂木砍伐，更新种植杉木或其他植物。另一方面是过度采摘，只顾眼前利益，狂采狠摘，茶树得不到休养生息，失去生机。另外是毁灭性采摘，"杀鸡取卵"，将茶树砍倒采摘。基于全州茶树种质资源存在的问题，若不加以保护，古茶树将丧失殆尽，茶树种质资源保护已刻不容缓。为此，应当采取一系列保护措施。一是立法保护，文山州处在茶树的起源中心，是云南省也是全国、全世界茶树种质资源的重要组成部分，从某种意义上说，保护文山州茶树种质资源，就是保护世界茶树种质资源。因此，唯有立法保护才是最有效的保护。要加快制定《文山壮族苗族自治州茶树种质资源保护条例》，鉴于立法有个时间过程，政府应先制定《文山壮族苗族自治州茶树种质资源保护管理办法》。二是原产地保护。划定重点保护茶树居群界线范围，并埋设保护界桩，竖立保护标牌，设定保护区（点）。对确定重点保护的代表性植株挂牌标识，警示"严禁攀爬采摘"。对保护区（点）和茶树所有者政府应给予一定的经济补偿，以调动和鼓励群众保护的积极性。三是资源圃保护。在原产地保护的基础上，拟选择具备条件的广南县建立茶树种质资源圃，通过有性繁殖和无性繁殖相结合，将文山州收集的种质资源在资源圃内保存，这样可以防止茶树种质资源丢失。四是建立保护与研发机构。茶树种质资源保护与利用是一项专业性很强的工作，应建立相应的研发团队，对全州茶树种质资源的保护与利用进行攻关研究，为资源的保护与利用提供决策依据。五是组织申遗。普洱市澜沧拉祜族自治县的景迈芒景万亩古茶园已被列入世界文化遗产保护名录，为古茶树种质资源保护提供了借鉴。文山茶树种质资源处在茶树起源中心的重要地带，是世界茶树种质资源的重要组成部分，具有特殊性和不可替代性，因此，应该积极组织申遗，争取将具有代表性古茶林（园）纳入世界文化遗产保护名录，同时也提高文山茶树种质资源的知名度。

专题篇
Special Reports

B.8

普洱茶文化品牌的生成、现状和培育

李 炎 汪 榕*

摘 要: "普洱茶"既是一个商品品牌,也是一个茶文化品牌。普洱茶文
化品牌在生成过程中,整合了地方文化、民族文化和历史文化,
并且伴随着特殊的生产工艺、消费领域和品饮风俗的传播与流
变,拓展出越来越广阔的发展空间。基于普洱茶文化品牌的生成
历史和发展现状,研究品牌未来培育的理念、空间、方法与路
径,将助力普洱茶产业持续健康发展,促进普洱茶产区乡村振兴
和文化发展,扩大普洱茶文化品牌影响力。

关键词: 普洱茶 文化生成 品牌培育 茶文化品牌

千百年来,普洱茶文化底蕴的沉淀酿就了独具特色的茶文化内涵,在云

---

* 李炎,云南大学文化发展研究院院长,教授,主要研究方向:文化产业理论与实践,跨文化
研究,中国少数民族艺术;汪榕,云南大学民族学与社会学学院讲师,法学博士,主要研究
方向:乡村文化振兴,民族文化传承与保护。

茶产业链中打出了响当当的名号。追溯普洱茶文化品牌的生成是挖掘普洱茶文化内涵的有效途径，研究普洱茶文化品牌的现状是促进普洱茶健康科学发展的基础，促进普洱茶文化品牌的培育是推动普洱茶影响力提升的重要抓手。

一 普洱茶文化品牌生成的历史过程

2021年7月6日，在云南大学图书馆搜索"普洱"，有342个结果，搜索"普洱茶"，有115个结果；在中国知网以"普洱"为主题搜索，有20228个结果，搜索"普洱茶"，有10508个结果；在百度搜索"普洱"，有3980万个结果，搜索"普洱茶"，有1亿个结果。在大数据时代，图书馆、知网、百度的搜索数字可以在一定程度上反映"普洱""普洱茶"这两个概念，在图书出版领域、学术领域和新媒体领域的文本数量特征。

普洱茶及其相关概念，不仅在文本世界被不断定义、描述和阐释，也在越来越多人的日常生活空间里，伴随着种植、加工、销售、消费的过程，处于不断被多样化言说过程中。普洱茶文化品牌的生成，就是普洱茶不断被言说和传播的历史和结果，普洱茶的故事，在不断的讲述中丰富、深入人心。

（一）地名的言说

围绕普洱茶原产地的讨论，衍生出很多有一定争议的故事，既有来自汉语文献典范的历史考证，也有从田野调查出发的推测，在不同观点的碰撞中，对普洱茶的核心产地逐渐形成共识。一般认为，普洱茶的主产区在西双版纳的古六大茶山，即易武、革登、攸乐、蛮砖、莽枝、倚邦，也有新六大茶山或江外六大茶山之说，即勐宋、南糯、帕沙、贺开、布朗、巴达等澜沧江西岸茶山。人们进而认为，普洱茶得名普洱，非因普洱这个地方产茶，而是因为普洱是普洱茶交易集散之地。如《续云南通志长编》认为："六大茶山，在昔均隶思茅厅，思茅厅又属普洱府，故外省人士概名滇茶为'普洱茶'，实则普洱并不产茶，昔思茅沿边十二版纳地所产之茶，盖以行政区域之名而名耳。"云南社科院蒋文中通过考证汉文历史典籍，认为普洱茶的产地是以普洱府的治所今宁洱为中心区域，涵盖今西双版纳州六大茶山，不赞同"茶叶市场在普洱，由此运出，所以称为普洱茶"的代表性观点。[①] 仅仅从汉文典籍中寻找关于普洱茶的文献记录来推演普洱茶得名历史十分困难，但文化争论的过程为普洱茶文化品牌的生成提供了从汉、唐、宋元、明清及至今天的历史言说，推动了普洱茶文化品牌与中华民族整体构成的密切联系。[②]

（二）族名的言说

从普洱茶主产区各少数民族的文化记忆和口承传统考究，人们发现在民俗活动和礼仪仪式中有非典范的普洱茶文化历史，人类学家和民族学家在田野调查中发现与族群历史息息相关的普洱茶文化在遮蔽与再显过程中得以生成。

在云南民间社会，有很多关于少数民族与普洱茶得名关系的证据。黄桂枢先生长期考察普洱、西双版纳、临沧一带的佤族、布朗族、德昂族传说和种植、饮用茶叶的习俗后，认为普洱茶得名于"濮茶"，即濮人种植的茶叶，"普洱"是佤语"步日""步耳"的同名异写，"普"是"扑""蒲""濮"的民族称谓同音异写，"濮人"是最早种茶的民族，"普茶"即"濮茶"。[③] 结合今天古树茶分布地区及种植茶叶的民族，大多为山区半山区的世居土著民族，既包括民族学上俗称的"百濮"族系佤族、布朗族和德昂族，也有后来迁入原百濮族系居住区域的基诺族、拉祜族、哈尼族等民族，这些民族除基诺族外，都属于跨境民族，民族跨境分布范围与普洱茶种植区域的跨境分布具有同构性。"濮人"种植"普茶"的言说在民俗信仰、生活习俗中也有证据。

古茶树分布区域的少数民族，具有独特的历史文化和民俗风情，为普洱茶文化品牌提供了生态、自然、古老的言说空间。

---

① 云南省志编纂委员会办公室：《续云南通志长编（下）》，1986，第 606 页。
② 蒋文中：《"普洱茶"得名历史考证》，《云南社会科学》2012 年第 5 期。
③ 黄桂枢：《"普茶"即"濮茶"辨考》，《思茅师范高等专科学校学报》2007 年第 1 期。

（三）茶名的言说

1995 年版的《中国茶学辞典》认为"普洱茶：黑茶或绿茶的一种，药效显著"，2000 年版《中国茶叶大辞典》称"普洱茶是产于云南思茅、西双版纳和昆明、宜良的条形黑茶，因原产销于云南普洱府而得名"。普洱茶制作工艺及其标准的明确，为普洱茶文化品牌在制作工艺上的独特性言说也提供了广阔的探讨空间。

云南标准化研究院研究表明，普洱茶既是地理标志保护产品又是地理标志证明商标，但目前发布且现行有效的普洱茶产品标准仅有一项，即 GB/T 22111-2008《地理标志产品 普洱茶》，该标准依据国家知识产权局核准发布的地理标志保护产品质量技术要求制定。依据 GB/T 22111-2008《地理标志产品 普洱茶》国家标准要求，云南省围绕普洱茶种植、加工、检验质量控制等普洱茶产业全过程初步建立了地理标志产品普洱茶标准体系，体系涵盖普洱茶相关国家、行业、地方标准和团体标准共计 21 项。其中国家标准 1 项，行业标准 3 项，地方标准 10 项，团体标准 7 项。普洱茶的国家标准、行业标准、省级地方标准普遍标龄超过 10 年，标准中一些技术内容和指标有待更新，进一步优化、固化普洱茶小产区产品品牌质量特性，为其品牌发展、质量提升提供及时支撑。

2008 年，普洱茶制作技艺被列入第二批国家级非物质文化遗产，分列贡茶制作技艺和大益茶制作技艺等子项，2011 年，下关沱茶制作技艺被列为"黑茶制作技艺"的扩展项目，是从非物质文化遗产角度就普洱茶制作技艺进行的文化品牌生成建构。

（四）品名的言说

在普洱茶商品贸易往来的过程中，形成了很多著名的茶厂和商号，这些茶叶经销企业也致力于塑造具有标志性和辨识度的商标，并扩大其影响力、美誉度和市场占有份额，从而形成普洱茶文化品牌的系列品名言说。在这些商贸过程中，确立了普洱茶"松鹤牌下关沱茶""七子饼茶""中茶""号级茶""印级茶"等著名品牌。

自清末以来，云南普洱茶外销数量巨大，据 1933 年云南民众教育馆编印的《云南边地问题研究》记载："云南对于康藏一带的贸易，出口货品数量以茶为最大，康藏人民的茶叶消耗能力，可算是世界第一，他们每日三餐，可不能没有茶叶；所以，云南的千万驮的粗茶业，三分之二以上都往康藏一带销售，普思沿边的产茶区域，常见康藏及中甸阿墩子的商人，往来如织，每年的贸易总额不下数百万元之巨。"① 由纳西族、白族、藏族、回族和汉族等各民族组成的商号、商帮，经由各条茶马古道，活跃在交通险恶且商品经济相对不发达的青藏高原及其相邻地区，形成了大大小小不计其数的茶庄。1958 年以后，逐渐代之而起的国营茶厂，采用机械设备生产茶叶，产量大大提高。进入 21 世纪以来，云南众多茶叶企业如雨后春笋，纷纷在市场竞争中形成新的商品品牌，比如恢复 1949 年前的"同庆号"商标，"六大茶山""大益"等驰名商品。

（五）品茗的言说

普洱茶品茗的市场消费行为是普洱茶品牌塑造培育商业行为和消费者主观选择共同作用的结果，二者的良性互动是普洱茶文化品牌的生命力所在。

2000 年以后，普洱茶热再度兴起，普洱茶消费市场发生新变化，从传统边销茶、藏销茶为主向东南沿海和京津地区发展，从传统大众消费向高端消费、时尚消费转变，从日常饮品向收藏品、投资品、金融属性商品演变，带来普洱茶产业发展的起伏和混乱，对普洱茶品饮的认知和界定经由不同方式讲述，在一轮轮市场洗礼中逐渐沉淀并趋于理性。在消费市场的变迁过程中，普洱茶的品茗方式也呈现多元化的特征。普洱茶的品茗有历史上边疆地区少数民族生态、质朴的山野之风，传统品茶方式独特。唐代樊绰在《蛮书》卷七记载的普洱茶饮茶习俗为"蒙舍蛮以椒、姜、桂和烹而饮之"。在

---

① 云南省立昆华民众教育馆：《云南边地问题研究（上册）》，黑龙江教育出版社，2013，第 87 页。

漫长的历史过程中，云南形成了烤茶、酥油茶、油茶等多种品饮普洱茶的方式，每一种特殊的饮茶习俗都与特定地方和人群的生活环境、生活习俗息息相关，是地方性的生活需求。随着普洱茶消费群体的拓展，普洱茶在粤港澳地区与日常餐饮融合，成为餐厅和茶馆的重要搭配饮品；在现代都市雅文化消费群体中，与茶禅、茶艺、茶道融合，从山野风气走向精致典雅；在新兴消费群体中，与茶包、茶粉、茶饮料、冷泡茶等快消品融合，面向年轻消费群体，发展出新的品饮形式。多元化的普洱茶品茗方式对普洱茶文化品牌的整体形象系统生成带来帮助。

二　普洱茶文化品牌的言说空间

普洱茶文化品牌未来的言说空间，不限于传统普洱茶文化的展示、宣传与推广，从文化消费的规律来看，普洱茶文化品牌继续发力需要抓住文化资本价值传导的核心过程，从文化话语权、文化消费习惯以及文化价值创造的多个层次来加以审视，从生产、贮存、传播、消费的全过程来定位普洱茶文化品牌体系，将文化资本转化为经济资本。"文化资本"的说法由法国当代著名社会学家布迪厄提出，文化资本在现代性消费社会中，转化为经济资本的诉求变得急迫，在这一过程中，文化品牌的持续建设至关重要。

（一）生产

普洱茶的生产包括了种植、研发、生产企业，是一个复杂的品牌链。就种植领域而言，普洱茶是地理标志产品，由于受到长期以来较为滞后的生产和管理方式的影响，普洱茶的生产企业和农户大多凭借传统经验来进行种植、养护和生产加工，这种生产加工方式在传统社会具有一定的优势，但是随着消费市场扩大和消费品质要求提升，这加大了种植养护压力和产量要求，传统生产分散、粗放经营的模式不能适应迅速增加的市场需求，对农药、化肥等的盲目使用等缺乏有效控制和监督管理，盲目炒作古茶树，对古茶树资源造成破坏性掠夺采摘，过分宣传古茶树价值，抬高古茶树身价，导致同一产区茶叶价格差异巨大，真伪难辨，压缩了现代种植茶园的生存空间，种种现象导致普洱茶这一珍贵的地理标志产品潜在的资源优势未能有效地转化为普遍性的经济优势。地理标志产品从种植到生产的标准化是地理标志产品保护的技术基础和核心，是有效保障特色产品质量的手段，普洱茶在地理标志产品标准体系建构过程中，应当积极扩大普洱茶文化品牌的言说空间，强化普洱茶国家标准的影响力，廓清市场上对普洱茶的混乱认知，建立起从产地环境、种苗、种植、加工、安全卫生、产品、检测到包装标志、贮存运输、质量控制等方面的普洱茶标准体系，从而突破既有基于粗放型感性认知的普洱茶评价方式。在生产研发方面，要依托茶叶科学研究力量，从茶叶专业技术研究、开发、科技成果转化等方面，前瞻茶树种质创新与改良、茶树良种种植与繁育、茶叶加工与检测等科研课题，围绕云南大叶种的茶树种质资源，进行普洱茶品种选育、栽培、加工、生理生化的研究和示范推广，实现普洱茶生产领域的科学化，为茶产业可持续发展奠基。茶叶生产和销售企业要研究消费市场的趣味和走向，及时调整经营方略，合理引导市场消费习惯。

2021年3月22日，习近平在福建考察时，察看武夷山春茶长势，指出"武夷山这个地方物华天宝，茶文化历史久远，气候适宜，茶资源优势明显，又有科技支撑，形成了生机勃勃的茶产业。要很好总结科技特派员制度经验，继续加以完善、巩固、坚持。要把茶文化、茶产业、茶科技统筹起来，过去茶产业是你们这里脱贫攻坚的支柱产业，今后要成为乡村振兴的支柱产业"。① 习总书记不仅关注福建茶叶产业在脱贫攻坚和乡村振兴战略中的重要地位和作用，也十分关注云南的乡村振兴和脱贫攻坚工作。2008年、2015年、2020年，习总书记三次到云南考察调研，到访了普洱市宁洱县同心乡那柯里村、勐海县曼恩村、腾冲市清水乡三家村等茶叶产区内的少数民族村寨，关心群众脱贫致富和产业发展情况。在那柯里茶马驿站，习近平总

① 《习近平察看武夷山春茶长势：把茶文化、茶产业、茶科技这篇文章做好》，http：//jhsjk.people.cn/article/32058285，最后检索日期：2022年4月13日。

书记进村入户，和村小组的群众深入交流，称赞那柯里是个"记得住乡愁的地方"。在普洱万亩茶园、在腾冲千年古村落、在大理洱海边的茶马古道侧畔，总书记每到一处都反复叮嘱，要守护好云南的青山绿水，利用好云南的生态财富。普洱茶依存云南特殊的生物多样性生态环境，普洱茶文化品牌的生态价值对主产区茶农脱贫攻坚至关重要，对少数民族群众提高生活质量意义重大，在乡村减贫战略中发挥了重要作用，也是未来巩固拓展脱贫成果、接续展开乡村振兴的重要支柱产业。

从地理区划来看，云南全省 16 个州市 100 多个县（市区）产茶，有茶农 600 多万，涉茶人口 1100 多万，普洱茶生产领域广，涉及人口众多，对地方经济影响巨大，是实现乡村振兴的重要抓手。从云南省茶叶种植区域来看，省内哀牢山以西的大部分地区都有适宜茶叶生长的条件，尤其德宏、普洱、临沧、西双版纳为最适宜种植区，面积约 6.2 万平方千米，占全省总面积的 15.8%；适宜区为保山、临沧、普洱、红河和文山州北部边界以南一带，同时昭通市东北角适宜种植中、小叶种茶叶，适宜种植面积约为 3.1 万平方千米，占全省总面积的 41.5%；次适宜区为滇西北南部、滇中一带以及滇东北南部，面积约为 8.66 万平方千米，占全省总面积的 22.1%。[①] 容易被忽略的是，迪庆维西澜沧江河谷冲积扇地带、怒江大峡谷缓坡地带也具备中小叶种茶树生长的气候条件，历史上维西及怒江峡谷都是茶马古道的重要通道，这些地区的茶马古道故事和产业生产故事还有值得大力挖掘宣传的内容，是普洱茶文化资源的富矿。在云南广大的乡村茶叶产区，茶农们大多拥有自己的茶园和茶叶生产加工所，茶叶粗加工通常在茶叶初制所完成，销售方式普遍是散户自己经营，当地会配比一定数量的规模精加工企业，负责收购部分茶农产品进行再加工。因此，云南的普洱茶产业发展关系千家万户的幸福生活。茶叶生产门槛低，规模小，品牌繁多，微小企业和家庭户会成立茶叶农民合作社，以获得更多的销售资源和政策扶持，这种产业模式的优

---

① 何雨芩、张茂松等：《基于 GIS 的云南省茶树种植气候适宜性区划》，《安徽农业科学》2015 年第 25 期。

势是分散生产和销售，能降低经营风险；劣势是产品质量参差，价格体系凌乱，产品类型单一，同质化竞争严重，无法形成品牌合力和品牌差异，导致产品竞争力降低。云南山地多，气候复杂，但是将近 80% 的土地可以种植茶叶，在那些山区少数民族乡村振兴难度较大，自我积累能力薄弱，返贫风险突出的地方，通过政策规范和市场引导普洱茶生产，形成普洱茶产品特色体系，构建普洱茶差异化的普洱茶品牌体系，讲好普洱茶文化品牌故事，提供一定的帮扶措施，大力发展茶叶经济，对于解决集中连片发展滞后地区的产业兴旺问题，构建地区产业发展的长效机制，确保脱贫群众收入增长的可持续性具有积极作用。

（二）贮存

普洱茶的贮存包括了普洱茶特殊的"醇化生香，保值增值"的类金融属性，由此带来关于普洱茶贮存的各种品牌言说，生产企业及销售企业围绕质量、技术、场所等要素，遵循市场规律，形成普洱茶贮存过程中的年份、地域、风味等传奇故事，在普洱茶贮存过程中强化品牌生成。在普洱茶存储转化阶段，茶叶的生产者、经营者和消费者共同参与了这个过程，为普洱茶风味创新和特色彰显带来品质和价值提升。

普洱茶陈化是在普洱茶贮存过程中化学物质与贮藏空间中的温度、湿度、光照、微生物等环境因素之间发生一系列复杂反应的过程，是在普洱茶消费历史中发现的普洱茶独有的特色。在普洱茶陈化过程中，陈香物质、醇化口味、生物活性作用等都促进了普洱茶的价值提升。普洱茶"越陈越香"的品质概念成为约定俗成的普洱茶品牌内涵，而普洱茶保质期、普洱茶陈化期的时间界限与普洱茶贮藏技术息息相关，在未来普洱茶文化品牌强化的过程中，对普洱茶醇化方法、贮藏技术、陈化品质和阶段判定、陈化安全卫生监管等科学技术领域的要求将越来越高。2019 年 9 月 19 日，普洱市市场监督管理局组织云南农业大学、云南省产品质量监督检验研究院、云南省标准化研究院、普洱市茶叶科学研究所、云南农业大学热带作物学院等专业人士，审查了普洱市地方标准《普洱茶贮存技术规范》，该标准根据普洱茶

（生茶）和普洱茶（熟茶）的产品特性，普洱散茶、紧压茶的包装和产品规格特性，规定了普洱茶贮存条件、贮存管理、试验方法等内容，为统一和规范普洱茶的贮存，提高普洱茶长期贮存过程中的产品质量安全性，使普洱茶保值增值，推动普洱茶的生产、种植、储藏、物流及销售提供相关技术支持，专家同意该标准通过技术审查。

对于普洱茶而言，贮存技术的规范以及标准的推进涉及普洱茶品质提升和安全控制的方方面面，是普洱茶文化品牌具有竞争力的重要因素。关于普洱茶贮藏技术对于普洱茶陈化促进的讨论和研究集中在传统贮藏技术和现代自动化智能贮藏技术的整合方面。传统普洱茶贮藏技术依托仓储空间自身的地理位置、气候条件、微生物菌群等环境因素，进行自然存储，茶叶在存储过程中产生后发酵，发酵陈化的时间各不相同，在不同的存储地域，会产生具有显著差别的普洱茶陈化风味特征和口感特色。人们以云南仓、广东仓、香港仓等地区命名的方式来凸显普洱茶存储转化形成的风味，不同仓储地点的普洱茶也成为风格显著的品牌。普洱茶传统存储方式结合自然生态地理气候环境，自发完成普洱茶陈化转化过程，具有质朴的天然性特点。但是，传统贮存方式在存储过程中人为干扰因素较多，生产者、经营者、消费者对贮存管理方式不一，认识不清，增加了普洱茶贮存转化的中间环节，参差不齐的贮藏手段造成普洱茶陈化风味不统一，影响普洱茶醇厚度、陈香品质的形成和判断，还有可能产生一定的产品安全风险。随着普洱茶贮藏技术的发展，普洱茶贮存技术规范及标准确立，普洱茶生产企业通过采用现代科技手段实现普洱茶陈化转化，不仅能极大地降低普洱茶陈化成本，压缩陈化时间，提升陈化品质，还能进一步确立普洱茶陈化品牌标准，避免普洱茶认识误区。未来，还可以利用物联网和区块链技术，实现对普洱茶仓储环境中温度湿度、光照强度、二氧化碳浓度、空气质量的监测，通过电脑或手机终端实现对普洱茶储藏环境的智能调节。由此，普洱茶贮藏将突破单一的仓储功用，转向对品质的控制，香、醇、甘、润、滑、甜等口味要求成为普洱茶贮藏和陈化的目标，在普洱茶顺、活、洁、亮的品饮风味上提供更多品牌塑造可能。

（三）传播

普洱茶文化在不同地域空间拓展和加强影响力，直至在国家层面形成了强大的品牌效应。比如与普洱茶文化传播息息相关的茶马古道等重要概念，受到越来越大范围的关注。党和国家领导人也十分关注茶和茶文化在政治外交、经济发展、社会文明等领域的作用，2015 年 4 月 21 日，习近平主席在巴基斯坦议会发表的重要演讲中指出，"南亚地处'一带一路'海陆交汇之处，是推进'一带一路'建设的重要方向和合作伙伴"。[①] 2017 年 5 月 18 日，习近平主席在致杭州首届"中国国际茶叶博览会"的贺信中，首次将"茶马古道"与古代丝绸之路、茶船古道并列，阐明了这三条古道与"一带一路"倡议之间的历史渊源，并殷切希望弘扬茶文化、推进世界茶业发展，谱写茶产业和茶文化发展新篇章。习近平主席指出，中国是茶的故乡。茶叶深深融入中国人生活，成为传承中华文化的重要载体。从古代丝绸之路、茶马古道、茶船古道，到今天丝绸之路经济带、21 世纪海上丝绸之路，茶穿越历史、跨越国界，深受世界各国人民喜爱。[②] 在外交活动中，习近平主席多次与外国领导人一同"茶叙"，共话友好未来，高度重视茶文化的交流，展开了独具中国特色的茶叶外交。[③] 历史上，以普洱茶贸易为重要内容的西南地区茶马古道，为中国对外交流开拓了新路径，在南亚、东南亚之间架起海陆交汇的桥梁，使青藏高原成为中外文化交流的枢纽和亚洲内陆的文化高地。茶马古道是中外交流的重要桥梁和纽带，挖掘、整理、研究、宣传茶马古道的历史，对我们今天讲好中国故事、为国际交流合作提供中国经验，具有极为重要的意义。在普洱茶文化品牌传播过程中，重点要突出普洱茶文化在更高层次与更广阔的范围内的影响，将既有的文化品牌影响力持续扩大，

---

① 《盘点：习近平对"一带一路"倡议的重要论述【14】》，http：//world. people. com. cn/n1/2016/0212/c1002-28119992-14. html，最后检索日期：2022 年 4 月 13 日。

② 《习近平向首届中国国际茶叶博览会致贺信》，http：//zj. cnr. cn/tt/20170519/t20170519_523763173. shtml，最后检索日期：2022 年 4 月 13 日。

③ 《习近平的"茶叙"外交》，http：//politics. people. com. cn/n1/2017/0117/c1001-29029706. html，最后检索日期：2022 年 4 月 13 日。

借助乡村振兴、巩固拓展脱贫攻坚成果、"一带一路"建设等机遇，将普洱茶产业与创意经济、互联网商业、茶旅融合等新业态的发展联系起来，凸显普洱茶文化的品牌力和文化主导性。

普洱茶贸易的过程也是普洱茶文化传播的过程，从普洱茶产地出发，沿着普洱茶商贸线路，贸易领域也在不断扩大，普洱茶的文化内涵在持续拓展。现在，普洱茶文化的传播在接驳现代消费社会的过程中，正在逐步突破传统的生计文化内容，成为新文化的有机组成部分。在品牌力量上升的过程中，应当基于普洱茶生产区域和消费区域之间巨大的空间间隙，在"物"的流动下，加强"品牌"的建构和"文化"的交融，让普洱茶这一充满流动性的商品，因其重要的媒介角色而联通区域社会体系之间的复杂关系，并且参与建构地方社会的经济结构、文化观念和生活实践，进而在流动中整合文化观念，形成更为高阶的普洱茶文化品牌。尤其是在普洱茶文化价值认同和普洱茶文化消费阶层的培养方面，实现普洱茶文化品牌在传播中高度上升、宽度延伸，将成为普洱茶文化品牌新时期建设的核心内容。在目前的市场环境中，普洱茶文化价值是普洱茶品牌言说的基础，是普洱茶的价值、观念、影响力的认同和选择过程。提升普洱茶文化品牌形象与地方传统文化形象，提升普洱茶文化品牌知名度和影响力，完善普洱茶品牌管理体系完善，在文化品牌的传播营销中建立起普洱茶产品的系列品牌文化体系，参与市场竞争。普洱茶的现实价值是物质产品的"硬实力"，而普洱茶文化品牌的传播和影响力则是"软实力"，普洱茶在"软硬实力"方面都还有巨大的增长空间，善用文化、经济、社会、市场、环境等因素，促进普洱茶文化品牌的传播，将品牌文化机制和普洱茶优良的市场形象联系起来，把"诚信""物美""质优""高端"的品牌原则和传统商业道德故事融入普洱茶产品和服务，进而赢得更多的市场信任与选择。

一款名茶的诞生与传承，除了历史积淀下来的经济、社会、政治因素之外，一个必不可少的条件是作为一种地方社会的历史记忆被保存下来，普洱茶从唐代之后一直没有中断文化记忆传承传统，一个最重要的原因就是不断有知识精英关注普洱茶并且不断地书写它，从而使我们能够透过当时的历史文本观察到普洱茶是如何在滋养它的山水中与周围的人群产生互动的。普洱茶的文化书写，溯及唐宋，至清代更为普遍，阮福在《普洱茶记》中历述普洱茶的重要论著，把古今关于普洱茶的茶事记录在案，贵在真实全面，文中提到的"八色贡茶""女儿茶""疙瘩茶"等概念今天仍在沿用。此后近百年间，关于普洱茶在知识界的文化书写一直延续并不断壮大，越来越多的茶人加入普洱茶的文化书写当中，有关普洱茶的记录不断出现在各类文本当中，从而使得普洱茶在茶文化谱系的知识精英中得以传递和推广。尤其是到了 20 世纪 90 年代以后，普洱茶的专著开始增多，影响力也逐渐扩大，以邓时海的《普洱茶》、雷平阳的《普洱茶记》、周红杰的《云南普洱茶》等书写为发端，掀起了普洱茶文化书写的高潮，其影响力还在持续发酵。从经济领域来说，每个产品都有自己的生命周期，在历史的发展过程中，有些产品会消失，而有些会一直延续下来。茶的存佚，一方面取决于社会生活对实物产品的需求与珍视，是否有足够健康的市场循环，另一方面，也依赖于文化观念世界中对它的认识延续。普洱茶被不断地书写，从而借助文本载体不断在时间流中加深印记，在空间范围内拓展，形成好的文化品牌传播链条，是普洱茶生命历程延续的重要条件。

（四）消费

普洱茶消费环节中随着消费需求、消费偏好和分众化趋势，也形成了产品消费、消费品牌（如山头茶）和仪式性消费，以及与文字、图像、影视、网络等相关的文化消费内容。在明清时期，普洱茶作为"贡茶"专供给皇室贵族品饮，产于古六大茶山的普洱茶因其产量有限，十分稀缺，成为需要皇朝颁发茶引才能专购专销的垄断商品，这使得普洱茶品牌驰名全国，品牌价值大大跃升。20 世纪末期，普洱茶热再度兴起之后，普洱茶消费的分众特征十分明显，人们对于普洱茶消费的认识各不相同，各种看法层出不穷、众说纷纭。普洱茶的种植地在澜沧江中游山岭地区，特定环境下的土壤条件、气温降雨变化、矿物及微量元素、生态系统环境等因素，为出产高品质普洱茶提供了最佳地理气候条件，同时，茶叶还受到种植年份、林木朝向、每年临时性的天气变化等因素影响，质量各不相同，再加上私人作坊或生产厂家因独家秘方和拼配比例而形成不同制作工艺，茶叶的质量优劣差异较大，整体上无法进行标准化生产和口味判定。普洱茶消费研究不仅需要根据已形成的市场消费习惯，对市场需求旺盛和满意度高的产品消费进行品牌特征梳理，更需要理性的消费能力引导和消费习惯培养，从而延伸出普洱茶文化品牌消费领域的言说空间。

从普洱茶消费领域来说，作为具有一定消费门槛的产品，尤其需要培育好的普洱茶消费观，对普洱茶历史、仪式、知识的了解与讨论是一种文化消费行为，是传统中国饮茶习俗中文人雅士精英阶层实现身份区隔的方式之一。在当代则成为特殊的文化资本，在普洱茶消费中涉及社会资本、经济资本和文化资本的整合，是品饮者身份建构的过程。目前普洱茶消费存在一些误区，在普洱茶文化品牌培育过程中，要正本清源，廓清错误认识，才能形成良性的普洱茶消费市场，进而逆向促进普洱茶生产和销售的健康发展。比如在茶叶洁净观的认识领域，茶圣陆羽曾在《茶经·茶之源》篇中指出，"其地，上者生烂石，中者生砾壤，下者生黄土"，也就是说，陆羽认为，茶的生长源以烂石地为上，沙土地为次，黄土地则最下。陆羽进一步指出，茶源地"野者上，园者次"。所谓野，意味着茶出于自然，与生态系统保持和谐相融状态。古人对茶叶洁净观的理解，与我们今天消费普洱茶的生态价值具有一脉相承的意义，这也是普洱茶消费热兴起的重要原因之一。从今天的科学研究来看，土质与茶叶品质之间的关系核心在于土质是否洁净，杂质及污染物的多少，矿物质含量的丰富程度。对"山头茶""古树茶"等高端普洱茶消费，就是茶叶洁净观带来对普洱茶生态价值认可的结果。在现代社会，生态产品消费成为消费者社会资源和经济资源能力方面的象征和展示，是消费者社会资本和经济资本实力的体现和维系的方式，因而生态产品受到市场的偏爱甚至追捧，体现了对现代生产体系中茶园化肥、农药大量使用等现代生产模式的悖反，产生了对规模化种植园产业的怀疑。这样的消费思维传导到生产端和销售端，会造成普洱茶产业发展的极度不平衡，一方面是古树茶价格高企，沦为资本和权力寻租的垄断性资源，市场仿制造假层出不穷，真假难辨，损害了普洱茶产业及品牌发展的长远利益，影响古茶树资源保护利用和可持续发展，加速了古茶树的衰老或死亡。另一方面是对现代茶园种植和生产技术的错误认知，缺乏对科技进步带来茶叶生产技术和品质控制提升方面的常识了解，挤压了现代化茶园、普洱茶企业和新兴普洱茶文化品牌形象的生存空间。因而，严格普洱茶产品质量体系的管控，宣传科学技术进步对普洱茶品质提升的价值与意义，培育消费市场对现代茶叶种植生产技术的信心，对普洱茶产值扩大、产业发展十分重要。在普洱茶品牌培育过程中，要强化普洱茶产品的市场细分，建立合理的价格体系，切实匹配不同品质的普洱茶。比如在同一知名品牌企业的普洱茶产品中，既有价格低廉，但品质和口味有保障的大众产品，也有原料稀缺、品质优越的珍稀产品，让消费者在品饮过程中能够通过价格感知普洱茶口味的差异，实现普洱茶消费"丰俭由人""各美其美"，而不是以次充好，故弄玄虚、贩卖情怀，扰乱普洱茶消费市场，导致劣币驱逐良币。

此外，普洱茶消费作为一种传统文化行为，不仅需要品质优良的茶叶，还需要一定的消费场所、品饮器具等实物要素，同时，还需要掌握普洱茶文化独特性的泡茶者、专门的泡茶技术、独具特色的泡茶礼仪等普洱茶文化的非物质要素，来形成具有辨识度的普洱茶品饮文化体验程序。由于普洱茶文化的特殊性，现有的基于普洱茶消费品饮的系列实物要素和非物质的文化礼仪要素尚不能完全支撑和完美匹配普洱茶文化内涵，仅借用绿茶、白茶、铁观音等其他茶类的茶叶品饮文化消费内容和礼仪，无法全面提炼和展示普洱茶文化消费内涵，限制了普洱茶消费领域中的品牌引领性。要通过加强普洱茶消费中的文化设计，来形成和保障普洱茶文化消费的"原真性"。

三　普洱茶文化品牌的培育路径

梁漱溟认为，"文化，就是吾人生活所依靠之一切"。对于普洱茶文化品牌培育来说，就是要整合普洱茶在物质文化和精神文化两个层面的多重价值，提炼形成现代性进程中重要的文化价值风向和文化体验内容，直至形成重要的生活习惯、目的或意义追寻。现代市场普洱茶的发展历史与言说成就了普洱茶文化品牌，从产品品牌、企业品牌、产业品牌、地方文化品牌，升华为支撑国家战略层面的文化品牌。其言说空间不断拓展，可言说的内容、形式、路径也应该持续不断拓展。

（一）从内容到实体

对于普洱茶文化内容和文化底蕴的挖掘还远远不够，现在普洱茶的产品产业层次低，对产品的开发流于浅层，市场随机性太大，没有对普洱茶文化品牌创新性的培育，其运营模式落后，路径太窄，普洱茶相关文化品牌的发展滞缓，不能迅速扩展经济利益和市场份额。因此，普洱茶文化品牌未来的培育路径要注重从普洱茶内容品牌转向实体品牌，要着力形成一批普洱茶品牌阵型，形成龙头品牌、核心品牌和基础品牌的多极化品牌实体。龙头品牌承担较多社会责任，引领普洱茶文化价值风向；核心品牌占领消费市场，巩固并扩大普洱茶市场份额，确保品牌忠诚度和品牌延展性；基础品牌对核心品牌和龙头品牌形成督促和竞争，保障普洱茶品牌的创造力和活力。历史上，西双版纳勐海县不仅是重要的普洱茶生产基地，还是普洱茶商贸线路上的重要枢纽，在新茶路开辟过程中，集散在勐海的普洱茶利用地理区位优势，南向接驳缅甸景栋等城市交通节点，通过马帮、公路、铁路、海航的整合运输方式，将普洱茶销往藏地，在市场拓展的思路和格局上极具创见。经过100多年的历程，勐海县以"中国普洱茶第一县"的品牌基础，形成了"大益"等龙头品牌，对扩大勐海茶、勐海味的影响力，利用勐海茶王节、茶马古道景区、大益茶厂故事、贺开古茶山拉祜文化旅游区、布朗山茶文化旅游线路等多民族文化品牌活动载体和平台，将普洱茶文化、民族文化、乡村休闲文化、中缅边境文化资源进行整合，在茶旅融合、茶生态、茶经济、茶文化协同等多个领域构建品牌格局。以地方数据为例，目前西双版纳州有茶园143万余亩。其中，绿色、有机茶园（含转换期）认证面积26.51万亩，认证产品数量346个，总量排名云南省第一位；入选省、州、县级

"绿色食品牌"茶产业基地 33 个（省级 5 个、州级 15 个、县级 13 个）。现有茶产业龙头企业 23 家（国家级 1 家、省级 8 家），规上茶企 19 家，获 SC 认证企业 551 家。茶农有 42.32 万人，占全州农村人口 68.89 万人的 61.43%。2021 年，西双版纳州干毛茶产量 5.59 万吨，实现农业产值 40.05 亿元、综合产值达 245.97 亿元，上缴税收 6.04 亿元，带动茶农人均收入近 9500 元。[①]"一片叶子，成就一个产业，富裕一方百姓"，普洱茶产业已成为地方巩固脱贫攻坚成果、财政增长、农民增收，推进乡村振兴和共同富裕的重要支撑，普洱茶文化品牌的培育不仅是产业内容的有机组成部分，也是产业实体发展本身的需求。

（二）从新产品到新产业

对于普洱茶文化品牌的培育来说，其关注的空间不能局限于产品本身，一定要看到整个产业发展的路径，并从中探索整体发展布局，尤其是要在激烈的市场竞争环境中，扩大格局，跨越产业边界，形成全新的产业模式。以茶文化旅游来说，传统的观点侧重于"茶文化"和"旅游"，是归属于"旅游业"的一种"文化旅游"，总体而言是传统的旅游业态。但在品牌建设过程中，应当善于挖掘新业态动向，抓住业态变化的端倪，提出新的产业概念。"茶旅融合"是"茶产业"和"旅游产业"的融合，"茶产业"包括了茶叶种植、养护、技术、生产、品牌、消费环节的"产业经济领域"，也包括了信仰、习俗、生态观念、历史渊源、传统工艺、品饮仪式的"茶文化内容领域"；旅游产业则包括了旅游的基本六要素"食宿行游购娱"，还包括文化旅游的"体验、休闲、学习"等精神消费内容。"茶旅融合"不是简单的"茶"+"旅游"模式，不是为了以旅游的名义"卖茶"，也不是"茶文化"作为旅游内容的附加，而是要实现"茶"和"旅游"两种产业的融合状态，茶产业中有旅游产业，旅游产业中有茶产业，二者不可分割，因而是一种新业态。产业融合的基础是技术

---

① 资料来源：西双版纳州统计局。

关联和需求关联，出于技术进步、市场深化和制度创新等原因，不同产业边界和交叉处的业态、模式以及产品特征发生重大变化，使得产业边界模糊，出现技术和产品的替代与互补，使得不同产业或同一产业不同行业之间相互渗透、相互交叉，最终融合为一体，逐步形成新产业和新产品。茶旅融合是以独特的地域茶叶生产方式和茶文化，结合旅游基础设施建设、旅游产品策划和旅游体验项目，实现以"茶"为主题和核心的旅游产品和旅游品牌，地方茶叶生产方式和茶文化是该旅游产品的核心竞争力，具有不可替代性，不能从旅游产品中剥离。

（三）从生活性消费到精神性体验

对中国人来说，茶叶消费既是一种生活必需品消费，又是一种文化必需品消费。从较为极致的意义上来说，茶叶作为文化必需品的消费大于作为生活必需品的消费，普洱茶尤其如此。在文化品牌的建设方面，普洱茶最终要实现从生活性消费到精神性体验的合构，后者的意义更为重大。当前普洱茶文化品牌培育的破局，需要基于我国经济发展面临的重大变化和重要转型，以传统生活产业和社会资本消费转向新时期的精神体验诉求和文化审美范畴，以精神体验的价值创造与增值为核心，为消费者提供具有深度体验感和高感知度的产品与服务，形成新的产业形式与商业模式，依托普洱茶良好的特色产业基础、人文优势和消费市场，加快培育发展独具引领性的精神体验消费产业，这成为促进普洱茶经济转型发展的重要路径。在国家完成工业化之后，产业形态会朝向高附加值的现代产业转型，精神体验和消费与经济深度融合的趋势日益加强。与其他行业不同，普洱茶线下门店在产品体验层面是非常重要的环节，专业市场和品牌实体店的经营对普洱茶文化品牌的培育作用不可替代。基于普洱茶这一原本的生活消费性产业，突破"惯性思维"和"路径依赖"，迭代竞争模式，开创围绕"美好生活"进行的普洱茶文化解释，形成引领性的"未来生活形态"话语体系，向国内外输出具有地方特色和文化自信的品牌文化新主张。

（四）从历史事实到学术研究

在普洱茶文化品牌培育言说过程中，要强化普洱茶的文化品牌格调，对资本市场给普洱茶产业带来的短视逐利行为进行规范和纠偏，还原历史事实的严肃性和学术研究的客观性，形成普洱茶文化品牌建设中的科学态度和较高的文化格调，不放任市场泡沫和营销谎言，从而避免品牌建设落入资本陷阱和市场失序之中，对品牌长远发展产生危害。例如目前茶产区少数电商直播带货在普洱茶知识、产品质量把控、售后服务、客户后续维护方面存在一些不如人意之处。由于直播者自身对普洱茶文化的内涵和审评缺乏系统性的了解，对普洱茶知识认识相对粗浅，会让线上消费者产生认知分歧，对品牌形成不正确认识，影响品牌信誉。严谨的学术研究在一定程度上能廓清认识、还原真相，将学术研究成果在公众和市场中普及，公开、兼容、透明的普洱茶专业知识推广，有利于消费市场做出理性抉择。良性的、不受资本干预的学术研究能够对显见的常识偏差提出警示，不倡导非理性消费，避免普洱茶产业发展和普洱茶文化品牌建设过程中出现严重危机和问题，避免品牌风险，壮大品牌力量。学术研究本身会有一定的观点相左和文化争议，这也是一个品牌言说的过程，是价值观点碰撞逐渐明晰并达成共识的过程，对普洱茶文化品牌的培育是有利的。

（五）从地方品牌到国家品牌建设

普洱茶文化品牌中蕴含着世界各族人民共同的价值理念，要充分利用这种共同价值理念的优势，提升普洱茶健康、友好的品牌价值。比如日本、俄罗斯、英国等许多国家和地区的民众都认为茶是有益于身体健康的饮品，能起到保健作用，因而健康、天然、安全的普洱茶很受欢迎。在不同民族当中，茶都是待客的饮品，是"友好"的象征，还是缔结姻缘关系时的重要媒介，是沟通交流情感的重要桥梁。韩国的茶礼习俗追求和谐、敬重、勤俭、真诚，日本茶艺通过严谨规范的仪式体现克己、守礼、冲淡、隐忍的价值追求，印度、俄罗斯都有用茶向客人表达真诚友好态度的习俗。作为一种文化载体，在"一带一路"建设中，与周边地区和国家可以以茶叶为媒介，开展"茶叶三交"，使普洱茶成为国家间文化交往交流交融的载体。普洱茶产地与老挝、缅甸、越南毗邻，与柬埔寨、泰国、印度、斯里兰卡、孟加拉国等南亚东南亚国家具有天然的合作优势，在普洱茶文化品牌培育过程中，积极实施"走出去"战略，从生产与加工基地、进出口物流储运基地、跨境电商合作基地等方面发力，形成能代表国家形象的普洱茶文化品牌。

四　结语——如何讲好普洱茶故事

普洱茶是饮品，但远不止于此，它的背后涉及种植、制作、交易、消费，每一个环节都蕴含着人与物、人与社会、文化与生活、当下与历史、地方与国家的互动等复杂多元的关系，这些关系伴随着社会资本、文化资本、经济资本的力量，在现代性的消费社会里嬗变，在各方力量的博弈消长中处于动态发展的过程之中。普洱茶文化品牌的建立和维护，从来就不应该凝固在几个固定的认知里不断地新瓶装旧酒，也不是企业间为了短期利益在文化上的互相撕扯，不是热衷于背离常识吹出巨大的泡沫，这些都不是真正的普洱茶好故事。普洱茶具有多重身份，关于普洱茶文化品牌的培育，要看到多重身份之间的关联与纠葛，特殊的生产地域、意义的多元性和与边疆少数民族的资源与发展，使得普洱茶成为沟通传统记忆与现代进程、联系乡村社会与资本行动、理解全球市场和地方社会的通道。

讲好普洱茶品牌故事，基础是处理好传统与现代的接续问题。传统上，普洱茶最好的部分是头春采摘的细而白的嫩芽，称为毛尖，通常被作为贡品。毛尖采完之后，民间才能采摘芽茶作为商品，春茶之后，持续采摘小满茶、谷花茶，时间越往后，茶叶的级别越低。根据茶叶的芽头和采摘时间，人们将制成的普洱茶分级分类沿茶马古道销往各地。而今，普洱茶的品级分类在茶叶嫩芽和时节的传统基础上，叠加了山头、古树等观念，好的山头茶的"黄片"，也胜过茶园台地的"毛尖"，新兴茶园和机械技术的出现带来对普洱茶核心价值评判的变化。在普洱茶文化品牌的培育过程中，传统的自然放养式种植、极度依赖茶叶制作者个人生产技能、定点区域和特定消费市场的模式必然需要接驳现代市场的发展和需求。现代农业一度因为大量使用农药与化肥而严重污染了土壤，随着大众健康意识的增强，人们开始注重食物的生产分类，有机茶园减少对茶叶生长的干预，崇尚自然生态理念，让茶回到自然生长状态，从对"量"的追求转向对"质"的保证。在制作技术领域，传统茶人多年的制茶经验和技艺，可以通过现代技术手段和品质把控，转换为可以复制的标准化程序，能保障绝大部分产品达到市场一般标准，传统手工制作保留成为工业体系中特殊的个性化品牌和个人品牌，实现传统与现代品牌的结合。在消费市场领域，随着现代物流的便捷和快速，传统地方性产品可以抵达更远更大的消费市场，需要借助现代营销理念和方法，在新的市场领域开拓进取，获得更多的市场份额。

讲好普洱茶品牌故事，核心要协调好乡村发展与资本逐利之间的张力问题。普洱茶是民生产业，涉及广大茶叶产区千家万户的生计发展，也是茶叶产区实现乡村振兴的重要依托。在普洱茶文化品牌培育中，要立足乡村的长远发展和可持续振兴，站在"乡民本位"，保护好珍贵的乡村资源。历史原因形成的城乡二元结构，容易造成城市资本对乡村资源的掠夺和挤占，乡村的辅助地位和弱势处境与资本逐利行为之间存在张力。当下，讲述普洱茶的经济故事，不能只依照道义经济学或公平贸易的原则，单纯把普洱茶视为经济作物，夸大茶农和普洱茶经济互动的负面影响，也不能片面追求普洱茶在经济和文化领域的价值最大化，而无视乡民的生计空间留存和文化权利保留。要赋权乡村茶农，激发他们保护普洱茶产业的地方性知识资源，维系普洱茶品牌，形成能动的内生动力，为普洱茶产业的品牌培育增能，提高茶农、茶商讲述普洱茶故事的能力和格调，城市消费资源和运营资本进入乡村对普洱茶来说是巨大的发展机遇，应当通过对资本的规范和引导，真正把普洱茶产业发展、品牌塑造带来的价值留在乡村，留在民间。

讲好普洱茶品牌故事，目标是在地方与世界勾连之处达成共识与连通。在国家"一带一路"倡议下，普洱茶主产区云南承担着"民族团结进步示范区建设""生态文明排头兵建设""面向东南亚南亚辐射中心建设"的历史任务，随着普洱茶在云南种植面积扩大以及它本身在经济、文化、社会领域的复杂性，文化、生态、民族、国家、地方、市场化、现代性等种种情境都加诸其上。普洱茶作为西南地区与世界交往的重要桥梁，沿着茶马古道线路，形成蛛网般密布的商贸和文化交往联结，普洱茶产区与缅甸、印度、马来西亚、巴基斯坦、尼泊尔等地建立了友好的商贸往来，一些民族商号走出国门，在南亚东南亚等国家地区开拓发展，建立中转运输枢纽和交易网点，形成了较大的地区和行业影响力，这种传统今天也仍然在延续。2018 年，云南大学文化发展研究院和云南省非物质文化遗产研究基地积极呼应习近平总书记 2017 年给杭州首届国际茶博会的贺信中阐述的茶马古道与"一带一路"倡议之间的历史渊源，向云南省文化厅提交了《主动服务国家战略，着力培育"茶马古道"文化品牌，谱写云南茶产业和茶文化新篇章》的咨询报告，报告提出了启动"1+3"茶马古道遗产建设工程。"1"即推进"保护、利用和扩展"工作，培育"茶马古道"文化品牌。"3"即推进茶马古道与千亿茶产业的互动发展，提升云南茶文化附加值；推进茶马古道线性遗产与云南文化旅游产业的融合发展，丰富和带动云南文化旅游的转型升级；成立云南省茶马古道研究基地，充实和发展云南茶马古道原创学术品牌，拓展与东南亚南亚的学术交流。这一报告体现云南学术界对普洱茶相关文化品牌融入国家战略、形成国家品牌的敏锐性和执行力。通过讲好普洱茶国际故事，在跨文化情境中做好品牌阐释，主动融入"一带一路"倡议，以全球化视野理解云南普洱茶产业特殊的历史记忆和文化价值，构建地方与世界的沟通方式与认同体系，将普洱茶作为载体传达的民族团结、生态和谐等地方价值观，嵌入人类命运共同的生态保护、多元包容、平等和睦等社会理想之中，弥合区域间的分歧与竞争，促进区域间共同发展，普洱茶品牌的区域力量将上升为国家文化力量的重要组成部分。

自古以来，围绕着普洱茶，人、事、物不断穿梭，不断有新的人和事物进入这个链条，也不断有人在坚持理性的基本规则，坚持事实真相和历史发展的客观规律，无论是经济崛起后的热钱投机，还是作为产业的中国西南生产端在追求现代化和保持传统原真性之间的挣扎，在普洱茶中可见的，是中国社会的缩影，是世界动态发展的过程，在这一过程中，我们要看到产业发展的内外环境发展趋势，用发展的眼光讲述普洱茶故事，要看到世界变化的动态格局，用全面联系的视角思考普洱茶品牌的内涵，同时不应该忘记对茶产业中弱势群体的关照，持续探索更美好社会的构想与行动。

B.9
普洱市茶城发展报告

王博喜莉*

摘　要： 茶城是供茶产品及其衍生产品集中进行交易，以及进行茶文化展示而形成的一个综合空间。茶城让特色茶文化有了展示的窗口，让更多茶业从业者有了经营的空间，它的产生和发展，不仅加快了茶产品及其衍生产品的流通交易，更是对特色茶文化的弘扬，对特色茶品牌的打造、特色茶产业的发展也起了重要的推动作用。普洱市拥有得天独厚的茶文化资源，如何通过茶城这样一个集合文化、产品等要素的空间来弘扬当地特色茶文化、擦亮"普洱茶"金字招牌、实现"让全国人民都喝上普洱茶"的目标，理应值得人们更多关注。本文通过对普洱市茶城发展历史溯源、对发展现状的分析，试图对这一问题作初步思考。

关键词： 普洱市　茶城　茶马互市　茶旅融合　茶马古城

普洱市是"世界茶源"，享誉海内外的普洱茶是普洱市一张璀璨的名片。基于以物易物的"茶马互市"以及当时的销售网络而发展起来的茶城，是在云南省委省政府以及普洱市委市政府产业发展政策引导，以及茶叶种植产量、质量提升与消费市场的变化大背景下，为适应与促进市场化和产品流通，在茶叶交易市场的基础上发展起来的现代综合商业体。自2001年首家具有茶城功能的中国普洱茶叶交易市场在普洱市思茅区出现后，茶城经历

---

* 王博喜莉，普洱日报社，记者，主要研究方向：普洱茶文化，普洱茶产业。

了一个从无到有、从少到多，从茶叶专业化交易市场向茶文化展示体验空间转型、从政府推动建设到通过招商引资引入企业运营管理的过程。

随着云南省第十一次党代会关于"做特'绿色食品牌'"以及普洱市第五次党代会关于"突出茶产业第一支柱产业地位"等工作要求的提出，茶城成为普洱市发展茶产业，推进名企名牌培育、目标市场开拓、茶旅融合发展、对外形象展示的重要载体。

一　普洱市茶城发展概述

（一）历史溯源

南诏时期大理政权施行的"茶马互市"，在现普洱、版纳一带形成了最早的交易市场，让茶与马的"以物易物"有了相对固定的场地。"茶马互市"的兴旺发达极大地促进了当地群众种茶积极性，一时间，茶叶种植面积扩大，普洱茶交易日渐兴旺。到乾隆年间，普洱茶得到清朝皇室高度认可，再加上当时清朝廷对磨黑盐井的开采，各地商贾南来北往、云集普洱，以普洱茶交易市场为核心，形成了最早的普洱茶文化集聚区。与此同时，马帮进京，普洱茶贸易蓬勃发展，诸如那柯里等茶马驿站应运而生，以茶为主题的各类文化交流日益频繁，餐饮业、旅店业随之发展，普洱成为以普洱茶交易为主的早期商业中心，在当时有着"金腾冲，银思茅"的美誉。清朝时期一年一度的"花茶市"，更是让南北商人因茶在普洱结缘，"花茶市"期间的普洱，天天都是街天，日日都在赶集，因商旅众多，还出现了夜市，形成最早的夜市经济。市场兴旺带来的美誉度，促使茶商纷纷成立集种植、加工、销售于一体的茶庄、商号，形成最初的产业集聚区，并通过当时的物流——马帮，将各自茶庄、商号的产品从普洱至昆明的"官马大道"，普洱至澜沧的"旱季茶马大道"，普洱至越南的"茶马大道"以及普洱至景洪打洛的"茶马大道"将普洱茶销往海内外，大受欢迎，形成了最初的品牌效应，为日后普洱茶产业的振兴发展打下了坚实基础。

在经历 20 世纪 50 年代"恢复老茶园，开展新茶园"号召，以及 20 世纪 60 年代"大搞茶园建设"号召之后，普洱市可提供的产品品种由最初的饼茶、砖茶逐渐增加到青茶、红茶、沱茶、特质普洱茶等 40 余个品种，而随着与国内国外的不断贸易，在普洱也逐渐出现以普洱茶交易为主的集商住、仓储、办公于一体的现代茶叶交易市场，在此基础上，形成了集房地产开发、茶旅融合、电子商务等于一体的茶城。

普洱茶城发展大体经历了三个阶段。

1. 萌芽起步阶段（2001～2006 年）

2001 年，普洱市毛茶原料价格和普洱茶产业都还相对低迷。2001 年 4 月 8 日至 11 日期间，在当时的思茅地区（现普洱市）举办了第五届中国普洱茶叶节，与这届茶叶节同时举办的还有第二届昆明国际旅游节、中国昆明首届全国春茶交易会普洱分会，以及第三届中国普洱茶国际学术研讨会。为承载众多活动，当时的思茅地区引导企业建设了中国普洱茶叶交易市场，吸引了泰国、缅甸、老挝、韩国、美国、加拿大、荷兰以及国内各省市包括港澳台地区的中外宾客 11000 多人。当时新建的中国普洱茶叶交易市场与思茅区世纪广场共有 102 户企业参展，实现茶叶交易额 1.96 亿元，商品总交易额 2.26 亿元，通过签订协议招商引资 2.19 亿元。[①] 中国普洱茶叶交易市场成为普洱市最早的对外弘扬普洱茶文化、宣传普洱茶品牌的文化阵地。而在走访中国普洱茶交易市场过程中，里面的老商户都表示目前很多老客户都是在第五届中国普洱茶叶节时候结交的。

中国普洱茶叶交易市场并不是为承载节庆文化活动而出现的特例。2005 年，普洱哈尼族彝族自治县（今宁洱哈尼族彝族自治县）为庆祝自治县成立 20 周年，建立了宁洱茶源广场，建设内容包括七子饼广场、贡茶回归纪念碑、普洱府城图等内容，依托这些文化元素，广场周边打造了商铺区，很多当地茶室、茶馆选择在此经营，营造了浓厚的茶文化氛围，成为当地人及外来游客在宁洱休闲体验茶文化的一个重要区域。

---

① 资料来源：普洱市茶叶和咖啡产业发展中心。

通过政府组织的大型节庆活动，逐渐引导过去分散式、"沿街叫卖"式的茶叶商户向交易市场集中、靠拢，从而在产地市场孕育出了普洱最初的茶城雏形。这期间，普洱市茶城尚处于萌芽状态，不仅市场内基础设施条件有限，配套的服务也不够完善，仅是进行茶叶产品销售的场所。

2. 快速发展阶段（2007~2017年）

2002年以后，普洱茶叶价格开始暴涨，越来越多的企业、个体经营户以及个人参与到普洱茶叶交易当中。中国普洱茶叶交易市场给这类群体提供了展示及销售产品、获取信息的载体，得到了广泛认可，在市场内交易的茶叶产品以及商户规模迅速增加。这个时期，除了中国普洱茶叶交易市场外，2007年4月，位于思茅区的普洱茶源广场（该广场已于2020年7月拆除）建成投入使用，当时入驻茶商达到157户，常驻市场收购茶叶的省外茶商超过400人，[1] 一时间风头无二。其后，为配合思茅区"中心城区"建设解决失地农民的生活问题，思茅区思茅镇平原村（现思茅区思茅镇平原社区）筹资建设的茶马古镇项目于2008年开工，该项目当时设计建设内容包括茶马古道博物馆、茶马文化广场、普洱第一茶楼、思茅区首家五星级酒店等项目，A区建筑面积89000平方米，B区建筑面积70000平方米。[2] 目前，茶马古镇已投入使用，包括澜沧古茶、水之灵、凤凰窝等普洱市较为知名的茶企都在其间开有品鉴店或连锁店。在走访中，笔者通过与茶马古镇商户交流访问的形式了解到，因茶马古镇内物业多属于个人，在其内经营的商户大多是通过向个人租赁的方式获得经营权，因此茶马古镇内现有的商户分布相对显得散乱，茶室、餐馆、百货商店、民宿、茶叶产品包装设计店等一定程度相互穿插，不够规范。此外，项目设计的普洱第一茶楼没有充分发挥作用，茶马古道博物馆也没有建成。茶马古镇更多发挥的是类似"商场"的作用，即向商户出租物业，在弘扬茶文化方面基本没有建树，但相较最早的中国普洱茶叶交易市场以及已经拆除的普洱茶源广场，这个时期出现的茶马古镇，

---

[1] 资料来源于老商户访谈整理。
[2] 资料来源于老商户访谈整理。

其内的经营主体已经开始向多元化方向发展，经营的内容也较之前的交易市场更加多样化，普洱打造茶旅融合的综合体也是在这个时候开始的。在这一时期，主要用于开展原料销售的普洱鼎益茶城也开工建设并投入使用，普洱国际茶城、普洱茶马古城商业街和茶马古道旅游景区也在思茅区北部区开工建设。至此，普洱市主要的带有茶城属性的集聚区体系雏形大体形成。

3. 开拓提升阶段（2018年至今）

这一时期，特色小镇建设、网络直播等概念开始流行，用现代化运营模式来建设运营茶城的理念开始被引入新落成的普洱国际茶城以及普洱茶马古城的经营管理过程中，通过科学的现代化管理运营，令入驻商户最大限度共享集聚发展的红利。2018 年，普洱国际茶城交付使用、开始招商，普洱适度茶产业有限公司与普洱城投置业有限公司合作，成立普洱适度商业管理有限公司，对普洱国际茶城进行统一管理，推动茶文化的管理从无序向有序转变。普洱茶马古城包含的茶马古道旅游景区于 2018 年正式对外营业，同年另一重点项目普洱茶马古城商业街正式开街。为吸引更多游客、扩大宣传，2018 年 9 月 22 日至 10 月 7 日，普洱茶马古城开发商与普洱日报社合作举办了普洱首届中秋国庆梦幻灯光节，利用当时刚开始流行的图文、视频现场直播形式对普洱茶马古城进行了宣传推广，点击量达到 538359 次。[①] 2020 年 12 月，普洱市人民政府办公室印发《普洱市促进夜间经济发展实施方案》，茶马古城被列为思茅区重点打造夜间经济的地标，具有茶香特色的民族歌舞表演在商业街天天上演，相关茶室、茶客栈相继开业，每到周末，茶马古城人潮攒动，成为外地游客到普洱必去的旅游景点之一，获评为省级旅游休闲街区。

（二）发展特点

目前，普洱市具有茶城属性的综合空间主要集中在思茅区，包括中国普洱茶叶交易市场、普洱国际茶城、鼎益茶城、茶马古镇、茶马古城，其余 9 县

---

① 资料来源：普洱日报社。

具有茶城属性的综合空间则主要是依托当地文化活动广场周边的商业街区、引导相关商户入驻开设茶馆形成的茶文化集聚区。这些具有茶城属性的综合空间主要具有以下三个特点：一是有效降低了入驻茶商的运营成本，帮助集聚区内商户相互合作，产生"整体大于局部"的协同效应，形成了一个相对集中的对外展示普洱茶产品以及普洱茶文化的窗口。二是为整体实力不是很强的小微商户、个体商户提供了一个庞大的、可以共享的销售网络，使得这些商户可跨过较低的入市门槛获得较前沿的信息以及较为完备的服务。三是提供了足够空间，为发展"茶叶+"产业提供了空间上的便利，普洱市内具有茶城属性的综合空间因其占地面积、所处地理位置等，也是其所在地的一个地标性建筑，可以同时聚合茶、文化、旅游等多种元素，让通过节庆文化活动等方式统一对外宣传城市形象和普洱茶文化成为可能。可以说，茶城的存在，既让茶叶交易有了相对固定、规范的场所，形成了相对专业的产地市场，也有利于帮助入驻茶商提高企业竞争力，更有利于带动普洱市茶产业的发展、对外统一宣传普洱市"天赐普洱　世界茶源"的城市形象。

在2000~2021年的发展过程中，普洱市茶城的发展经历了从以单纯茶叶产品销售市场到集展示、销售、休闲体验、文化弘扬等于一体的商业综合体的转变，主要呈现小、全、新的特点。

1. "小"即规模小，茶城"小店经营"模式明显

从走访商户情况来看，入驻这些茶城的商户基本为小微企业和个体经营户，经营连锁门店的商户很少，除个别已经在市场上具有一定名气的茶企外，入驻商户所开设的门店面积基本都不大，维持在60~80平方米，超过100平方米的并不多。再者，入驻商户的工作人员相对较少，家庭式经营的痕迹明显，中国普洱茶叶交易市场、普洱国际茶城、鼎益茶城以及茶马古镇、茶马古城内大部分成品茶销售商户都没有聘用长期固定员工，基本都是老板一人守店。春茶、秋茶上市的季节，在普洱国际茶城、鼎益茶城主营茶叶原料的商户会在收发大宗货品时候临时雇用员工。茶马古城则因为凝聚人气需要，长期与商业街周边的民族民间健身操团队合作，用提供锻炼场地以及每月1500~2000元不等补贴的方式开展合作，吸引本地消费者和外来游

客。在茶马古城，雇用员工超过 3 人的商户主要是餐饮企业和民宿。此外，除少数已经具有一定知名度的企业外，茶城内的成品茶零售商户特别是个体经营户的交易额都不太高，每月交易额基本都在 15 万元以下。

2. "全"即品类全，茶城内茶产品种类及其衍生产品较为丰富

从走访调研过程来看，各茶城内入驻商户展示的产品品类都较为齐全，除专营店外，在茶城内的零售、批发商家都能提供绿茶、红茶、普洱茶、白茶、乌龙茶等茶叶产品，茶叶的包装规格也比较齐全，只要客户有需求，无论是饼、砖、沱，还是其他各种形状的定制产品，基本上茶城内的商家都能提供。除了中国普洱茶叶交易市场，以及以原材料批发为主营业务的普洱国际茶城、鼎益茶城外，茶马古镇和茶马古城能提供除茶叶品饮、购买之外的其他体验、休闲服务，比如茶马古镇的民族民间特色美食，茶马古城的茶乡民族民间歌舞展演、茶文化主题民宿体验等。

3. "新"即茶城运营管理融入了现代商业综合体的新思路、新方法、新技术

2020 年全国茶产业线上总交易额约 280 亿元。[①] 特别是疫情发生以来，以直播带货为主打的电子商务已经深入市场经营以及群众生活的方方面面，线上交易已经成为当下运营推广的一大趋势。作为经济不算发达的边疆地区，普洱市内茶城的大部分商家在受访时均明确表示对直播带货等现代新营销途径做过了解，知道直播带货对提升销量会有帮助。大部分商户都尝试过在淘宝、天猫、京东、拼多多等平台上注册账户进行销售、推广，一些商户还通过抖音尝试直播带货。在 2021 年 "双十二" 期间，澜沧古茶、普洱新华国茶、普洱祖祥高山茶园有限公司以及云南龙生茶业股份有限公司等普洱龙头茶企业纷纷通过网络直播进行销售，仅普洱新华国茶有限公司一家，就在 2021 年 10~12 月进行了 40 场直播，收获了 5000 多个订单。[②] 大部分茶城内商户都参加过政府举办的各类线上活动，诸如茶马古镇、茶马古城内的

---

① 《2020 年中国茶叶电商数据报告》，https://www.puercn.com/news/92765/，最后检索时间：2021 年 11 月 22 日。

② 徐瑞：《直播带货助力普洱茶销售》，《普洱日报》2021 年 12 月 10 日 2 版。

茶城驿站、木兰庭院等茶文化主题民宿在去哪儿旅行、携程旅行都可预订。在新媒体运用上诸如澜沧古茶、新华国茶以及水之灵等规模较大的茶企也较为超前，都有自己的微信公众号对茶叶产品进行宣传，对企业形象进行策划。在普洱市最大且最专业的普洱国际茶城内，还专门选定区域为茶城内商户设立了抖音电商直播区域。作为普洱市目前运营情况较好的茶旅融合综合体的茶马古城，除拥有一定的电商以及网络传媒人才储备外，还与当地媒体合作定期不定期组织开展系列直播活动，能够引导商户结合一定的时间节点利用现代传媒技术和电商开展相关的营销推广。在数字经济风行的当今社会，普洱市内的茶城也正在借力这股东风，线上线下相结合，给予消费者更好体验，迎来新的蝶变。

二　普洱市茶城发展个案

从走访情况来看，普洱市的茶城功能主要还是以为商户提供茶产品及其衍生产品销售场所的方式来展现，茶城内主要集中的是各家茶企、茶叶合作社的展示门店，零星包含少量茶器销售店、茶产品包装设计店、快递物流点等。除由传统茶叶交易市场发展而来的茶城外，普洱市也在尝试突破创新，打造了以茶旅融合为主题的茶城。因目前普洱市茶城主要集中在思茅区，本文选择了思茅区内较有代表性的普洱国际茶城和茶马古城作为个案进行分析。

（一）普洱茶专业化市场：普洱国际茶城

普洱国际茶城位于思茅区普洱大剧院西南侧，是目前普洱市规模最大的专业茶叶交易市场。茶城内现有商户 800 多户，散茶交易摊位 309 个，入住率达到百分之百，主要经营普洱九县一区一年四季各类茶叶品种。同时，国际茶城还提供临时茶叶交易摆放点，在春茶、秋茶集中上市时期临时交易摆放点摊位经常供不应求。作为国际茶城管理方，普洱适度商业管理有限公司主要对外提供商铺及摊位出租服务，租约商铺三年一签、摊位一年一签，每年较上一年略有增长，商铺为厂房型建筑，兼具门店展示以及仓储的功能，平均租金为每平方米每个月 30 元，承租一个摊位 3 年租金费用大概在 15000 元。①

1. 市场集聚：普洱市规模最大的专业交易市场

国际茶城主要开展茶叶批发和零售，以原材料批发为主。租赁国际茶城商铺进行经营的商户多是从其他市场搬迁过来，其中占比最高的是已于 2020 年 7 月拆除的原普洱茶源广场商户，占比达到 80%左右。② 这些商户经营茶叶生意时间较长，通常都有自己的原料基地，或者已经与相关山头茶农建立较为稳固的合作关系，原料来源优质可靠，产品门类齐全，销售价格从几十元到几千元不等，客户和销售渠道也较为固定，在市场上具有较强的生存能力，对品牌打造、集中对外统一宣传有一定的诉求，但更多是抱着维护好自有客户即可的心态进行经营。散茶交易区的商户，多为个体经营户，这类商户大多没有自有大面积种植基地，主要是通过走村入户的方式到茶山收购茶叶后，找人或者在自己的茶叶初制加工所进行加工再拿到市场进行销售，多以原材料批发为主，茶叶销售价格在几十元到上百元不等，利润多靠"薄利多销"。除了线下销售外，很多散茶交易区摊主还通过微信开展线上销售，对直播带货销售的方式也表现出明显兴趣，但这类摊主普遍受教育程度不太高，虽有强烈电商诉求，但通过直播带货的销售量并不理想。此外，散茶交易区和传统农贸市场差别不大，场内人声鼎沸，茶叶的包装也相对简陋，品质较之商铺内销售产品也有一定差距，销售环境不太理想，体验感不强。

在带动就业方面，国际茶城内商户门店雇用人员都不多，特别是受疫情影响，为最大限度控制成本，以前雇用 2~3 名员工的商户也相应减少雇用人员，很多都是老板亲自上阵守店。而普通员工的工资基本采用"底薪+提成"的方式进行支付，底薪一般在 1500 元左右，另外根据员工销售出去的

---

① 资料来源：普洱适度商业管理有限公司。
② 资料来源：普洱适度商业管理有限公司。

茶叶价值支付 10%~30% 的提成款。

2. 推广运营：以节庆带发展，普洱茶生茶领头位置突出

在对外交流推广方面，普洱国际茶城主要通过为普洱市各类特色节庆活动提供场地的方式来进行宣传推广。比如作为第十三届中国云南普洱茶国际博览交易会"普洱茶斗茶大赛"的比赛场地，又比如借助为第二届普洱国际精品咖啡博览会提供场地的机会，展示普洱茶文化。此外，普洱国际茶城与思茅区高速公路北部出入口距离较近，且处于入城公路沿线，建筑形象吸睛效果强，加之海底捞入驻普洱国际茶城周边商业综合体，在一定程度上提升了关注度。

从国际茶城内交易产品来看，茶叶门类都比较丰富，中国六大茶叶品类在国际茶城都能购买到。在实际交易中，普洱茶生茶的交易量最高。以景迈、无量、哀牢等山头为代表的普洱茶生茶，凭借着丰富的口感层次以及"越陈越香"的收藏属性和较高的外界认知度，在市场受欢迎的程度较高。其次是绿茶和红茶，这两类茶较多由省外商户经营，因其物美价廉的属性，这两类茶叶在甘肃一带市场认可度较高。来自甘肃的茶商为便于收购，在茶城内租赁商铺主营绿茶和红茶，国际茶城内做得最好的甘肃茶商在茶城内一次性租赁了 8 间商铺，出货量最高时一年可发货近千吨。白茶由于鲜甜适口以及自然转化的产品特征，近年来在广东一带受到追捧，白茶主要由广东一带的茶商进行收购，但茶城内商户白茶制作经验不足，白茶销售主要集中在少数几家商户。基于"原产地全产业链 做世界的茶生意"经营理念、主营散茶交易的特点，国际茶城内展示的多为传统的饼茶、砖茶、沱茶等茶叶产品，近年来随着消费者消费习惯的改变，诸如塔茶、薄片茶、手撕茶饼、"小青柑"、果茶等产品也相继出现，满足不同消费者的喜好。

3. 管理服务：从"物管"到"策划引导"转变

在管理中，除了租金之外，国际茶城管理方不对商户收取其他任何管理费用。管理方主要负责维护日常交易秩序，防止发生消防及盗抢事件。茶城公共区域的保洁主要承包给专业保洁公司进行，日常有保安人员在出入口疏导交通，巡查公共区域并对消防、漏雨等隐患进行排查。

除提供集中交易的场所外，管理方还通过入驻门槛设置来规范提升国际茶城，对入驻商户要求有相关营业执照、证件，产品要有标识。在正在打造的精品茶馆区，管理方的入驻条件还包括需为在普洱茶界有一定知名度的茶企，及有完整产品生产线、稳定销售点等，散茶交易区的入驻则基本没有门槛。为进一步规范经营、提升国际茶城功能属性，管理方与国家普洱茶产品质量监督检验中心合作，引入检测机构，未来将主要针对精品展区产品进行检测。此外，管理方也引进了少量的服务机构进场，目前国际茶城内共有3家物流服务点，主要为茶城内商户提供样品寄送与快递收取服务，各家商户主要通过长期合作的物流企业完成大宗的茶叶产品发货。针对散茶交易区摊主希望开展直播带货的诉求，管理方在散茶交易区设置了20个免费直播摊位，但目前管理方还不具备提供电商培训的条件，正在研究下一步通过与政府相关职能部门合作的方式，引入相关培训，帮助场内商户开展线上营销推广。

（二）茶旅融合综合体项目：茶马古城

茶马古城位于思茅区北部区东北侧，属市行政中心区域，是普洱市首个茶旅融合的商业综合体，该项目总占地约370亩，总建筑面积约26万平方米，商业面积约7万平方米，入驻商户400多户，茶企占比50%左右，平均租金每平方米每个月40元，[①] 是一个集茶马古道旅游景区、旅游商业街、特色餐饮街、茶主题客栈区、夜间经济区于一体的商业综合体。主要业态有普洱茶文化产品、茶马古道文化展示、马帮文化展示、餐饮、小吃、酒吧、小粒咖啡文化产品、文创产品、工艺品、土特产、少数民族茶文化展示、夜间演艺等。

1. 以茶旅融合为核心，打造要素齐备的商业综合体

与普洱国际茶城以茶叶交易市场为核心发展理念的商业综合体不同，茶马古城发展主要以茶马古道旅游景区为引爆点，打造茶旅融合的商业综合

---

① 资料来源：普洱茶马古城发展有限公司。

体。茶马古道旅游景区包括"六大客户体验区":一是水映茶马区,是游客中心所在区域;二是缆车观光区,以良好的绿化景观和水景观为依托,首创高空茶园观赏项目;三是古道溯源区,展现茶马古道与普洱茶文化在不同时期的历史进程,是项目的灵魂所在;四是马帮寻迹区,真实还原马帮打尖住店场景和茶马互市繁华景象,让游客重走茶马古道;五是古树问茶区,在这里可以体验采茶、制茶、品茶的乐趣,是景区最大的商业中心;六是野美湿地区,包括马帮驿道和湿地景观。景区年接待国内外散客和团体访客约110万人次,[①] 在国内知名度较高,是外来游客到普洱旅游的必到打卡点。

通过引进龙生茶业、大益普洱等知名茶企入驻,打造出了普洱唯一有机商标品质茶叶零售街区及特色知名普洱茶街区,再加上能够同时容纳2000人用餐的餐饮区,以及14家不同风格的茶文化主题客栈,茶马古城实现了商业区与景区的无缝衔接、联动经营,形成了汇聚"食、住、行、游、购、娱"六大旅游要素的产业链闭环。

茶马古城商业区内茶叶商户以零售普洱、版纳的名山名茶产品为主,价格在一百多到几千元不等,畅销产品多为一百多到几百元不等的低、中等价位茶叶产品,除了茶叶产品外,部分商户还兼营石斛、蜂蜜等普洱特色土特产品,产品销售额也较为可观。此外,餐饮、住宿等消费的贡献也较大。茶马古城内的饼茶、沱茶等传统茶叶产品更多是作为一种旅游产品销售给来自全国各地的游客,单笔交易销量不大,但是基于上百万人次的游客基数,成交的单数比较多,商家多通过与消费者互加微信的方式来做"回头生意"。除了传统茶叶产品外,茶马古城内还引进了诸如霸王茶姬、下一站奶茶等茶叶快消连锁店,这类企业以销售奶茶、果茶类产品为主,每份产品单价不高,在十几元到三十几元不等,中午主要以外卖方式销售给茶马古城周边的住户,晚间以堂食为主,销售给外来游客和本地到夜市休闲的游客。因被列为思茅区重点打造的夜间经济地标,茶马古城已经完成一期200个摊位的建设,经营范围涵盖特色小吃、时令水果等,为众多自由择业者提供了自主创

---

① 资料来源:普洱茶马古城发展有限公司。

业的良好平台，多方共享茶旅融合带来的红利。

2.综合运用现代营销方式，云上云下满足体验式消费需求

在弘扬普洱茶文化方面，茶马古城打造了占地5416.7平方米的非物质文化遗产传承街，除了展示普洱茶文化外，还设置有体验区，让本地及外来游客更为直观感受普洱茶文化精髓，为营造浓厚的茶文化氛围提供了载体。

此外，茶马古城还通过线上公众号、抖音、小红书、微博、旅游达人等，线下户外大屏、广告位等全方位推广宣传，在政府引导支持下，策划并举办了"梦幻灯光节""中国情歌汇""最普洱""普洱马拉松""茶马古城电音趴""醉美古城摄影大赛""穿唐越宋"等系列大型活动，通过特色活动打造节庆IP，聚集更多人气，让更多人走进普洱，感受普洱茶文化。

3.倡导诚信经营、规范管理

在运营管理上，除提供常规服务外，茶马古城主要通过引导商家诚信经营、守法经营、全天候运营，来规范市场秩序，营造良好发展氛围。为确保游客购物无忧，茶马古城设置了30天内无理由退货点，通过"游云南App"和"游云南"小程序，即可进行在线退货、电话退货、语音退货及退货服务点现场退货。目前，茶马古城被列为"云南省级步行街示范点""省级旅游休闲街区""夜间经济示范区""健康一条街""诚信经营示范街区""特色餐饮美食街区"等。

如今，茶马古城已经成为基础设施及服务较为完善的商业综合体，在凝聚人气、弘扬普洱茶文化、推动普洱茶产品外销、提供就业创业机会、推动地方经济社会发展方面都取得了喜人成绩。但这一切离不开大量的前期投入，在类似这样的茶城对开发运营商的选择就显得尤为重要，除了需要有雄厚的资金实力外，还需要有专业的运营团队。

三　普洱茶城发展趋势

进入新时代，茶叶产品形态、交易、流通，以及消费者的需求都将迎来

新的变化。以传统茶叶品饮为核心，围绕茶旅融合多角度开展的"精致化"体验式消费以及以袋泡茶、小罐茶、奶茶果茶等为主打的"快消化"品饮消费将成为未来茶文化消费的主流。单一茶叶交易市场向商业综合体逐步融合，线上线下集中发力，将成为未来茶文化产品交易和流通的主要途径。特别随着中老铁路的全线通车、人口规模效应的形成，普洱作为其中的一个重要的站点，运输能力、对外联系能力显著增强，旅游产业也迎来了重要的发展契机。作为"天赐普洱 世界茶源"，"普洱茶+旅游"也将成为普洱吸引外来游客的重要内容。而茶城，作为可以展示普洱茶产品、普洱茶文化的重要载体，也将顺应这种趋势发展。

（一）功能转型：从茶叶专业化交易市场向茶文化展示体验空间转型

从未来"精致化"消费发展趋势来看，单一提供茶叶销售场地已不能满足消费者需求。未来，茶城的消费主体将从70后、80后、90后逐渐向新生代的95后、00后转变，他们的价值观以及兴趣爱好都将影响茶城的发展。比如，新生代人群对新奇、快消、高质量茶叶产品的需求，决定了未来茶城将充分发挥茶城的集聚和扩散效应，吸引更多文创企业入驻，在茶文化茶品的设计研发以及包装设计方面下更多功夫以吸引更多新生代消费者关注。同时，茶城也将不再是单纯只提供普通零售批发的交易场所，而会加入更多商业元素、多种茶文化休闲娱乐体验项目，形成集"吃喝玩乐"于一体的综合商业场所，以消费者体验为驱动，向多元化、个性化以及方便快捷的方向转变。

（二）数字化转型：线上线下相结合

"内容+兴趣"的电商消费新模式，正在加速改变新生代消费者的购买习惯。但茶叶是一个需要直观线下体验的情感消费。直播带货的神话屡屡上演，大数据、云科技在高速发展，未来的茶城将乘势而上，通过打造便捷、流畅、吸睛的线上展示销售渠道，直观、周到、特色的线下展示、体验门店，线上线下协作配合，变身为直播带货"演播间"，智慧蝶变。与此同时，区块链防伪技术的投入使用，茶城内商户集聚的优势将更加有利于小微商户抱团发展，共同组建诚信联盟，与政府权威部门合作推广产品追溯相关服务，推进诚信茶城建设，从而带动整个产业诚信发展。

（三）服务升级：产品和服务多元化发展

内容为王的时代还未走远，服务为王的时代悄然到来。茶城区位优势明显，但过去更多发挥的只是"物业管理"的作用。随着新生代消费群体的到来，茶城需要适度调整业态和服务，除了传统茶节展示外，还可引入类似茶吧、书吧等年轻、时尚的休闲体验业态，策划组织特色茶饮调制比赛、茶叶文创产品设计大赛等新生代消费群体喜闻乐见的系列活动，打造 IP，吸引眼球。

此外，在夜经济成为衡量一个城市消费水平重要指标的今天，茶城也不应再拘泥于过去传统的运营模式，而是把"茶+旅"作为激活"白+黑"全天候消费的重头戏。白天，完成茶叶展示、交易的传统经营，晚上，引入体验式、娱乐式、互动式、沉浸式的茶艺体验项目，让时尚与传统在茶城里完美碰撞，塑造独特的茶生活品质。

（四）业态拓展：从单一业态向多元业态转型发展

随着全域旅游的大力推行，茶旅融合将成为茶叶主产地今后一种极为重要的发展方向。它将推动茶产业更好地发展，提升品牌知名度和城市综合实力。茶城特别是大型茶城今后的业态将不限于过去单纯的茶叶批发、零售，在全域旅游的大背景下，茶城更加成为一个茶文化的集中展示地，融入茶文化体验景区、景点，茶消费体验、茶叶产品及其衍生产品创意设计空间也将得到拓展，让茶产业全产业链在茶城形成闭环。

B.10
一片树叶与民族地区脱贫致富

——临沧市的实践

李 炎 李 蕊*

摘　要： 临沧市作为云南三大普洱茶产区之一，是云南重要的普洱茶原料
产地。临沧市借助这一优势，着力打造普洱茶产业，把茶产业精
准扶贫作为脱贫攻坚的重要策略，通过不断创新工作机制、延伸
产业链、完善利益链、加大对外交流等方式让贫困群众分享全产
业链增值收益，进一步带动了地方经济的快速发展。本报告通过
阐述临沧市茶产业发展现状，归纳茶产业助力民族地区脱贫致富
的具体措施，并以勐库镇为案例分析其茶产业发展模式，总结出
在巩固拓展脱贫攻坚成果同乡村振兴有效衔接的背景下，临沧市
茶产业未来发展的具体路径，以期促进临沧市茶产业的高质量
发展。

关键词： 茶产业　脱贫攻坚　乡村振兴　临沧市

临沧市坐落于云南省西南部，是世界茶树起源的核心地带。作为
"临沧—普洱—西双版纳"三大茶叶基地之一，它拥有丰富的茶树资源以
及优越的茶产业发展条件。近些年来临沧市以独具特色的山头茶为核心
的小众茶叶为发展对象不断带动茶产业的发展，极力打破以往冰岛、昔

---

* 李炎，云南大学文化发展研究院院长，教授，主要研究方向：文化产业理论与实践，跨文化
研究，中国少数民族艺术；李蕊，云南大学民族学与社会学学院社会学在读博士，主要研究
方向：文化产业与区域社会发展。

归等高端品牌茶"一枝独秀"的发展局面。自 2015 年以来，临沧市加快茶产业发展步伐，走出了一条产业扶贫的创新之路，持续带动民族地区乡村经济的发展。茶产业已成为临沧市脱贫致富的重要驱动力，在临沧市七县一区攻克脱贫攻坚难题、实现脱贫致富的道路上起到了关键性作用。一片叶子的政策促使临沧地区形成了产业多元融合发展、经济水平持续提高、城市品牌不断扩大的良好态势，有效推动了民族地区高质量脱贫致富的进程。

一 临沧市茶产业发展现状

茶叶产业是临沧市传统优势产业之一。为响应云南省政府打造千亿云茶大产业的战略号召，临沧市政府依托云南第一大茶区的优势，利用丰富的茶资源，不断提高茶产品质量，促进茶产业的良性发展。截至 2020 年，临沧市共有茶叶种植面积 167.8 万亩，全市茶叶总产量 14.9 万吨，精制茶产量 8.5 万吨、综合产值 221.3 亿元（其中农业产值 52.65 亿元，工业产值 82.95 亿元，第三产业产值 85.7 亿元）；全市 140 万茶农人均来自茶叶的收入 3760 元，缴纳税收 2536 万元。临沧市各县区大力促进茶产业发展（见表 1），极大地推动了临沧市社会经济的发展。

表 1 临沧市分县区 2020 年茶叶产业发展情况

县区	发展情况
临翔区	一是抓龙头企业;二是抓名茶庄园;三是加快推进"天下茶尊"临沧茶城建设;四是建设绿色有机茶园;五是建设产品质量安全控制体系和追溯体系;六是保护古茶树资源;七是打造"临翔昔归茶"品牌
凤庆县	2020 年全县完成茶叶产量 4 万吨,占计划任务的 100%,实现农业产值 13.34 亿元、产业综合产值 66 亿元,被中国茶叶流通协会评为"2020 年度茶叶百强县"(排名全国第九)。完成全县古茶树资源调查工作,共调查古茶树资源面积 5.83 万亩(其中野生型古茶树资源 4.22 万亩,栽培型古茶树资源 1.61 万亩),完成单株调查 8890 株

续表

县区	发展情况
永德县	2020年末，全县茶园面积24.19万亩（法定入统面积22.08万亩），可采摘茶园面积17.61万亩，实现毛茶产量18131吨，比上年增加1449.3吨；农业产值44247.29万元，比上年增加2165.54万元。生产精制茶12493吨，实现工业产值124529.5万元，全年综合产值达24.55亿元，古茶树挂牌认定1816株。开展中高级茶艺师、评茶员、茶叶采摘以及制茶等职业技能培训24期1199余人次
镇康县	2020年全县新植茶园面积2200亩，共有茶园10.42万亩，采摘面积90504亩，茶叶产量8400吨，总产值9亿元（其中农业产值3亿元、工业产值2.2亿元、第三产业产值3.8亿元）。现有茶叶生产加工企业154户（合作社和小作坊证）
云县	着力抓好有机茶园建设、古茶树保护开发、茶叶初制所规范提升、茶叶市场开拓和种茶毁林专项整治五项重点工作，努力实现茶叶经济平稳健康运行
沧源县	截至2020年12月底，全县共完成毛茶产量9708.18吨，比上年同期增64.78吨，实现茶叶农业总产值24249.20万元，比上年同期增41.1万元，其中CTC红碎茶产量352.99吨，农业产值600.08万元，茶叶产业在促进增效、增收、增绿方面起到了重要作用。全县累计完成有机认证茶园面积1.56万亩（今年新增拱弄村茶园1120.5亩），获得雨林联盟认证2.5万亩（今年新增来龙茶园1万亩）
耿马县	一是完成茶叶产量1.4万吨；二是累计完成茶园基地认证4.71万亩；三是完成全县古茶园认定保护4个，面积4624亩；四是完成申报古茶认定保护挂牌80株，累计达88株；五是完成第一批茶叶市场联合整治工作
双江县	全县累计建成茶园面积28.4万亩，其中可采摘面积19.1万亩，有机茶园面积4.6万亩，百年以上古茶树2.2万亩，万亩茶园茶行政村6个。截至10月30日，全县毛茶总产量1.57万吨，实现茶叶农业总产值10亿元；精制茶总产量0.92万吨，实现茶叶工业总产值14.83亿元；实现茶叶工农业总产值24.83亿元，实现茶农茶叶人均纯收入6154元

资料来源：临沧市政府官方网站。

从整体上看，近些年来临沧市采取扶贫协作机制、动态帮扶工作机制、返贫监测机制、消费扶贫机制、公益扶贫机制、疫情分析应对机制等系列措施助力脱贫攻坚，讲好脱贫攻坚的临沧故事，在中央定点帮扶、沪滇扶贫协作、地方各级结对帮扶的模式下，临沧市实现了"户户清""项项清""账账清"，促进了民族地区高质量跨越式发展。从茶产业方面看，临沧市将茶叶作为民族地区攻克脱贫攻坚难题、实现脱贫致富的重要产业，努力挖掘茶

叶产业的发展潜力。截至 2020 年 7 月，临沧市下辖七县一区中共有 243 个
建档立卡贫困村，涉及茶园面积 16 万亩，贫困人口共计 36 万余人，其中茶
农 12 万人，占贫困人口的 1/3，解决茶农的贫困问题成为临沧市攻克脱贫
攻坚难题的关键之举。为更好发挥茶产业在民族地区增收致富中的重要作
用，临沧市政府制定出茶产业的相关政策，财政每年拨款近 2000 万元用作
茶产业发展辅助金，各相关部门及机构不断提供理论知识及实践技术指导培
训，各地区积极探索"公司+合作社+基地+农户+贫困户""茶叶协会+党支
部+农户+贫困""茶叶大户带贫困户""双社三绑"等创新机制及发展模
式，一方面解决了贫困村茶叶的生产和收购及茶农卖茶难问题，使茶农收益
显著提高；另一方面从全方位、宽领域、多层面促进了茶产业发展，实现了
民族地区的脱贫致富。

二 临沧市普洱茶产业助力脱贫攻坚的经验措施

临沧市利用茶叶产业帮助贫困户脱贫致富、解决生计问题成为攻克脱贫
攻坚难题的重要之举。临沧市大力开展茶叶产业助力脱贫攻坚的活动，充分
利用茶产业这一巨大资产，通过推动龙头企业引路、打造特色化帮扶对子，
创新茶叶产业机制、搭建开放式扶贫平台，加强对外交流合作、拓展多元化
扶贫路径，出台相关政策措施、推动茶产业高位发展等措施不断降低临沧地
区贫困率，在人才、政策、企业、资金等层面全方位助力精准脱贫，写好
"一片茶叶助力民族地区脱贫致富"的新篇章。

（一）推动龙头企业引路，打造特色化帮扶对子

自脱贫攻坚战打响以来，茶产业龙头企业发挥了不可替代的引路、示范
及带动作用，各龙头企业将当地茶农和周边群众的脱贫致富作为主要的社会
责任，通过打造特色化帮扶对子、创新特色化扶贫路径等方式加快了临沧地
区脱贫致富的步伐，在企业自身发展得以实现的同时，调动了老百姓发展茶
产业的积极性，进一步启动了临沧市茶叶产业发展的内生动力。

临沧市天下茶都茶叶集团有限公司（以下简称"天下茶都"）成立于2016年，是一个专门为解决脱贫攻坚问题而成立的茶叶集团。2015年中央发布了《中共中央、国务院关于打赢脱贫攻坚战的决定》，制定出系列精准扶贫、精准脱贫的计划方案。为响应国家号召，助力临沧地区脱贫致富，让更多茶农摆脱生活困境，王朝清创立"天下茶都"，推动茶产业发展，助力近5万人精准脱贫。"天下茶都"自成立以来主要通过校企合作、成立茶叶专业种植合作社、提取扶贫慈善金等方式助力临沧市脱贫致富。从校企合作层面出发，"天下茶都"与华中科技大学联合生产"心手相牵"扶贫茶，得到了华中科技大学校友的热情购买，通过消费扶贫的方法对该系列扶贫茶进行销售，向临翔区扶贫办扶贫专户捐60余万元用于茶农生活的资助补贴。从成立茶叶专业种植合作社层面来看，公司采用"一个公司+基地+合作社+建档立卡（农户）"的模式，将茶农手中的特色茶产品送出大山，惠及24个行政村12842户49192人，其中建档立卡户3951户15698人，贫困户从业占比31%，贫困人员占比32%。从提取慈善金的层面看，"天下茶都"通过从售卖茶叶以及茶旅融合模式下"茶山花海"所产生的盈利收入中提取慈善金回馈茶农以及茶产业从事人员的方式间接推动临沧地区脱贫攻坚，不断推动民族地区脱贫致富。

沧源县碧丽源（云南）茶叶有限公司通过建设有机茶园、成立初制精制加工厂、与茶农建立有机生产合作社等方式为临沧市茶叶产业脱贫攻坚贡献企业力量。从建设茶园的层面看，碧丽源茶叶有限公司建设了芒摆、来隆两个茶园，芒摆茶园管理户共有287户1094人，其中建档立卡贫困户有190户、共741人，占茶园管理户的66.2%、茶园管理人员的67.7%；来隆茶场茶园共有管理户127户、管理人员427人，其中建档立卡贫困户共有34户113人，分别占比27%、26.5%，间接带动384户1254名茶农脱贫。从成立初制精制加工厂层面来看，公司成立了初制、精制加工厂共4个，在导入各项标准、提升茶产品质量的同时招收大量建档立卡户人员到厂上班，初步解决贫困人口就业问题。从与茶农建立有机生产合作社层面来看，公司将茶农的利益放在重要位置，结成"万企帮万村"帮扶对子，通过将村民分散的土地使用权以入股的形式集中到企业，与茶农建立有机生产合作社，使农民节省了地租、茶园管理费、茶园采摘费等费用，并对表现好的茶农进行年终考核奖励，有效增加了农民收入，实现集体增收、企业增效、群众脱贫等目标，推动了临沧市脱贫攻坚的步伐。

（二）创新茶叶产业机制，搭建开放式扶贫平台

为高效推动脱贫攻坚战略的实施，帮助山区贫困茶农实现脱贫，临沧市在近些年来不断创新茶产业发展机制，搭建开放式、多元式扶贫平台。各县区立足于自身资源禀赋，从实际出发，因地制宜制定出"双社三绑""公司+合作社+贫困户茶农"等产业扶贫机制及模式，通过不断搭建扶贫平台帮助贫困茶农增加收入，增强茶叶产业生产积极性，提高生活质量，实现脱贫致富。

永德县是国家贫困县之一，共有4个贫困乡、99个贫困村、27个深度贫困村，建档立卡贫困户14055户，共55396人。近些年来永德县将产业发展作为扶贫的重要策略，不断创新机制促进茶叶产业的发展。永德县通过推行"双社三绑"机制，即乡镇有合作社、村有合作社，龙头企业与合作社绑定发展，合作社与贫困户绑定发展，合作社与电商平台绑定发展，搭建产业增值链和群众利益链"双链接"，创新利益联结机制，构建了群众持续稳定增收脱贫的产业发展支撑体系，形成了"龙头带动型""资产收益型""订单农业型"等多种产业扶贫模式。目前全县共有35户SC茶叶企业与贫困村46个茶业合作社绑定，直接带动建档立卡户1.32万户共5.18万人。同时永德县也采取"企业投资分红"机制，由中远海运集团投资援建茶厂，并按照总投入及市场价的5%分红给村集体[①]，不断促进永德茶产业从业人员脱贫致富。

双江县充分利用其茶叶资源禀赋，将茶叶产业作为助力脱贫致富的重要

---

① 《永德县创新推行"双社""三绑"机制打造多元化产业扶贫模式》，https://www.sohu.com/a/334941947_99961109，最后检索时间：2021年12月11日。

推手。在扶贫茶层面推出"公司+合作社+贫困户茶农"产业机制以及"党支部+合作社+农户"产业机制，结合公益扶贫及消费扶贫等形式，有效带动贫困茶农稳定脱贫。双江县同化村是建档立卡贫困村，茶叶资源丰富但加工能力低，针对这一情况东航在当地建立了"公司+合作社+贫困农户"的帮扶机制，通过资金注入、宣传扶贫茶、将扶贫茶输送到自有供应链等方式促进茶叶产业的良性发展，自脱贫攻坚以来，东航已通过产业扶贫带动贫困茶农 8746 人。同时双江县登界村成立专业茶叶合作社，在 54 户合作社成员中就有 40 户是贫困户，占比 74%。合作社采取"党支部+合作社+农户"的模式，拉动 135 户茶农增产，带动每户茶农增收 1 万元，实现了民族地区一"叶"致富。

（三）加强对外交流合作，拓展多元化扶贫路径

临沧市在茶叶产业助力民族地区脱贫致富的道路上不断拓展多元化的扶贫路径，除了传统的政企合作模式之外，临沧市探索创新其他合作模式，不断提高产教融合度，致力于促进茶叶产业在政府和高校之间的合作，加大对外文化的交流，传播茶文化，树立茶品牌，为茶叶产业助力攻克临沧地区脱贫攻坚难题奠定了坚实的基础。

从产教融合层面来讲，临沧云苔茶叶项目是茶产业与中职教育产教融合的经典案例。临沧云苔茶叶项目是临沧市教育体育局、双江县教育局与广州市信息工程职业学校共同在脱贫攻坚背景下打造的产教融合项目。该项目的开展主要集中体现在两个层面：一是校级领导及专家教授对临沧地区茶叶产业进行针对性领导，职校通过走访临沧地区建档立卡学生家庭，了解其在茶产业领域的思想及行为动态，对家庭中实际存在的问题进行专业性指导，提出建设性意见，如加入合作社、加入电商平台等，以促进建档立卡户茶产业从事人员家庭通过茶产业脱贫致富。二是职校招收符合条件的贫困茶农子女到校学习茶产业专业知识。截至 2019 年广州市信息工程职业学校共有云南籍建档立卡户学生 90 余名，职校通过挖掘当地茶文化特色产业，与电子商务、专业技能培训等课程相结合，不断培养出全能茶产业人才，致力于回报

家乡，在运用专业知识实现脱贫致富的同时，促进临沧地区茶叶产业的升级发展。

从政校合作层面上看，临沧市政府、双江县和临翔区政府分别与云南农业大学、云南省高原特色农业产业发展研究院签订了推进茶叶产业发展的战略合作协议，利用云南农业大学的科研力量和科研成果，以建设"大冰岛、大昔归"为依托，实施茶工艺创新、古茶树改造等措施，加大对茶企、茶农以及茶叶爱好人员的培训力度，大力培养贫困人口成为技能型人才，全方位合作，推进茶叶产业发展，同时加大与湖南农业大学的合作力度，挂牌成立了"云南省黄建安专家工作站"，着力推进茶叶产业科技创新。近些年来，临沧市政府不断加大与高校合作力度，通过基于高校资源对建档立卡茶户进行教育资源倾斜、借力高校研究技术对临沧地区贫困户进行茶叶产业生产指导、给临沧茶农子女推荐就业等形式助力民族地区实现脱贫致富，带动大批茶叶产业从事人员脱贫，利用茶产业提高临沧地区经济发展水平，茶叶产业的转型升级和快速发展在临沧市脱贫攻坚进程中发挥了不可替代的作用。

（四）出台相关政策措施，推动茶产业高位发展

市委、市政府以及相关部门单位在茶叶产业助力临沧市脱贫致富的进程中扮演着领导性作用。作为领头羊，临沧市政府认真解读茶叶产业上位文件，并结合自身实际起草制定了临沧市相关茶叶产业政策文件，初步构建茶叶产业发展政策框架和领导体系，为茶产业进一步的转型升级发展奠定了良好的政策基础。临沧市聚焦《云南省人民政府关于推动云茶产业绿色发展的意见》《云茶产业发展"八抓"工作推进方案》部署要求，高位推动茶叶产业发展，成立临沧市茶叶产业发展工作领导小组，精准高效解决茶产业在助力脱贫攻坚进程中所遇到的难题。同时临沧市出台了《关于加快推进茶叶产业跨越发展的实施意见》《临沧市推进茶叶产业提质增效促进三产融合发展工作方案》等政策，跨越产业限制，打造多元产业融合路径，助力茶农增加收入、尽早实现脱贫致富。为贯彻落实临沧现场办公会精神，按照省

委、省政府对临沧"打造世界一流茶产业"的定位，起草制定《临沧市打造世界一流茶叶产业实施意见》，为茶叶产业绿色发展提供坚实的组织保障和政策保障。

除了制定实施政策文件、从根本上保障茶产业发展之外，临沧市采取了资金技术投入、招商引资等措施从微观实践层面助力茶农脱贫致富。从资金技术层面出发，永德县自2016年以来至今，共打造了33个茶叶产业扶贫项目，投入茶叶产业扶贫资金总计103778万元，实行农业科技人员挂钩服务包村到户制，基于贫困群众产业发展需求开展技术指导和跟踪服务，加大农业科技培训力度，提高贫困户科技兴农意识和技术运用水平。永德县产业服务中心31名农业技术人员挂钩帮扶88户科技示范户，辐射带动贫困农户1853户。从招商引资层面出发，政府通过招商引资的形式引进相关企业带动困难茶农提高经济收入。南美乡拉祜族人口占全乡人口的71.4%，是典型的少数民族村落，茶叶是南美乡特色产业，但受多重因素影响茶叶资源未得到充分利用。自2016年开始南美乡实行招商引资计划，至今已取得显著成效。以"企业+基地+农户+合作社"的模式成立了"吃住行游购"一体化的南美乡坡脚茶庄园，茶庄园从业人员直接覆盖了坡脚村77户建档立卡贫困户，带动建档立卡户每年人均增收500元以上[①]，填补了村集体经济无来源的空白，大体解决了少数民族经济收入少、贫困户较多的困境。政府招商引资计划的实施增加了贫困户的就业率、提升了茶农种茶制茶水平，强有力推动了民族地区脱贫致富的进程，实现了一片树叶与民族地区脱贫致富的联动。

三　茶产业助力民族地区脱贫致富个案分析
——以勐库镇为例

勐库镇地处双江拉祜族佤族布朗族傣族自治县北部，东与临翔区圈内乡

[①] 《绿色兴农！茶产业成为拉祜族群众增收致富新引擎》，https://mp.weixin.qq.com/s/gifYQ0aG5Rao62ZIe0YSpQ，最后检索时间：2021年12月11日。

相连，南与沙河乡接壤，西与耿马大兴乡交界，北与临翔区南美乡、博尚镇毗邻。境内山多坝少，山区面积占99.55%，坝区面积仅占0.45%，地势西北高、东南低，是勐库大叶茶的故乡，拥有1.2万亩世界上海拔最高、面积最广、密度最大、原始植被保存最完整、抗逆性最强的野生古茶树群落。勐库大叶种茶被称为"云南大叶种茶正宗""云南大叶种茶英豪"。近年来，勐库镇依托当地政府政策优势、地缘优势以及成熟的茶叶精加工技术，大力发展茶产业。勐库不仅有茶叶加工工厂，还有茶叶展示基地，形成了加工—展示—出售的一条龙产业服务。随着交通、水利等基础设施的改善，全镇茶产业不断发展壮大，2020年全镇茶叶面积发展到13万亩，全镇实现茶叶产量8355吨，茶叶收入7.4亿元。截至2021年8月，勐库镇累计建成精制厂46家，一条完整的茶产业生产链逐步形成，并探索出一系列茶产业推动脱贫攻坚的宝贵经验。

（一）探索创新发展模式，推动茶农增收致富

随着云茶产业的整体提升，普洱茶产业快速发展，勐库茶区的冰岛、南迫、地界、坝歪、小户赛、坝糯、糯伍等一个个村寨在短短几年间通过茶叶实现了脱贫致富。位于勐库镇西半山的大户赛村，是全镇古茶树最集中的村落。截至2021年8月，全村初制所已有126家。依托于茶产业，大户赛村实现了从借粮度日到产业富民的转变，人均年收入超过15000元，已于2018年实现整村脱贫，村里种植加工大户年收入可以达到上百万元。当地茶企积极探索创新发展模式，推动脱贫攻坚，丰华茶厂建成了普洱茶发酵车间、压制车间、滇红茶生产线，年产量约20吨，销售额达到700万~800万元。该企业实行"企业+基地+农户"的茶叶产业化经营模式和订单收购带动型模式，与勐库镇8个行政村193户签订基地茶叶原料购销合同，带动776名茶农增收，其中脱贫户13户，共59人。

亥公村于2000年开始推行"公司+基地+协会+农户"的管理模式，按照有机茶（不使用农药、化肥、生长调节剂等物质）标准对茶园进行管理。经过十余年，已全部达到有机茶标准。此外，该村采用云南双江勐库茶叶有

限责任公司和亥公有机茶协会合作的模式，公司与茶农签订合同，通过村协会这一中介，收购茶农种植的有机茶。有机茶的最低收购价格受到该公司的一定保障，茶农每年有 2 万~3 万元的收入，大大提高了茶农的生活水平。有机茶在提高茶农生活质量的同时还减缓了当地的水土流失问题，让土地渐渐恢复了肥力，实现了生态可持续发展、绿色发展，有利于新农村建设和生态保护。

除了创新生产经营模式之外，勐库镇以茶为媒、推进精准扶贫，通过搭建市场连接贫困茶农的"桥梁"，精准构建"消费者+生产企业+建档立卡茶农"的带贫帮贫机制，开展"以茶为媒、精准扶贫——'10·17 牵手号'普洱茶助推脱贫攻坚"的行动。勐库戎氏本着"公益生产，微利经营"的原则，精准扶贫，原料涉及双江县、永德县帮扶的建档立卡户共 19 个行政村、990 户、6521 人，特制三款"10·17 牵手号"普洱茶进行义卖。并将每盒"10·17 牵手号"普洱茶销售后净收益 30 元作为扶贫慈善资金，交由专门部门作为专项资金，助力全省脱贫攻坚。

（二）企业履行社会责任，积极推动脱贫攻坚

企业家在市场经济中扮演着重要角色。改革开放以来，一大批优秀企业家迅速成长，为创造就业岗位、推动经济发展、助力脱贫攻坚做出了重要贡献。在"万企帮万村"精准扶贫行动中，勐库茶叶精制厂负责人赵国娟、王定成夫妇向勐勐镇的那布社区、沙河乡的下吧哈村、勐库镇的那赛村三个村各捐赠 50000 元，对所挂钩的大文乡太平村捐赠 52000 元，捐资总额202000 元。夫妇二人多次深入了解脱贫攻坚情况，积极履行民营企业家扶贫济困的社会责任，为带动其他民营企业积极参与脱贫攻坚树立了典型，发扬了企业家爱心帮扶的精神，营造了企业家关心脱贫攻坚、关爱贫困群众的良好氛围。

打赢脱贫攻坚战是社会各界共同的责任和义务。勐库戎氏积极反哺社会，帮助架设人畜饮水管道、改扩修公路、安装路灯、资助学生，以及为农户购买茶苗、有机底肥、农膜等。公司坚持辅导茶农，为茶农提供种植、管

护、采摘等技术培训，教会茶农用生态的方法种植和管理茶园，有效地带动了双江当地贫困茶农增收。截至 2018 年，公司辐射带动双江县 6 个乡（镇）共 73440 人发展有机茶，茶农人均收入达到 3832 元，并新增就业 3000 人以上，有效带动了双江县贫困茶农增收。特别体现为茶叶专业村的茶农收入显著提高。以勐库镇亥公村大力发展有机茶带动农户为例：全村茶园面积增加 1580 亩，茶叶鲜叶单价翻了三番，茶园亩产值增长 3360 元/年，人均年收入增长 8655 元。勐库戎氏结合自身产业资源优势，帮扶双江县建档立卡"邦读村"涉及建档立卡户 255 户 963 人，年可实现户均增收 18353 元以上，人均增收 4860 元以上，带动永德县勐板村、后山村、户丫村、忙肺村、水城村、白岩村、怕掌村 7 个行政村 2250 户 9000 人，户均增收 8000 元以上，促进双江县、永德县农业结构调整和农民增收，在脱贫攻坚中充分发挥示范带动作用。

（三）成立茶叶合作社，开展专项技能培训

在脱贫攻坚中，茶叶专业合作社成为一支重要力量，有效发挥了其组织化生产、集约化经营、社会化服务等特色功能，推动了农村经济发展。公弄村依靠种植和加工勐库大叶茶，从勉强解决温饱的状态走上脱贫致富的道路。公弄村大寨 2016 年有耕地 4581 亩，农户 510 户共 2016 人，依靠种植勐库大叶种茶，该村 2015 年经济总收入达到 1803 万元，茶叶种植面积 7164 亩，已由十年前的贫困村成为闻名的富裕村。随着勐库大叶茶的名气越来越大，公弄村一些茶农在向外地的经销商提供鲜叶和原料的同时，成立了 10 多个农民茶叶专业合作社和茶叶初制所，其中最大、最具影响力的是五朵茶花农民专业合作社。目前，公弄村每家都种茶叶，茶农仅种植茶叶便达到人均纯收入逾 6000 元，通过"小茶叶"，群众真正走上了脱贫致富道路。

为大力提高贫困人口技能素质，充分发挥技能扶贫在促进贫困人口脱贫工作中的积极作用，切实做到精准发力、精准扶贫，双江自治县人社局在勐库冰岛老树茶厂开展了"茶叶加工工培训班"，共有 40 余名学员参加了茶叶基础知识、茶叶加工基础知识、茶叶选择与保管、茶叶品质鉴定等科目的

培训。通过开展"茶叶加工工培训班",贫困人口专项技能得到提升,就业渠道逐渐拓宽,壮大了以茶叶为主的传统产业,促进了全县茶业产业发展规划的宣传,推动了"224"工程脱贫攻坚战略的实施。

四 临沧市茶叶产业未来发展路径

2020年为打赢脱贫攻坚战的收官之年,茶叶产业在临沧市实现2020年全面脱贫的进程中显现了巨大的发展潜力,在带动贫困户脱贫致富、促进多元产业融合、打造城市文化旅游品牌等层面发挥了举足轻重的作用。在巩固拓展脱贫攻坚成果同乡村振兴有效衔接的社会背景之下,未来临沧市茶叶产业如何发展,采用怎样的发展模式及发展路径成为当下临沧地区值得关注的重点问题。为进一步加大茶叶产业对临沧地区的影响度,利用茶叶这一天然资源禀赋,实现社会效益与人文效益相统一,临沧市在未来茶叶产业发展中应强化乡村人才振兴战略,推动茶旅产业融合发展,把握"互联网+"机遇,不断提高茶叶品牌价值,以此才能增强茶叶产品竞争力,助推茶产业转型升级,促进茶产业持续发展,培育产业发展新业态及乡村经济新功能。

(一)实施乡村人才振兴,助推茶产业转型升级

在巩固拓展脱贫攻坚成果同乡村振兴有效衔接的背景之下,想要保持茶叶产业发展的良好态势,促进产业转型升级发展,以此带来更大的社会经济效益,就要重视人才的培养,努力发挥人的主体作用。临沧市在未来茶叶产业发展的进程中应更加重视乡村振兴专业人才的培养和引进,通过对内培养"本土人才"和对外引进"专业贤士"两种模式来增强临沧市茶叶产业发展的内生动力和外生动力,不断推动茶叶产业的可持续发展。在对内培养"本土人才"方面,临沧市可利用茶农人口众多这一人口红利,着力培养一批茶叶产业发展能人。聚焦茶产业技能人才培养,创新本土茶产业技能人才培育机制,实施乡村人才振兴行动计划,抓实"千人培训",大力开展茶叶

加工、生态茶园管护和茶艺师等相关工种的技能培训，同时应不断扩大培训范围，实现从单一的茶叶产业从事人员的培训到"茶旅、产教融合新青年"以及社会茶文化爱好者的培训。在对外引进"专业贤士"方面，临沧市未来发展中应强化政府在人才引进方面的作用，制定相关政策措施、实施资金制度倾斜以吸引大量理论人才、生产人才、技术人才、管理人才、销售人才以及宣传人才等"知识型"人才和"实践型"人才，不断招纳贤士，提高临沧市茶叶产业的发展水平。在吸引茶产业乡村振兴人才之后也需出台相关政策或实施具体措施来减少人才流失现象，为各类专业人才提供切实的保障，促进临沧茶叶产业的进一步转型升级发展。

（二）推动茶旅产业融合，培育乡村经济新功能

乡村产业融合是促进乡村经济发展的重要途径之一。临沧市拥有较好的茶叶产业资源，茶园数量多、面积广，截至 2020 年共有茶园 167.8 万亩，形成了民族地区独特的茶园风光，为茶叶产业和旅游产业的融合发展奠定了坚实的基础。茶旅融合模式的出现对临沧市的发展发挥了重要促进作用，茶产业为旅游业提供资源，旅游业为茶产业打响品牌，二者的深度融合为乡村旅游提供了新动力，培育了乡村经济的新动能。近些年来，临沧市也在逐渐探索和尝试茶旅融合的新路径，但所涉及的深度以及取得的成效仍有较大提升的空间。在培育乡村振兴新的经济增长点时应更加注重对茶旅产业的发展和扶持，临沧市不应局限于传统的游客到茶园景区参观的融合模式，更应该通过理念融合、市场融合、产业融合、业态融合等五个层面[①]对茶旅融合进行深度剖析，形成以茶产品为核心、以体验为核心、以活动为核心的茶旅融合模式，在不断完善餐饮、主题酒店文旅基础设施、联动周边旅游资源的基础上，将体育、音乐、舞蹈、摄影等元素融入茶园，拓展"茶文化+商贸城""茶文化+文创产品""茶文化+休闲度假""茶文化+文化展示""茶文

---

① 《"茶旅融合"有哪些基本模式》，https://www.puercn.com/news/99277/，最后检索时间：2021 年 12 月 11 日。

化+研学教育""茶文化+节庆活动"等形式，打造集文化、旅游、康养、科技等于一体的文化旅游路线，为乡村经济的发展贡献新的增长点，培育乡村经济新功能。

（三）提升茶叶品牌价值，增强茶叶产品竞争力

茶叶品牌是企业重要的无形资产，代表着企业的形象和产品的档次。提升临沧茶叶的品牌价值，有利于提高临沧茶叶品牌的市场竞争力，带动临沧茶产业的整体提升，推进临沧乡村振兴战略的实施。目前，临沧市打造了"天下茶尊"和"红茶之都"两个公用品牌，但两者的知名度较低，影响力不足。临沧市茶产业在巩固拓展脱贫攻坚成果同乡村振兴有效衔接的过程中需要打造特色品牌，加强品牌管理，加大品牌宣传力度。一是打造特色品牌。临沧市有23个少数民族，每个民族的文化独具特色。临沧茶企可以充分利用这一优势，通过融入少数民族文化，打造特色茶叶品牌，在传播少数民族文化的过程中宣传茶叶产品，提升茶叶的知名度。二是加强品牌管理。临沧市应加强茶产业的品牌管理，成立专门的茶叶品牌管理部门，通过"公用品牌+企业品牌"模式，构建临沧企业品牌体系，提升临沧茶品牌竞争力。三是加大品牌宣传力度。茶叶品牌体现了产品质量和文化内涵，临沧市要明确茶叶品牌的定位，加大"天下茶尊""红茶之都"等城市品牌及产业品牌宣传推广力度，展示产品的品质特色和品牌形象，突出品牌个性化，鼓励茶企开展差异化营销，充分挖掘名山、古树、茶文化等优质的品牌资源。开展临沧茶、凤庆红茶、双江冰岛茶、临翔昔归茶、云县白莺山茶、永德忙肺茶、沧源怕拍茶、镇康马鞍山茶、耿马蒸酶茶、经典58等产区品牌、品类品牌的地理标志产品保护、地理标志证明商标申报、注册、管理使用工作。争创中国驰名商标、云南省著名商标、云南省名牌产品。

（四）把握"互联网+"机遇，培育产业发展新业态

互联网在对传统产业产生冲击的同时，也为其发展带来巨大机遇。在信息时代下，"互联网+"的本质和核心是传统产业的在线化、数据化，该模

式能够推动传统行业转型升级，创造新的发展机会，是顺应时代发展的正确方向。对于茶产业而言，互联网改变了其组织方式、产业链条和竞争格局，衍生出众多商业模式，是乡村经济发展的新动能，也是巩固拓展脱贫攻坚成果同乡村振兴有效衔接的重要抓手。在这样的背景下，临沧茶产业要把握"互联网+"机遇，培育新业态，推动茶产业高质量发展。一是要改变传统思维方式。"互联网+"重塑了产业发展思路，临沧茶产业要及时更新观念，紧跟时代趋势。从以生产企业为主导转变为以消费者为主导，通过收集数据、分析数据，从用户角度出发，精准把握消费者的分众化、多样化需求。二是改变传统营销模式。当前网络电商平台迅速发展，通过构建"实体+电商""直播带货"等销售模式，运用情怀营销、话题营销和互动营销等方式可以催生粉丝经济，有效降低投入成本、扩大消费群体、拓展销售范围，带动乡村振兴。三是改变传统传播渠道。在社交媒体时代，信息传播能够快速突破时空限制，临沧茶产业要依托微信、微博、短视频等互联网媒体，及时更新茶叶发展动态，展示茶叶种植生产流程，进行品牌宣传，积极与受众互动，通过精准化传播吸引更多的消费者。

B.11
普洱茶初制和精制工艺现状及发展

——初制篇

高林瑞 贾 鳗 陈丹丹*

摘 要: 初制和精制是普洱茶产品形成的两个重要环节,而前者又是形成过程中最基础也是最关键的一环,决定着后续产品加工品质的好坏。随着科学技术的发展,毛茶初制逐渐走向机械化规模化。本报告在普洱茶初制工艺流程演变的基础上,介绍了采摘茶树鲜叶—摊晾—杀青—揉捻—解块—渥黄—晒干等现代初制工艺的七个步骤,提出杀青、揉捻、晒干、晾干等工艺对普洱茶品质具有重要影响。在市场推动下,毛茶初制形成手工炒茶和机械炒茶两大趋势,同时原料参差不齐的现象也存在。未来,政府需加强规范及监管,提升初加工毛茶规范化及标准化水平,助力云茶产业做大做强。

关键词: 普洱茶 初制 工艺流程 加工设备

普洱茶是云南历史传统名茶。到现在我们还很难定论普洱茶最早产于何时,这是因为其诞生于蛮夷之地,许多土著少数民族没有文字。不过,从云

---

* 高林瑞,茶学硕士,制茶正高级工程师,中国生物发酵协会标准委员会专家委员,云南省普洱茶发酵工程中心主任,主要研究方向:茶叶加工技艺;贾鳗,微生物硕士,工程师,云南大益微生物公司高级研发师,主要研究方向:发酵食品微生物资源挖掘与开发利用;陈丹丹,化学硕士,工程师,云南大益微生物公司高级研发师,主要研究方向:微生物发酵茶代谢产物研究。

南的基诺族和佤族中关于孔明和茶叶的传说中，我们可以推断出普洱茶的历史一定不会晚于三国时期，其贸易始于唐，闻名于明，兴盛于清。普洱茶的发展是云南少数民族发现和利用当地茶叶资源以及巴蜀和中原地区茶叶加工技术的综合结果。其发展大致可分为"散收无采造法""紧压成型茶阶段""近代人工渥堆发酵茶阶段"三个阶段。普洱茶按照加工过程可分为"初制"和"精制"两个阶段：我们把茶树鲜叶制成晒青毛茶的过程称为"初制"，把晒青毛茶制成普洱商品茶的过程称为"精制"。

要制成一款好普洱茶，原料、加工工艺都非常重要，二者缺一不可。大叶种茶树鲜叶原料的品质与气候、土壤、海拔等有关，基本属于人力不可控范围，但加工工艺是可以改进完善的。优良的初制工艺决定普洱茶具有很高品质价值，初制完成后，茶叶95%以上的品质基本定型。好的初制工艺不仅可以充分发挥和提升普洱茶的香气、滋味，还能为普洱茶未来向着良好方向的转化奠定基础，实现普洱茶长期存储的价值。

不同产茶区域的茶叶加工工艺各有不同，缺乏整体规范和标准，一个区域的茶叶加工工艺水平在很大程度上影响该区域茶叶的品质、价值。且初制环节大部分是由不同规模的初制所和众多的茶农完成，品质是不确定的，只能对最终成品进行相对平均品控。

云南大叶种晒青毛茶的精制加工是定级归堆、除杂、拼配等工序过程。一般企业采用静电除杂、风选、色选、人工拣剔联用方式除杂，并将静电除杂机、风选机、色选机组建成自动化、一体化的设备线，减少茶叶的破碎率，保证精制茶叶的杂质率。拼配是精制过程中奠定后期普洱茶优良的品质基础的关键工艺。将不同的茶叶原料按不同的特性进行拼合，扬长避短，将最佳品质特点表现出来。毛茶原料种类丰富，熟悉毛茶原料基本特点，熟悉茶叶间的相融性、主辅料的选择，是一项细致而复杂、技术性较强的工作，通过拼配师的领悟才能塑造出更高品质的普洱茶产品。单株、纯料、拼配普洱茶均具有独特的品质特征，可以满足消费者不同的需求。下面就普洱茶的初制谈一点自己的粗浅看法，与大家探讨并希望对大家能有所帮助。

一 初制工艺演变

初制就是鲜叶制作、晒青毛茶的过程。随着历史的推进及经济社会的发展，其工艺在不断演变。

《神农本草经》记载："苦茶一生益州谷山陵道旁，凌冬不死，三月三采干。"晒干或风干已经是在当时生产条件制约下最简单的干燥方式，这也是加工茶叶的最为原始的方法。

唐朝樊绰在《云南志·云南管内物产·卷七》中写道："茶出银生城界诸山，散收无采造法。蒙舍蛮以椒姜桂和烹而饮之。"当时云南的少数民族使用的是比较简单的制茶方法，类似于原始的晒干茶。这种传统的晒青茶技术流传至今。然而，这种看似原始、简单的毛茶制作技术却保证了普洱茶的后续发酵，为普洱茶创造了独特的质量特征，即"越陈越香"。

茶农将刚采摘的茶叶放置于竹席上，并将其摊开在阳光下。在太阳的照射下，叶子慢慢枯萎并改变颜色，茶农们偶尔把它们翻过来，轻轻揉一揉。下雨时，则将鲜叶悬挂在火塘上用火烘干。冲泡用这种方式干燥的茶叶，青草的气味很浓，由于揉捻较轻，味道也很淡，所以后来要在锅中杀青以去除其青草气味，激发出其清香。李拂一在《佛海茶业概况》（勐海县文史资料第一集，1939年）中指出："勐海茶叶制茶，计分初制、再制两次手续。土民及茶农将茶叶采下，入釜炒使凋萎，取出于竹席上反复搓揉成条，晒干或晾干即得，是为初制"。到了现代，机械杀青、揉捻的制茶工艺也随着制茶机械工业的发展而发展起来（见表1）。由此可以看出，晒青茶制作工艺随着时代的变迁而变化。

表1 晒茶工艺流程

时期	工艺			
原始	鲜叶	日晒	轻揉捻/不揉捻	晒干或熏干
近代	鲜叶	多用锅炒	较重揉捻	晒干或晾熏干
现代	鲜叶	多用锅炒	较重揉捻	揉捻叶渥黄 晒干或阳光棚晾干

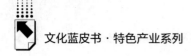

云南是茶的故乡，也是最早进行人工种植和茶消费的地区。在云南，有早期的茶叶种植记录。云南茶叶种植和加工的历史始于我们的祖先将野生茶叶选育、培育成云南大叶种茶。古代云南人在生产和生活中，发现了茶叶的经济、生活和药用的特殊价值。丰富的茶叶种植、茶叶加工、茶叶栽培和茶叶贸易的历史和文化，以及连接世界的古茶道，为今天普洱茶和普洱茶文化的传承和创新发展提供了坚实的基础。①

二　现代初制工艺

茶叶初制一般要经过以下基本工艺过程：采摘茶树鲜叶—摊晾—杀青—揉捻—解块—渥黄—晒干等。

（一）茶树鲜叶

"茶树鲜叶"也称"茶树新梢"，是一个专有名词，特指茶树嫩的芽、叶、梗。我们平时从茶树上采摘的嫩芽、嫩叶、一芽一叶、一芽二叶都被称为"茶树鲜叶"，这也是我们制作毛茶的原料。

鲜叶采摘可采用提手采，"提采法"，可单手或双手采，尽量避免嫩茎损伤，杜绝采用抓或捋等强采手法。可先发先采，后发后采；按标准采，病虫叶不采；紫芽茶应单独采摘，单独堆放。

鲜叶可根据嫩度进行分级堆放，以利于分级加工。若混采不分级，则会给后续加工带来不便，影响毛茶质量，会出现焦叶、红梗等现象。按照芽叶比例及嫩度，鲜叶一般分为特级、一级、三级、五级（见表2）。

表2　鲜叶分级指标

级别	芽叶比例
特级	一芽一叶初展 90%～100%
一级	一芽二叶初展 80%～90%，同等嫩度对夹叶、单片叶占 10%～20%

① GB/T 22111-2008，地理标志产品普洱茶。

级别	芽叶比例
三级	一芽二叶初展70%左右,同等嫩度对夹叶、单片叶占30%左右
五级	一芽二叶初展50%左右,同等嫩度对夹叶、单片叶占50%左右

鲜叶质量的要求:不得含有茶类夹杂物（如:花蕾、茶果）,不得混入非茶类夹杂物（如:非茶种植物叶子）,严禁混入有异味、有毒、有害物质。盛装鲜叶和运输的器具也应该是干净且通风性好的竹篮或篓筐,不能使用布袋、塑料袋等材料,运输工具必须清洁卫生。

鲜叶盛装和运输过程中需要注意:为减少机械对茶叶的损伤,必须轻放、轻翻和禁止压到;为防止贮运污染,严禁同有异味的、有毒的物品混装;避免日晒雨淋。

鲜叶应该立刻被运输到加工点,并且要将不能及时运送的鲜叶进行透气和薄摊。

（二）鲜叶摊晾

鲜叶应按标准划分等级,分级摊放,并要求离地摊放。

摊放厚度:一般特级鲜叶≤8cm,一级鲜叶≤15cm,鲜叶嫩度越低,则适当加大鲜叶摊放厚度。另外,若天气闷热,环境通风较差,则宜薄摊晾。鲜叶摊放时间4小时左右,中间轻翻1~2次,以芽叶舒展,叶质变软,梗可弯曲、易折断,色泽由鲜绿变暗,清香显,表面水分散尽为摊放适度。摊放适度后,应立即杀青。

（三）杀青

杀青方法很多,有锅炒手工杀青,有采用机械方法杀青。随着经济和制茶技术的发展,目前初制所大多采用滚筒杀青锅杀青。杀青时应注意嫩度高或水分含量高的鲜叶,投鲜叶量应适当减少;反之,投鲜叶量适当增加;遵守嫩叶老杀、老的鲜叶嫩杀原则;杀青锅出料口杀青叶的叶温应控制在

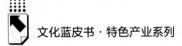
65℃左右。刚出锅的杀青叶，应及时散热（鼓风机鼓风散热）。

杀青过程中，操作人员应时刻注意，若出现杀青不足或过度等问题时，应及时通过调节投鲜叶量或投叶频率以及控制炉灶燃料投放等措施解决。杀青前，一定要清洁杀青机，应清扫干净，去除残留叶片及叶垢。

杀青以叶色由鲜绿变为暗绿或青绿；叶质柔软；梗折而不断；紧握叶子成团，松手缓慢散开，略带黏性；青草气散失，茶香显露；无焦边、红梗红叶；无烟、焦味。

杀青对茶叶品质影响极大，且操作中很容易出现这样那样的问题。就以普遍使用的滚筒杀青机为例，其关键操作基本要领如下：

（1）投料前，预热滚筒。先将炉灶内火烧旺，再启动机器，使锅壁温度均匀。当距投料口约30cm处，滚筒内中心温度约80℃左右或红外线测温仪测锅壁温度220℃左右，或手感很热、滚筒局部开始泛红时，立即投入鲜叶，随着温度上升，投叶量增加。

（2）投叶量及频次。每次投叶量1.0千克左右，投叶频次为每分钟5次左右，当然这只是个参考，要根据不同的设备型号、不同的燃料能源、不同的茶叶嫩度，在具体实践操作中进行调整。在杀青过程中，若出现焦边爆点，可适当增加投叶量与投叶频率；如出现杀青不足，应适当减少投叶量或投叶频率。

（3）防尾焦叶。在鲜叶杀青结束前，约10分钟开始降温，使机器温度随着滚筒内叶量的减少而逐渐降低，防止因叶量减少、滚筒高温而出现滚筒内杀青叶烧焦现象。

（四）揉捻

揉捻一般为手工借助工具揉捻，也有采用机械方法的。现在大多采用揉捻机进行工作，省时省力，品质还稳定。揉捻机设备都有严格的操作规程，应按规程操作。

根据市场需求，揉捻叶可以制成"紧条""中泡条""泡条"。紧条制成的毛茶条索紧细，滋味浓强。泡条制成的毛茶条索泡松，显白毫，一般滋味醇和、耐泡。中泡条松紧适度，口感具有普适性，现在市场毛茶以中泡条居多。采用揉捻机制作紧条应采用轻—重—轻的施压方式，揉捻时间15分钟左右，鲜叶嫩则缩减揉捻时间，鲜叶老则延长揉捻时间。泡条则采用空压方式，用时5分钟左右即可。中泡条则采用轻压方式，用时10分钟左右即可。鲜叶揉捻程度以茶汁外溢、粘手、油润有光泽、手握成团但易抖散为宜。

（五）解块

揉捻叶可以采用手工抖散或采用解块机打散的方式进行。

（六）渥黄

渥黄就是将解块后的揉捻叶通过摊放一段时间，使干茶色泽变暗、汤色变黄的过程。渥黄是受历史条件所限、自然形成的工艺。以前，茶农白天上山采茶，下午或晚上鲜叶锅炒杀青揉捻，第二天将揉捻叶进行晾晒。揉捻叶摊放一个晚上，必然发生失水及部分酶促氧化等物理和化学变化，同时环境微生物也会沉淀附着于茶叶。这就自然形成毛茶加工的一个独特工艺。

当然，随着现代制茶机械的发展及采摘的机械化与规模化、生产效率的提高，好多初制所已经不存在这样一个工艺过程。鲜叶当天杀青，当天揉捻，当天就可以晾晒了。这样的毛茶一般香气会高一些，汤色不会像渥黄毛茶色泽偏黄。当然市场消费者需求是多样化的，不同口感与风味的茶可满足不同消费者需求。

（七）晒干

晒干是普洱茶原料晒青毛茶的独特工艺，也是导致普洱茶越陈越香的关键工艺。该工艺是劳动人民充分利用云南天气特点创制的茶叶干燥方法。

晒茶应首先选择晒场，可以是露天晒场，也可以是阳光大棚晒场，晒场要干净整洁，优选通风良好的地方。阳光大棚应通风良好，避免茶叶出现闷味。茶叶应离地晾晒，严禁将茶叶晾晒在不符合食品加工卫生要求、有毒、有异味的塑料制品和其他制品上。晒场应与周围进行有效隔离，防止家畜、老鼠等进入。

遇到阴雨天，茶叶怎么晒干？阳光大棚可以解决一部分茶叶的晾晒问题。若没有大棚或阳光大棚产能有限怎么办？劳动人民在制茶具体实践中也创制了很多行之有效的方法。一是烟熏干法。特别是一些山区茶农在阴雨天，就将茶叶放在锅灶上方搭建的凉棚上，利用灶火预热去除茶叶部分水分，待天晴再把茶叶拿出去晾晒。这种方法制作的毛茶一般烟味较重。但在珠三角地区，这种"烟味茶"反而受到很多消费者的青睐。二是打微火烘干法。现在很多初制所大多配置有烘干机。

在阴雨天，将揉捻叶进行低温烘制，让茶叶水分适当散失。烘干机每层茶叶应均匀摊开，且各层茶叶量应一致。烘干机风口温度应控制在60℃左右。切记风口温度可以低但不能高，否则会形成烘青茶，造成茶叶酶失活，影响普洱茶的品质形成。这种打微火低温烘茶的方法，只是将茶叶中的水分散失一部分，让茶叶在阴雨天不出现劣变，待天晴仍需将茶叶放在阳光下晒干。

打微火程度以叶质尚软，茶条互不粘连，手握稍能成团略感棘手，松开能散，富有弹性为宜。

毛茶晒干一般要求含水量9%左右，最高不能超过12%，否则茶叶在存放过程中易发霉变质。毛茶晒干的感官特征是手握茶叶有棘手感、梗折即断、茶条易捏碎。

晒干毛茶感官品质基本要求：日晒味明显、无焦煳味、不含茶类和非茶类夹杂物。

三 晒青茶工艺特点及其与普洱茶品质形成的关系

轻杀青、较重揉捻、晒干或阴雨天低温烘制半干的技艺无论是古代还是现代都有。这是因为缓慢酶促氧化及微生物活动是导致普洱茶越陈越香的原因。

杀青工艺是决定普洱茶生命力的关键。杀青不足会导致青味重,杀青过重茶汤会浑。轻杀青,要求均匀且彻底,这么做不仅可以在低热的情况下祛除青草气,还可以保留部分酶的活性;这导致一些叶子的边缘和叶柄变成红色,即"红变"。从而出现花香和清香,同时为出现"黑条"品质特点奠定基础。

不论手工揉捻还是机器揉捻,力度的掌握都至关重要,力度过重容易导致表皮破损,后期冲泡飘絮浑浊。然而,如果过轻,茶叶的细胞壁没有破损,其内部的有效成分无法释出,不易与空气中的氧气及有益菌落接触,阻碍后续的转化。如果揉捻过度会破坏茶叶的细胞壁,茶叶氧化速度会加快,对于普洱茶后期的转化也是不利的。大叶种鲜叶比小叶品种的鲜叶有更发达的海绵组织,在细胞基质和液泡中含有更丰富的营养物质(如茶多酚)。由揉捻所导致的组织破碎及细胞破裂,使茶叶多酚类物质与在叶绿体、线粒体等细胞器中存在的大量多酚氧化酶混合,茶多酚被氧化。而茶多酚的氧化程度是影响毛茶品质形成的关键。此外,茶汁在揉捻过程中被释放出来,黏附在茶叶表面,使得环境中的微生物更容易附着生长。经过 8~10 小时的自然摊晾的渥黄揉捻叶有着茶多酚易氧化及微生物定置富集的优点,具体为:渥黄揉捻叶中的茶多酚发生一定程度的氧化,使茶汤色显黄,同时后者为普洱茶后期自然陈化与渥堆发酵奠定一定的微生物基础。

为避免茶叶酶活性的丧失,一般会采用晒干或晾干的方法。其中低温缓慢干燥的过程,会使茶多酚类物质进一步被氧化为深色的物质,再加上随着茶叶水分的散失,茶叶色素物质含量增加,茶条表层颜色加深,同时在光热作用下,叶绿素被分解,在上述各种生物化学反应的协同作用下,云南晒青毛茶有着"黑条白芽"、叶底黄绿、汤色黄绿、滋味醇厚的独特品质特点。

换句话说,云南晒青毛茶有着不同于其他绿茶的独特初制工艺。[①] 在从茶树鲜叶到晒青毛茶及毛茶后期陈化过程中,茶叶不断与环境进行物质交换

---

① SB/T 10157-2009,茶叶感官审评方法 [S]。

而产生变化，这与普洱茶储存醇化"越陈越香"一脉相承，晒青茶既是普洱茶制作的原材料，更是普洱茶储存醇化的必要条件。①

四 云南大叶种茶品质的物质基础

云南大叶种茶是世界上最原始的茶树品种，茶叶中的有机化合物内含成分丰富，且含量远高于中小叶种，如云南大叶种茶鲜叶中茶多酚含量18%～36%（干重），其中黄烷醇类在茶叶中的含量为12%～24%（干重）。咖啡碱的含量约为4%～5%，还含有2%～4%氨基酸、20%～30%蛋白质、20%～25%糖类、3%左右有机酸、8%左右类脂、1%左右色素等。

茶鲜叶中的多酚类物质是形成普洱茶品质的最重要物质。多酚类物质不仅是茶叶中的重要活性物质，还与茶的汤色、滋味和香气都有密切的关系。在贮藏的过程中滋味苦涩、有较强的刺激性的多酚类物质容易发生自动氧化，形成氧化多酚或茶色素类物质。因此，在加工过程中多酚类物质的变化及其在成品中的含量对普洱茶的品质有着十分深刻的影响。

茶树鲜叶中的糖类化合物，其种类、含量均与品质密切相关，主要包括单糖、寡糖、多糖及少量其他糖类。单糖是不能再被简单水解成更小的糖类的物质，茶叶中的单糖主要为己糖，以葡萄糖、半乳糖、果糖最为常见。双糖是由两个单糖分子组成的糖类化合物，蔗糖是茶叶中主要的双糖，加工过程中会形成少量麦芽糖。多糖类物质是能水解成多个单糖分子或其衍生物的糖类物质。它是由20个单糖到上万个单糖分子缩合、脱水而成的大分子化合物。主要有纤维素、半纤维素、淀粉和果胶物质等。叶片生长阶段不同，合成糖的种类不同，幼嫩茶梢中主要为单糖和蔗糖，成熟叶片中除了单糖和蔗糖外积累大量多糖。鲜叶中粗纤维含量可以反映茶叶的老嫩程度。鲜叶加工过程中，果胶水解为水溶性果胶素、半乳糖、阿拉伯糖等，这些物质均参

---

① 杨方慧、杨毅坚、张艳梅等：《大叶种茶功能成分研究及提取开发现状》，《安徽农业科学》2018年第11期。

与构成茶汤的滋味品质。此外果胶具有黏性，与茶汤的黏稠度、条索紧结度和外观油润度有关。

普洱茶在初制过程中风味和品质的形成，主要基于把原为刺激性、收敛性的物质部分转化为醇和的物质的呈味物质的氧化降解以及部分聚合作用，从而形成普洱茶特有的滋味。生物碱类物质主要影响茶汤的苦味，咖啡碱、可可碱和茶碱在初制过程中的变化不大。

氨基酸的种类及含量也会影响普洱茶品质，它与多酚类物质的结合能够为茶汤的滋味品质锦上添花。

茶叶的不同香气是由茶叶中不同类型的芳香物质决定的。茶鲜叶中的芳香物质的含量为 0.005% ~ 0.03%。加工后的芳香物质，在含量和种类上都发生了极大变化。芳香物质的种类是影响茶叶香型的直接因素，香气由果实型转为清香型，再转为脂肪型，而且香气持续性增强。

鲜叶经过摊晾、杀青、揉捻、解块、晒干等工艺加工，会形成多种物质成分，其对普洱茶的品质特点有重要的影响。

五　初制工艺趋势

随着近几年山头茶、古树茶的快速兴起与发展，再加上互联网电商在农村的普及与推广，少量、特色、高附加值毛茶市场逐渐形成，并具有一定的规模。同时，具有一定规模和加工能力的初制所也雨后春笋般出现，形成了较大的规模，毛茶规模化加工能力在不断提升。毛茶初制也随着市场变化逐渐形成两个趋势与方向。一是手工炒茶，强调制茶师的个人技艺，强调茶的特色与个性。二是机械炒茶，强调操作规范化、产品标准化，生产能力及规模较大，一般是工厂化运作与管理。工厂设备也从工段单机操作，逐渐走向不同工段设备联装成线，有的甚至实现初制整个过程机械化、自动化。

《2020 年度云南省茶产业发展报告》中显示全省干毛茶产量为 46.6 万吨，比上年增加 3.5 万吨，增长 8.1%。比 2015 年增加 10.6 万吨，2015 ~

2020年年均增长5.1%。全省成品茶35.7万吨，精制率达到76.7%，较2015年增长3.1%，年均增速3.7%。

初制是普洱茶生产加工的最基本环节，决定着后续产品加工品质的好坏，在创新层面初制加工工艺及相应设备的创新研发专利检索如下：CN201810607455.8，一种茶叶鲜叶的采摘方法；CN201711073191.4，一种茶叶晾青除杂筒；CN201720322728.5，一种茶叶杀青机；CN202111039011.7，一种茶叶捻揉装置及茶叶加工方法；CN201620828891.4，茶叶杀青、输送装置；CN201621275270.4，一种茶叶炒茶机；CN201620635074.7，一种振动式炒茶收茶简易装置；CN201420349721.9，一种茶叶切梗机；CN201320446620.9，一种双刀片旋切式茶叶叶梗分离机；CN201720322786.8，一种茶叶梗叶分离机；CN201720322779.8，一种茶叶切碎机；CN201410308437.1，一种茶叶自动化生产线；CN201720322780.0，一种茶叶冷却风选机。从采摘工艺到杀青、揉捻、干燥等工序不断提升。

在政府对行业监管的层面，近年来随着普洱茶市场的兴盛，政府加大了针对普洱茶的科普宣传及规范生产力度。《云南省人民政府关于推动云茶产业绿色发展的意见》中明确要求制定《云南省茶叶初制所建设规范》，规范茶叶初制的原料采收、加工工艺、操作规程等，并按照《GB14881食品安全国家标准　食品生产通用卫生规范》①来规范茶叶初制所环境卫生和生产条件，来确保初制产品质量。云南省农业农村厅和省市场监督管理局联合印发的《云南省全面规范茶叶初制所建设行动方案》正式将全省茶叶初制所纳入国家食品安全监管体系，这标志着正式启动云南省全面规范茶叶初制所的建设行动，为云茶产业做大做强、绿色发展奠定坚实基础。据了解，初制茶厂的基本技术条件包括环境、车间、设备、卫生等，这些对茶叶感官品质和茶鲜叶原料价值的形成起着关键性作用。

云南省内茶叶初制所主要包括企业自建初制茶所、茶园自建初制茶所、私人自营初制茶所3种类型。大多在鲜叶采摘期间使用，制茶人员多属兼

---

① GB 14881-2013，食品生产通用卫生规范［S］。

职，生产场所和设备卫生在不是生产时间的时候大多处于无法控制的状态，无法保持规范。尤其在初制茶过程中存在微生物超标、灰尘过大、色泽异常、夹杂物多、汤色浑浊等常见问题。

此外，工艺方面，要抛弃绿茶思维，研究普洱茶可以越陈越香的工艺制程。并且不要一味追求纯手工工艺，技术过硬的手工制茶师傅会比机器制作品质更优，但机器制作更能保障大批量生产制作品质的稳定性。

重视食品安全问题，严格遵守工艺标准、设备标准、卫生控制标准。确保在茶叶的初制环节严格管控人、机、料、法、环，受控的过程决定了产品的品质。

六　展望

初加工是普洱茶产品形成过程中最基础也是最关键的一环，普洱茶具有"越陈越香"的特点，好的初加工工艺下形成的晒青毛茶原料为后续陈化过程中物质转化奠定了良好的内含成分基础。随着科学技术的发展，初加工机械化程度逐渐提升，但不同初制所制茶经验有差异，其初加工毛茶原料质量存在参差不齐的现象。政府对初加工过程的监管及规范，将有力提升初加工毛茶规范化及标准化水平，助力云茶产业品牌做大做强。

B.12

以茶促器：建水紫陶产业发展报告

张黎明*

摘　要： 建水紫陶是中国"四大名陶"之一，在云南市场兴起普洱茶
热、茶文化消费热潮后，建水紫陶产业由危转机、步入黄金发
展期。陶茶一体、适应茶文化市场需求的生产、经营理念，引
发了紫陶生产技艺革新、带动紫陶生产品牌作坊与小微企业成
长，产业发展促进了集生产、生态、文化旅游、休闲体验于一
体的"一核三区"格局形成，紫陶产业成了稳岗、稳就业、
保民生、实践文旅融合发展的产业，在多业态融合发展中彰显
城市品质。挖掘、利用好本地资源特色，在产品、产业、市场
上展现竞争优势；增强产业本身适应性、市场开拓能力，走好
差异化竞争、不断创新之路；实践好"一带一路"倡议，让
建水紫陶走向世界市场、建水成为世界陶都，是建水未来发展
方向。

关键词： 茶文化　紫陶产业　普洱茶产业

　　云南建水的陶器制作，可追溯到新石器时代。在建水燕子洞发现的
3500多年前古人穴居遗址中就有陶片七件。建水北麓上坡的碗窑村已有数
百年制陶生产历史，有"宋有青瓷、元有青花、明有粗陶、清有紫陶"之
说，又有中国"四大名陶"之美誉。近年来，建水紫陶在普洱茶、茶文化

* 张黎明，红河学院民族研究院，博士、副教授，主要研究方向：民族文化产业研究。

消费带动下，市场走向利好，传统制陶技艺得以传承、革新，产品走向全球，紫陶产业成为支撑当地特色建设、发展的文化经济力量。紫陶产业发展，让村落周边生态环境得到改善，系列陶文化景观得以建成，国家文化产业示范园区建设取得明显成效，推动着当地走上陶茶一体、陶文化与旅游业相融合的振兴之路。

一　茶文化助力紫陶生产迎来转机

茶器一体、茶器共生、相濡以沫，茶道不能剥离茶器的传统古已有之。陆羽《茶经》云："但城邑之中，王公之门，二十四器阙一，则茶废矣。"[①]《饮流斋说瓷》又云："陆羽品茶，青碗为上，东坡吟诗，青碗浮香。"[②] 陶作为品茗之器具，历来为喜好茶道雅士所青睐，宜兴紫砂、钦州坭兴陶皆为历史上有名茶器。偏居云南的建水，明代以后也生产粗陶，清末有紫陶，新中国成立后建有专门生产汽锅、粗陶制品的工艺美术陶厂。20 世纪 90 年代末期，因建水紫陶供需脱节、技术、技艺难以传承革新等原因，工艺美术陶厂被迫关停，紫陶生产和市场陷入危机。

2000 年以后的云南市场兴起普洱茶热，各地兴建茶城、茶室，举办茶博会，茶文化市场逐渐兴盛；与茶文化需求相匹配的，恰是装饰精美、讲究艺术美感、泡茶效果良好、观赏效果更好的茶具。然建水紫陶所内蕴的艺术性，早已消失在长期流水作业、批量化生产粗陶制品历史中，所具有的审美价值长期被遮蔽。挖掘建水紫陶艺术性、重新发现紫陶之美，满足茶文化需求，成了建水紫陶的救命稻草。2000 年以后，逐渐有原工艺美术陶厂职工离职，在碗窑村成立自家作坊，专做"残帖"技法装饰的细陶产品。"残帖"装饰的花器、茶壶讲究书画美感、器物造型，有别于厂里粗陶制品。其实，村中流传的"残帖"装饰技艺已百年有余，越书画之藩篱。据传，

---

① （唐）陆羽：《茶经》，中华书局，2010，第 188 页。
② 许之衡：《饮流斋说瓷》，中华书局，2012，第 19 页。

画工王定一苦思陶器装饰之法，忽看到自己扔于地上的书画草稿，遂有了灵感。将书法两三块、绘画两三块装饰于陶坯，而有"断简残篇"的"残帖"装饰工艺。民国《建水县志稿》记载："（王定一）生平精竭思沉，潜于镌石制陶。每作一印章必聚精会神期于美善，而讨论刀法无微不至，以泥入窑烧成磨之不坏，是其手创，有印集两卷，石刻十之一二；陶印则十之七八，好作'断简残篇'是翻卷残破之势，摹篆颖隶，真草于其上，无不逼肖，所谓补衮图也，初作小品，扇面人争宝之，后乃专施于陶器，遂相沿成风。"然而，将文人书画艺术移植到陶坯上，以"残帖"装饰，"阴刻阳填"的工艺传统，却长期被忽视。此时，传统工艺启发下制作的茶具，吸引了昆明等地茶商眼球，他们多托熟人到村中购买茶具，制作细陶作坊也从最初一两家逐步增加到二十余家。2004 年，普洱茶博会上，徐荣洪带去了"残贴"装饰的茶壶参展，受到消费者喜爱，至此"阴刻阳填、书画装饰、无釉磨光"的建水紫陶茶壶、茶具为更多商家知晓，陶器找到了对口销路。"陶茶一体"、利用传统技艺优势制作茶壶、紧随茶文化市场需求，在村中被更多作坊接受。承载着建水紫陶技艺精髓的"残帖"茶具重启了市场，为紫陶技艺传承与生产赢得机遇，建水紫陶发展步入黄金期。

二 茶文化消费成就建水紫陶产业发展

茶文化市场的开启，陶茶一体发展之路的探寻，让建水紫陶实现了从粗陶制品向艺术产品、文化产品的漂亮转身，传统手工技艺得以不断传承、革新，产品展现出新的美学特质，实现了在现代茶文化市场中的创造。建水紫陶产业良好的发展态势，让碗窑村艺人始终表现着民艺具有的活力，不仅成就了陶器美学与经济，更重塑了生产、生活的家园。

（一）茶文化消费引发紫陶生产技艺革新

品茗也是茶具鉴赏、把玩过程，汤色、触感都通过器物来传达。紫陶生产户为追求更佳视觉美感、色泽与装饰效果，除采用多次填泥等技艺外，始终在烧制方法上煞费苦心。坊间流传"三分人工，七分天意"，讲的就是烧制很关键。各个时期烧陶方法不一，"龙窑"是传统烧制方法之一，龙窑依山势而建，呈竖卧状，由低向高筑台，火门在下，门面上圆下方。① 经过干燥后的陶坯，装入匣钵，入窑烧制，谚曰："千度成陶"。② 窑火需恰到好处，有"过火则老、老不美观，欠火则稚、稚沙土气"之说。由于陶泥中矿物含量不同，高温下陶器会呈现意外颜色和形态，称为"窑变"。"龙窑"烧制因火的温度难以控制，产品成品率极低，十件陶坯只有三件成品，可能会出现出窑即亏本现象。2003年，徐荣洪率先引进气窑烧制技艺，解决了器型易变形、成品率低等问题。③ 之后又有艺人发明有氧烧、柴烧、素烧等方法，烧制方法不同让陶制产品外观色系更丰富、视觉美感多样。"浪鬼柴烧"曾在村中传为美谈，引来不少效仿者，柴烧产品价位也长期居高不下。④ 2020年"复烧"出现，色泽更润、突出肌肤感，复烧的茶壶价格，多是普通茶壶两倍。"卖的就是色泽、手感"成了"复烧"茶壶推销词。烧制技术的进步与多种方法的摸索，让陶器产品色泽与器型样式走向多样。

多元的茶具需求，激励着紫陶艺人始终注重陶器图案样式设计、装饰技法的应用，谋求多种品类的生产。陶器装饰技法或来自地域文化的启示，或源于外地产品的习得。建水古城中的建筑样式、风景名胜被移植到陶坯之上，成为新的装饰题材。在图案美感、创意的追求中，一些新的装饰技法由此产生。向进兴在梯田图案设计中，摸索出了"彩填""彩绘"技法，是当

---

① 在新中国成立之前，龙窑的搭建，需要一般作坊五年以上的收入，是普通家庭难以承受的。即使在今天传统龙窑的建造费用也不会低于二十万元。目前，碗窑村的两条龙窑产权都属于私人，仅供参观，不再烧制。建水西庄荒地村龙窑是仍在烧制的唯一一条龙窑。此外，在碗窑村内，还留有鸡罩窑、推板窑等遗址，代表了不同时期的烧制工艺。
② 即烧制陶器的窑火温度需达到1000摄氏度以上。
③ 使用液化气烧制，不仅大大地提高了成品率，据徐荣洪介绍成品率可在95%左右；而且生态、绿色、环保，村寨已不见户户冒黑烟的情景。这一烧制方式，至今仍是村中普遍采用的方法。气窑投资少则两三万元，多则十余万元，根据大小、烧制多少而定。
④ 有艺人对"柴烧"持批评态度，认为过于浪费木材，不符合生态环保理念。笔者在村中调查时仅看到一家专门做柴烧产品的作坊。此外，消费者对于"柴烧"产品的真假也难以辨别。

地"彩绘第一人",所制梯田瓶图案逼真、光泽度更高,售价也多在数千元、万元以上。茶具的创意就是要抓住泥性、造型、图案、想象力和灵感进而形成新产品样式、新价值。碗窑村中陶器样式、造型、图案的丰富,已超越历史上任何一个时期。从装饰手法看,坯身装饰,突破了"残帖"限制,出现了浮雕、微雕、彩填、彩绘、描金、镂空等装饰手法。多种制作手法激励了新品类生产,陶制茶盘、茶碗、水缸、西施、石瓢、龙胆各种造型的茶壶等系列产品都是新品类。哈尼茶罐、梯田装饰的茶缸,即由哈尼梯田申遗热而有的时尚产品,也具有建水紫陶适宜存储的特点。今天的建水紫陶器具,其工艺细腻程度犹如瓷器,作坊容不得自己的产品有丁点瑕疵,改变了人们对陶的印象。

(二)茶文化消费带动品牌作坊与企业成长

茶文化需求市场及其个性化产品追逐,是激励陶文化产品生产、产业发展的诱因,在陶文化产业成长中,碗窑村涌现出少量品牌作坊。[①] 陶茶居、若闲草堂、绍康陶艺、仁烨堂等属于国内知名品牌作坊,德顺阁、知凡陶艺、启正陶艺等也是省内有名作坊。品牌作坊的装饰工艺、器型设计、市场前景都优于其他。手工、书画装饰、刻填,有别于注浆、模型,是陶器品牌首要内涵,体现着人手创意、手艺创造的崇高。人们对民艺、手工品牌的选择多根据人手劳作、技艺高低、传承人知名度、社会影响力等作出判断。消费者从陶坯印章、装饰出自何人之手做品牌识别。手工、有艺术美感的产品多为茶人喜爱,这也成了建水紫陶品牌作坊所坚守的不变信念。品牌关键在品质,品牌作坊都有体现自家文化个性的标识,积极使用建水紫陶品牌商标、地理标志,同时,能借助"百花杯""金凤凰杯""南博会"等高端平台,强化自家品牌产品展示,释放品牌效应,推动建水紫陶产业从数量扩张型向质量效益型转变。

---

① 20世纪80年代工艺美术陶厂的名牌产品"狮头牌"汽锅,一度创造了出口神话。汽锅生产为建水陶带来了一定知名度。随着工艺美术陶厂关闭,名牌产品汽锅也渐失了市场。

茶文化消费下，建水紫陶生产出现了新型陶器生产组织，并产生了一定聚集效应。家庭、小微企业、非营利性博物馆、协会等生产组织出现。盈利增加、普洱茶市场带来的利好是制陶业从业人员逐年增加、生产组织发生变化、产生集聚效应的重要原因。制陶从业者从最初不足百人剧增到现在近四万人，村内人、村外人都希望在这一行业中淘金。紫陶生产历史、茶文化消费无形中强化着碗窑村及周边的产业集聚功能，并转化为这片区域的商业优势。"哪里的地理集中占优势，哪里的地方社会凝聚的基础就会被加强，有特色的商业文化与产业共同体就容易出现"。①2015 年后，陶器市场的高回报率吸引了从业人员增加（见表1），数十家小微企业在碗窑村及其周边出现，商业街区、陶文化氛围更浓。小微企业以合资入股方式组建，小批量生产细陶产品。做订单、资本技术相对雄厚、不少于 20 人的劳动力、市场适应力和开拓力相对较强是其重要特点。一、二线城市的销售商、代理商多和小微企业有联系。小企业的兴办者不仅有本地人，也有原先不从事制陶者、外地人来投资办企业。鸿运陶艺就是景德镇人来创办的家族企业，多用外地工人在此生产，碗窑村中、紫陶街均有店铺零售。陶园三杰则经历了多人入股合资筹建到以个体经营为主的转变。2015 年，谢恒组建了云南合纵紫陶产业有限公司，旨在"资源整合、优势互补、互惠互助、合力打造建水紫陶产业航母"，并以连锁店方式在全国各地经营。仁烨堂也是近年涌现的实力较强的小微企业，在技艺、产量、品牌影响方面有明显优势。小微企业能创造更高产值、利润，是紫陶产业发展支柱，提升了紫陶产品知名度（见表2）。绍康陶艺、陶茶居、陶园三杰、仁烨堂，经过十余年发展，已是省内陶业界知名小微企业。同时，这些小微企业也在探索着智慧紫陶的发展道路，在新媒体应用、市场营销方式等方面不断做着新尝试。

---

① 〔美〕艾伦·J. 斯科特：《城市文化经济学》，董树宝等译，中国人民大学出版社，2010，第 25 页。

表1　紫陶产业从业人员情况统计

年份	从业人员（人）	注册商户（户）
2015	10000	498
2016	15000	872
2017	22000	1024
2018	27000	1286
2019	36100	1631
2020	40000	2096

资料来源：笔者根据历年数据整理自绘。

表2　2002～2020年建水紫陶产业产值变化情况

年份	2002	2008	2012	2013	2014	2015	2016	2017	2018	2019	2020
产值	200万元	2000万元	8000万元	2亿元	8亿元	9亿元	11亿元	17.25亿元	24.15亿元	34.06亿元	35.6亿元

资料来源：笔者根据历年数据整理得来。

可以说，建水紫陶产业作为当地特色产业，从产品品类、技术工艺、从业人员、产值创造、市场走向等要素来看，产业发展态势明显优于历史上任何时期。然而，在蓬勃发展的产业背后，也隐藏着产品生产过剩、传统技艺弱化、特色流失、陶器需求市场变幻复杂、竞争激烈等问题。礼物经济曾是碗窑村陶器销路之一，建水陶有作为"国礼"赠送给外宾的荣光，民间百姓有陶器相赠习俗。20世纪80年代流行送汽锅，美术陶兴起后送茶壶、茶具是主流。礼物经济、礼品订单的减少，加之疫情的阴霾，曾一度引起制陶艺人，特别是有大量订单的小微企业恐慌。"看得多、买的少、给不上价、不识货"，都是近两年多数作坊面临的销售窘境。产业竞争优势不足、可持续发展缺乏突破点、与高技术难以达成新产品研发共识，加之同质化竞争激烈、替代产品增多等，都束缚着紫陶产业实现质的跨越。"消费文化中的趋势就是将文化推至社会生活的中心"，[1] 碗窑村陶器如何走向当地人生活中

---

① 〔英〕迈克·费瑟斯通：《消费文化与后现代主义》，刘精明译，译林出版社，2000，第166页。

心、与茶文化深度融合，成为人们日常生活、审美化生活、文化艺术品追求中不可缺失的器物，都将再一次检验艺人创造力与陶艺生命力。文化产业的生产特征是"以'需求的生产'而'非供给的生产'形塑出文化产业新的基本面貌，把'制造消费者'确立为整个文化产业的生产重心和核心功能。这是一个多重因素合力的结果。"[①] 如何凭据自身工艺文化、艺术与智慧化因子，来实现传统技艺与现代技术、现代文化的生产创造，再次迎来传统创新之光，创造新的文化需求、形成时尚潮流，吸引更多消费者，自然也就成为建水紫陶产业本身关切与高质量发展所在。

（三）产业发展促进"一核三区"格局形成

产业发展的渴求，让当地政府及相关有识之士意识到提供优质营销环境，对于产业发展的重要性。2007 年后，从事陶器生产半个世纪之久的工艺美术陶厂关停。工厂废墟再生，遗产活化、再利用，融文化旅游于一体的景观设计思路，启发着村寨设计者不断修正理念，最终呈现了连接广慈湖和碗窑村之间红墙、青瓦、厂房外观的街区。[②] 近百家紫陶店铺，演化为陶文化、乡土手工技艺展示空间。逢春紫陶、马成林、徐荣洪等名师作坊在街区都能看到，漫步街区，享受建水陶带来的视觉盛宴。街区店铺多以仿古、木结构建筑装饰内外，营造复古、陶茶一体的禅意氛围。少量陶器被置于店面门口，与园艺、花卉为一体形成入店一景。对美术陶厂时期的烟囱，燃烧的焰火做了科技化处理。作为烧陶工艺记忆的推板窑洞，被设计为销售零食的店铺，街区成为当地旅游业最兴旺的地方。

原碗窑村下窑荒地上，36.3 亩的四合院落民居——"临窑"崛起，并引领着碗窑村营商环境的提升改造。整个"临窑"设计和村寨融为一体，展现了美丽碗窑、生态碗窑的建设理念。院落之内以陶业生产、展示、销售为核心，建有可烧制、参观的小型龙窑一座，供陶艺大师出售、展示作品的

---

① 陈庆德：《文化经济学》，中国社会科学出版社，2007，第 138 页。
② 整条紫陶街占地约 30 亩，总建筑面积 2.6 万平方米，共 200 多间商铺，另有移动露天摊位 230 多个。

院落十余间。院内精心设计、陈列的陶艺景观，召唤人们去消费、享受陶艺之美。院落之外，园林、水潭和村中绣球河相连，古老的水井、荷塘、寨门、亭台楼榭、广场成为入村之景和村民休闲、举办各种节庆活动的公共空间。2019年碗窑村陶文化艺术节举办的"千人汽锅宴""勐海茶遇上建水陶"等活动都在此举办。

碗窑村上窑，多年建设创意园区，经历一波三折后已于2018年初现雏形。入驻园区的多为资本较雄厚的小微企业或作坊，园区对传统龙窑进行保护，重建碗窑村上窑水系与生态。有的制陶户不仅做陶，还将院落改为民宿或私人紫陶博物馆，将当地"大板井"等风物移植庭院，探索陶艺与民宿、与旅游结合的路子。而园区旁依五色陶土山势而建的五龙湖，利用了碗窑村中上窑空间，从跃进水库引水，有效利用水力、陶土资源，打造了五个水域面积不等的湖面，融植被景观、土山造型、龙潭水系、紫陶街区、广场、百工坊等系列景观于一体。矗立园中的紫陶博物馆，其外观是传统龙窑造型、斜坡式样，体现"龙窑嵌山水"的设计理念。而艺术家罗旭2017年起在五龙湖旁建设蚁工坊，外以蚁穴、烟囱、宝塔为形、内以窑洞为空间，融酒店、制陶生产、交易、居住参观于一体，延展了陶器生产价值链。①这些陶艺景观，融合了城乡发展边界，体现着"产城一体"的发展理念，碗窑村及周边文化生态大为改观、游客如织，形成了以陶文化为主题的，集生态、旅游、文化、休闲体验于一体的核心区。

在县城东部，主要由云南冶金技校临安校区（紫陶实训基地）、羊街农场建水紫陶磨光区、陶园三杰等特色陶文化企业组成的紫陶生产空间已雏形初现；县城南部（陈官村），主要是贝山陶庄、州民族师范学校陶习苑实训基地、特殊学校紫陶实训基地、火宝"梦创空间文化创业园"等从事陶艺研究与生产的企事业单位。县城西部（西庄镇区域），有陶茶居等紫陶特色文化企业入驻，建水紫陶产业发展形成了"一核三区"。紫陶产业蓬勃发

---

① 艺术家罗旭1997年在昆明建有蚁巢、2014年于弥勒东风韵建万花筒艺术景观。罗旭的陶艺在用泥、色彩、图案上都有别于当地陶艺家，具有鲜明的后现代艺术风格，颠覆了传统紫陶审美观。

展，取得明显社会效益，为社会直接提供就业岗位 3 万余个，间接提供工作岗位 5 万余个，是稳岗稳就业、保民生的产业。2020 年，以碗窑村为核心区的建水紫陶文化产业园区，经过多年创建，成功跻身"国家级文化产业示范园区"。

（四）多业态联动彰显城市品质

10 余年来，建水茶业、陶业与古城业态联动发展，悄然影响当地业态与经济，重塑着建水城市形象与人们生活，县域文化品位、城市文化品牌得以凸显。历史上建水也属产茶区，今日云龙山、甸尾等地仍有绿茶出产。城内多水井泉眼，有诗云："龙井红井诸葛井，醴泉源泉溥博泉"。名茶、名泉、名器实属建水重要文化资源。在茶文化消费带动下，原来仅产茶的云龙山，被装点为紫陶元素的茶道空间、游客栖居之所。而在古城临安路西段，集售卖紫陶、茶叶、茶道于一体的私人茶空间难以计数，个体经营的茶空间、所售陶器，不仅展现了个体的美学气质，更美化了街区，让游客驻足其间品茗，把玩茶艺、陶艺。2018 年，紫陶大道上近十尊各种造型的陶艺作品，是景观大道点缀，更是城市记忆与发展的文化资本。2019 年建成的团结广场紧邻临窑街区，竖立于半空中倒水的巨型茶壶，不断从壶中吐出水柱，喷向置于地面的茶杯中，建水紫陶传统四大器型蒜头瓶、博古瓶、美女瓶、直口瓶矗立广场中央。而作为城市符号象征的"汽锅"，热气腾腾矗立于西门外广场，游人在此拍照留念。以紫陶为元素的文化符号，是城市形象展现，更是城市生活空间美化与宜居空间组成，改变着人们对原有城市空间的审美认知。讲究书法、绘画、雕刻的紫陶，始终尝试着与普洱茶文化、古城文化不断融合创新，影响着建水历史文化名城建设内容，形成了紫陶产品与城市品牌共同发展的局面。碗窑村片区、古城，早已搭建起文旅融合发展新空间，而在西庄片区，紫陶发展已嵌入团山古村、双龙桥湿地公园等个碧石沿线村寨中，助推建水新型城镇化发展、全域旅游新格局形成。建水因陶而兴，紫陶因县域发展而旺。2019 年，全县旅游收入 185.22 亿元，建水成为云南旅游新方向，城市知名度明显提升（见表 3）；而游建水，行走碗窑村、紫陶街、带走紫陶都是游客必选项。紫陶产业在与历史文化名城互动、文旅融合发展中相互成就，形成了历史文化名城品牌建设与紫陶产业共同发展新格局。

表3　2016~2020年建水县文化旅游业发展态势

年度	旅游者人次(万人次)	旅游者同比增减(%)	旅游总收入(亿元)	总收入同比增减(%)
2016	626.23	39.5	40.01	47.89
2017	845.69	35.04	72.72	81.73
2018	1047.09	23.81	105.98	45.75
2019	1401.09	33.8	185.22	74.76
2020	977.04	−30.27	104.07	−43.81

注：表中数据由相关部门提供，笔者自己整理。

三　建水紫陶产业未来发展的建议与思考

制陶业属于传统工艺行业，市场、消费群体有别于普通商品，产品竞争已异常激烈。在陶瓷行业、民间工艺领域实现建水陶的崛起，是紫陶产业未来发展着眼点。"能在国际竞争中脱颖而出的产业，通常有各不相同的竞争优势，而且这些优势都集中在特定产品或产业环节上面"。[1]建水紫陶要在竞争中脱颖而出，产业发展再上台阶，需要强化竞争优势，在产品、产业发展中再塑特色，以不断变化的、高品质市场需求为引领，强化产品竞争力，通过多种市场路径、多业态融合发展，实现产业兴旺。

第一，挖掘、利用好本地资源特色，在产品、产业、市场上，不断展现出竞争优势。建水紫陶以天然陶土资源利用、劳动力投入、独特技艺、产品地域文化色彩为优势，依赖于"本土"文化经济元素进入生产与市场。"产业竞争优势的创造与持续应该说是一个本土化的过程。竞争的成功更源自各

---

① 〔美〕迈克尔·波特：《国家竞争优势》，李明轩等译，中信出版社，2012，第9页。

个国家的经济结构、价值、文化、政治体制以及历史的差异"。① 基于碗窑村资源特色、陶业历史、文化艺术内蕴、产业未来面向做出的思考，是陶业振兴、经济再次飞跃的基点。制陶业属于投资不大、进入门槛不高的产业，这决定了陶土资源的合理保护与利用是可持续发展前提。陶土资源的长存性、可持续性、唯一性，是建水紫陶首要的竞争优势。建水陶土资源和宜兴紫砂相比储藏量巨大、能开采利用的时间更长远，这为产业的可持续发展、竞争优势的巩固，提供了首要保障。② 建水当地陶土具有细腻、光滑、色泽多样特性，制作的器物温润如玉。陶土含铁量高，让陶器具有金石气质、声如磬鸣，产品适宜盛放物品、装饰点缀。有谚曰："花瓶装水不发臭、花盆种花不烂根，餐具存肴隔夜不馊。"产品的实用性能、生态保健、存储特性都是陶土资源赋予的竞争优势。然而，这种资源优势、产品优势，在碗窑村作坊、产品介绍中，却少有人去宣传，更遑论将陶土资源再生性价值转化为竞争优势。建水紫陶产业振兴需要在资源特性、资源再利用上下功夫。处理好陶土资源保护与村寨、城市规划发展间的关系，不能随意侵占陶土资源保护区的土地，形成陶土资源保护、利用的长远机制。在产品设计、包装宣传方面突出泥料的环保优越性，依托相关研究机构或手工艺人积极研发融入"大健康"产业的新型产品，将资源优势转化成产品优势，是提升竞争力的路径之一。

第二，增强紫陶产业本身适应性与市场开拓能力，走好差异化竞争、不断创新之路。市场需求是产业发展动力，产品没有市场，产业自然不能兴旺，也唯有在市场竞争中方能确立竞争优势。碗窑村目前的主流产品茶具，适应了茶文化需求。但是，这一市场同质化程度高，已属于竞争红海。碗窑村陶业需要制作新产品，在茶具之外，培育并形成新产品品类，赢得新需

---

① 〔美〕迈克尔·波特：《国家竞争优势》，李明轩等译，中信出版社，2012，第16页。
② 建水县有关部门已对当地陶土资源的分布、储藏量做了勘测，制定了保护条例，规范了生产和开采行为。然而笔者在调查中也听闻，规划建设中的创意园区地层下面储藏着大量优质的陶土资源。这显然和当年的规划、勘测失误有关。同时，近年来随着碗窑村新村、生态湖等项目的建设，笔者为碗窑村周边陶土资源保护担忧。

求、开创蓝海。"学会适应、学会变化"是碗窑村艺人品质，他们曾涉足江外①、越南等地，在这些地域投资生产。工艺美术陶厂濒临倒闭时，也有艺人到版纳建厂生产橡胶碗，且产生了效益。其原因在于学会了适应，适应了当地市场和文化需求，做到了在地化生产。"残帖"装饰走红后，建水陶在省内外市场占有率确实提升，一线城市经销商从无到有，韩国客人也常乘普洱春茶上市之机，到碗窑村带走少量陶壶。这些都是适应了陶文化需求、市场的结果。在省内同类产品中，建水陶工艺和市场优势明显，但市场仍有扩大之机。如在茶树种植较多、茶文化底蕴深厚的临沧、普洱、腾冲等地，应培育更多经销商，确保收购茶叶者能同时带走陶壶。

显然，建水紫陶茶壶、茶具竞争对手，已不再局限于省内，建水陶应与宜兴陶、景德镇瓷器去比拼、抢占市场份额。与宜兴陶相比，建水陶壶在成本上无优势可言，纯粹价格比拼非竞争之途。② 如波特所言："生产成本的优势通常不如产品差异有价值。"③ 产品差异化是建水陶壶竞争优势所在，差异源于传统装饰技法，也来自新创意。然而，非常致命的是碗窑村充斥着不少同质化陶壶，不仅是器型、外观设计相似度高，装饰粗糙，作为竞争资本的"残帖"传统技法，也少有作坊去做，而是追逐短期利益。④ 历史不能忘记，当工艺美术陶厂批量化生产装饰粗糙瓦货时，带来的是产品积压、工厂关门。传统工艺、地域资源禀赋差异化、产品特色化是碗窑村陶器进一步占领市场、赢得竞争优势的关键。"残帖"、彩绘、彩填等传统技法，不应被外来浮雕、镂空所遮蔽、吞噬。传统装饰技法应凸显于器物之上，不因工艺烦琐而被摒弃。民族民间工艺品的价值就在差异化，追求差异未必会增加成本，相反具有更大的交换价值。"卖的是工艺，卖的是文化"，应是制陶

---

① 江外是碗窑村当地人对红河南岸地区，如元阳、红河等县的指称。制陶名家向逢春就曾到元阳为土司做陶。

② 据陈兴文所言，50元钱可以买到宜兴30多件套的一件茶具，但是建水陶根本做不到，建水陶一把茶壶的成本至少百元以上，工艺复杂的还可能更高。

③ 〔美〕迈克尔·波特：《国家竞争优势》，李明轩等译，中信出版社，2012，第46页。

④ 2019年底，笔者走访的几家作坊都出现了不同程度的成本回收困难，有作坊抱怨道，正是某些外来者把村中工艺带坏了。

艺人共识。① 洪壶苑是村中为数不多能制作方壶的作坊，洪师傅在洪家排行老二，属于原工艺美术陶厂职工。洪家壶以方形壶为特色，在村中仅有洪家在销售方形壶，从三面到八面都能制作。每把壶价格不低于两千元。一把有窑变的八面方壶，开价1.6万元，都没有出售。②

差异化生产带来的是作坊之间技艺比拼，消费者对工艺、产品认可，陶艺文化经济价值的实现，也直接促进了新器型设计、创意、创新意识的增强，推动产品特色化，是产业树立竞争优势的利器。建水陶器生产正是创新、创意建构的历史。从青瓷到青花，从粗陶到细陶，从以烧汽锅为主到以茶壶销售为主，无不体现着一个"变"字。正是在这种求新、求变中有了建水陶工艺。阎崇年说："御窑千年的历史表明：中国瓷器文化始终贯穿着一条主线，不是姓'皇'，而是姓'新'，就是不断创新。创新，既是御窑之魂，也是瓷器之魂。"③ 建水紫陶竞争优势需要创意生产、创新精神。毫不讳言，今日建水陶茶壶器型多属模仿之作，多来自传统、来自宜兴，村中有创新性设计的茶壶器型并不多见。陶器工艺、设计的创新性实践仍有很大提升空间，它关乎市场需求、新的消费群体。"价值创新是蓝海战略的基石，……价值创新对'价值'和'创新'同样重视"。④ 建水紫陶消费群体多以文人、饮茶群体为主，能否跨越目前市场边界，在茶壶之外创造另一主流产品，吸纳新顾客群体，事关产品创新、产业增长和村寨经济的二次飞跃。如碗窑村花器有用神像、人物装饰传统，⑤ 云南宗教流派众多，滇西本主崇拜、藏传佛教在此都有不少信徒，能否用陶的装饰图案、图像去满足信

---

① 长期以来，陶业是村民谋生的方式，生活过得去就行已是村民固有观念。这制约了对陶文化的理解、对工艺甚至财富的再创造精神。对有的村民来说，只要消费者给到合理价钱就卖，村中也常有贱卖陶壶情况的发生。这些行为并没有体现出建水陶工艺的价值，也受到那些追求工艺和价格等值的作坊反对，认为他们扰乱了市场。

② 据洪师傅讲述，方壶设计的难度在于每一陶片的成型，在烧制中方形的物体更容易变形。洪师傅心理的预期价钱是不少于两万元。

③ 阎崇年：《御窑千年》，三联书店，2017，第6~7页。

④ 〔韩〕W. 钱·金、〔美〕勒妮·莫博涅：《蓝海战略》，商务印书馆，2015，第14页。

⑤ 2014年，笔者曾有幸目睹陈绍康创作的一件观音瓶，当年售价不低于六万元。2019年居陶醉制作的钟馗瓶，售价也不低。

众需求，创造新产品，形成新消费群体？又如吹鸡、生肖陶塑也是艺人能做的产品，能否形成专门针对儿童的系列陶塑产品？

第三，融入"一带一路"建设，让建水紫陶走向世界市场，获得更大生命力，让建水成为名副其实的世界陶都。世界市场和建水陶并非从未发生过联系。相传明代郑和下西洋时，就曾带有建水窑烧制的青花，近代烧制的烟斗至今可在金三角看到。汽锅也曾出口欧美、东南亚。陈绍康对 20 世纪 80 年代建水陶去科威特展出情景仍记忆犹新。土陶厂的橡胶碗，曾在 2005 年左右大量抢占过越南等东南亚国家市场。谭知凡师徒多次往返日本交流陶艺亦被村中作坊羡慕。碗窑村陶艺和世界陶艺文化的交流从未中断过，陶艺交流带来的是物的交换、工艺知识的互动、开创新市场的可能。浪鬼"柴烧"背后隐匿着日本"素烧"理念，并成就了其作坊陶艺不上釉、无彩绘、无刻填，追求素雅、天然、寂静的陶艺风格。碗窑村中也可寻觅到仿制的"天目碗"。世界并未远离碗窑村，世界市场期待着碗窑村陶艺人去参与。

陶瓷在中国文化中是一种象征，传播的是中国人的生活美学、东方文明的价值观。"作为茶的载体的宜兴壶，在欧洲人眼里不仅是一种器物，更是一种文化象征物，其仿生的造型，具有文人气的装饰、书法，当欧洲人拿起茶壶慢慢品尝其中的茶水时，是在体味一种中国的文化气息，这种气息所代表的是一种高雅，深邃，具有东方神秘感觉的一种心理体验"。[①] 这种东方情调的生活美学并未消失、粉碎。"一带一路"倡议的提出，让承载着丰富文化内涵的陶瓷走向世界成了关注焦点，建水陶如何去打磨自身承载的文化理念，参与、走向世界市场也变得极富现实意义。它召唤着碗窑村艺人们去更好地设计有自我特色的陶瓷产品，并赋予其更多文化内涵和意蕴，在知晓对方文化需求后不断地有新创造，让中国陶文化走向世界。这种文化创造体现在图案造型、器形设计、装饰手法方面，更为关键的是价值、意义创造。产品走向世界，需要在高端和大众之间找到平衡点，需要包容排斥行为、逐

---

① 方李莉：《丝绸之路上的中国瓷器贸易与世界文明再生产》，《云南师范大学学报》（哲学社会科学版）2016 年第 4 期。

步从文化认同走向文化接受。建水紫陶生产组织多以家庭作坊、小微企业为主。不可否认，这种生产方式存在资本小、规模不大、抗风险意识差等弊端，但是这种生产方式利于创意萌发、创新性产品的形成和市场探索。洪壶苑作坊一句"韩国客人喜欢这种器形，我再继续做"，道出了这种生产方式"船小易掉头""风险小"的特性，利于在世界市场中摸索经验，规模并不见得经济。线上线下的销售模式也是产品走向世界之途，对于新经济形势下的销售方式摸索，村中有作为的作坊、企业实属不多。当然图案、工艺在网络上的难以辨识是让艺人、消费者对这一营销方式难以接受的原因。① 不能否认，因文化适应而生的产品设计、多种营销方式探索是建水紫陶走向世界市场需解决的问题。

在国家乡村振兴号角下，建水紫陶产业复兴、产业兴旺可谓刚刚起步。市场需求对陶艺生产、创造有巨大牵引力。差异化生产、创造新产品、实现价值创新，确立目标消费群体，吸引新顾客，将有利于建水紫陶产业形成竞争优势，实现产业稳健发展、超越竞争、开创蓝海。同时也应看到"当前更重要的是，它也源于这样的环境，区域发展是——日益地——以社会和政治上创造的，而不仅仅是自然给予的竞争优势为基础的"。② 建水紫陶业作为嵌入区域中的特色产业，期望地方政府、区域其他力量的参与，通过多业态、共融发展为其发展营造更好氛围，在区域特色发展、乡村振兴征程上更有作为。

---

① 依靠经销商、批发商拿货是目前碗窑村陶器最主要的营销路径，此外还有零售、线上销售等方式，但销量不是很大。
② 〔美〕艾伦·J. 斯科特：《城市文化经济学》，董树宝等译，中国人民大学出版社，2010，第23页。

B.13
普洱茶写作发展报告

管 悦*

摘　要： 普洱茶写作现象脱胎于普洱茶产业，是产业发展中独特的文化内
容生产现象。它基于对普洱茶发展演化、功效作用、文化内涵、
市场价值等内容的挖掘和创作，逐步形成了依托地方特色产业、
以内容生产为路径的特色文化产业业态，对区域特色资源挖掘，
带动地方茶文化传承、发展，树立地方区域文化标识，带动地方
经济发展具有积极的作用。本文通过回顾梳理普洱茶写作现象发
展的四个阶段，从图书及相关出版物、学术研究、产业资讯以及
以新媒体为主导的其他写作形式四个方面对普洱茶写作现状进行
解析，当前"养生、绿色、文化"已经成为普洱茶写作内容中
的突出特征，而在其未来发展中，普洱茶写作现象也将在后疫情
时代和茶叶消费主体年轻化二者的影响下表现出内容和形式的多
元变化。

关键词： 普洱茶　普洱茶写作现象　普洱茶产业

普洱茶具有悠久的历史，是以云南大叶种晒青毛茶为原料，经过发酵加
工成的散茶和紧压茶。上至皇室贵族下至平民百姓，普洱茶一直受到社会各

＊ 管悦，云南大学民族学与社会学学院科研助理，主要研究方向：民族文化产业；指导：李
炎，云南大学文化发展研究院院长，教授，主要研究方向：文化产业理论与实践、跨文化研
究、中国少数民族艺术；胡洪斌，云南大学民族学与社会学学院副院长，教授，主要研究方
向：文化产业理论与实践、服务业发展理论与实践、产业经济学。

阶层人民的喜爱。随着我国居民健康意识增强和素养不断提高，普洱茶产业进入快速发展阶段，迅速从地方种植农业发展成为具有地域特色的产业形态。《地理标志产品　普洱茶》国家标准实施后，普洱茶产业逐渐从无序生长走向了规范发展。近年来，在"绿色能源、绿色食品、健康生活目的地"发展策略的引导下，云南省把普洱茶产业作为重点特色产业进行发展，在充分发挥云南山区的生态资源优势和劳动力优势的基础上，对以普洱茶为代表的云南茶产业进行积极引导扶持，这已经成为云南落实乡村振兴战略的重要途径。快速发展的普洱茶产业对云南民族地区脱贫致富发挥了重要作用，现在普洱茶已经成为一个拥有 4000 多万从业人口的大型产业，从种植、生产、加工到包装、物流、销售，普洱茶逐步打通生产端到消费端的每一个环节并与相关产业进行融合发展。产业规模体量的扩大，使得普洱茶产业文化品牌意识逐步增强，普洱茶产业逐渐转向了对普洱茶文化的挖掘、宣传和再造，在这其中以普洱茶为基础的内容生产成为普洱茶产业发展中的独特现象，并且已经形成依托地方文化资源、历史文化研究，结合大众文化消费导向，以文化品牌建设为主要目标的特色文化产业业态，在带动地方茶文化传承、发展，树立地方区域文化标识，带动地方经济发展方面都有积极的作用。本文通过回顾梳理普洱茶产业及写作现象发展的四个阶段，从图书及相关出版物、学术研究、产业资讯及新媒体为主导的其他创作形式四个方面对普洱茶写作现象进行解析，对当前这一独特现象的特点进行归纳和总结，并对其未来发展走向进行预测和判断，以期为普洱茶行业从业者和研究者提供一定的经验材料和判断。

一　普洱茶写作的发展阶段

国内对普洱茶产业发展的关注由来已久，20 世纪 50 年代，工商业调整是新中国政府争取财经状况取得根本好转的关键举措，在工商业改造的背景下，鼓励茶农加工栽培、增产出口，提出"恢复老茶园，开展新茶园"的号召，茶园的种植面积逐渐增加。但由于总体来说茶价低，茶农采摘茶叶不足以维持正常生活，且从云南进入藏区，耗时久、运费高，因而产量销量都不高。20 世纪 60 年代云南号召茶农开始"茶园建设"，在思茅坝、曼歇坝、景东县、澜沧县的惠民和勐滨开垦新式茶园，并新建了普洱茶厂，先后加工制作的青茶、红茶、花茶、沱茶、特制普洱茶等六大类多个品种规格，国内国外均有销售。80 年代以后，适应经济发展的趋势，地方政府在思茅县的倚象、江城县牛洛河、澜沧县惠民和富班，建成连片的上万亩高标准集约型商品茶生产基地。

20 世纪 90 年代以后，普洱茶市场开始逐步发展，2000 年金实茶城开业，云南茶叶开始由在地专卖进入专业市场销售，普洱茶产业开始进入市场化的时代，随后不久雄达茶城、康乐茶城相继开业，普洱茶市场逐步繁荣。此后普洱茶的文化内涵也开始受到关注，1993～2001 年间，作为普洱茶产地和集散地的思茅地区成功地举办了五届"普洱茶文化节"，积极挖掘和建构普洱茶文化，旨在"以茶广交天下、以茶联谊、以茶促文、以茶促贸、以茶兴农、以茶致富"，对于普洱茶的研究和交易起到了促进的作用，同时也推动了普洱茶的文化研究和推广宣传。其中 1994 年"中国普洱茶国际学术研讨会""中国古茶树遗产保护研讨会"在思茅（今普洱市）举办，来自日本、韩国、美国、新加坡、马来西亚、印度尼西亚等国的 181 位学者参与，这次研讨会后，由黄桂枢先生选编参会论文 76 篇中的 42 篇，出版了《中国普洱茶文化研究》一书，这是第一次对普洱茶进行研讨的国际学术会议，其对普洱茶研究的新思路、观念，对普洱茶文化的探讨与传扬、普洱茶生产与销售等多方面的研究都产生了极大的推动作用。在这一时期，普洱茶主要以纪念茶和工艺茶为主，此时的普洱茶主要是以礼品的形式进行流通，普洱茶产业进入萌芽阶段，为后续普洱茶产业的发展奠定了基础，普洱茶写作现象也在这一时期开始萌芽，普洱茶专著开始逐渐增多，90 年代初期主要围绕普洱茶与茶马古道的历史考据和文化线路进行梳理，90 年代后陆续出现了一些现代普洱茶的经典著作。

2000 年之后，云南的普洱茶生产企业开始迅速进入市场，由于大部分厂家采用的茶青都是台地茶，再加上市场的迅速发展和人们对普洱茶的认识还不够，这一时期的普洱茶消费主要集中在普洱生茶。台湾、香港等地茶商陆续进驻国内最大的茶叶市场——广州芳村南方茶叶市场，由于这些茶商较早地接触普洱茶，经过他们的宣传和普及，喝普洱老茶慢慢成为消费主流，"喝熟茶、藏生茶、品老茶"的观念一时在消费者中流传。2003年，普洱茶迅速发展，云南的普洱茶生产企业迅速崛起，普洱茶市场进一步繁荣。收藏市场、拍卖市场迅速扩张，消费市场、礼品市场进一步覆盖普通消费者。普洱茶产品从当初的台地茶、古树茶、野生茶等茶青的竞争和不同山头茶青的竞争，进入一个以品牌为导向的竞争时代。2004年，勐海茶厂改制成为大益集团，普洱茶进入市场化运作的探索阶段。随后到2007年，基于"越陈越香"的消费观念，普洱茶的金融属性被进一步放大，"收藏"成为这一阶段普洱茶市场的主要特点，普洱茶市场"收藏热"的狂欢也为后续市场下行埋下了伏笔。这一时期普洱茶产业的迅速扩张，引发了大众对于普洱茶的关注，针对普洱茶历史、茶区、加工、鉴赏、选购和贮藏等科普性的知识读本，受到了读者的喜爱。

2007年下半年成为普洱茶产业发展中的转折点，"收藏热"破灭后普洱茶价格一路下跌，同时也引发了消费者对普洱茶产业的"信任危机"，前期茶企在普洱茶生产过程中忽视质量，市场破灭后普洱茶品质也一度受到质疑。普洱茶未来的发展走向成为产业内关注的焦点。2008年后，部分茶企将投资眼光转向了云南古树茶。古树茶在1993年由思茅市（现普洱市）举办的"首届中国普洱茶节"后进入人们视野中，来自国内外的多位植物学家、茶树专家经过实地考察，有力地论证了茶树起源于中国，云南是茶树的核心起源地，云南野生古茶树慢慢受到人们的关注。茶企进入后，相继推出了一批以"老班章"为代表的古树茶，且以地域进行划分，大致可分为"老班章"古树茶、"冰岛"古树茶、"易武"古树茶等几个品类。发展至2010年后，古树茶市场已经逐步成型，以布朗山老班章、勐库冰岛、易武麻黑和刮风寨、景迈山等这些名山为代表的古树茶价格也水涨船高，新闻媒体纷纷报道，以"老班章"为代表的少数民族古村寨借此得到了外界的关注。2014年古树茶的价格上涨到阶段性的顶点，但很快价格就回落，据数据统计，普洱茶平均下跌20%~30%，部分新茶甚至下跌了50%，其中普洱茶龙头企业大益茶的"大益7542"跌幅更是高达60%。2015年后普洱茶市场趋于理性，当前云南普洱茶产业已经连续数年保持量价齐增，已经成为云南茶产业的核心产品，销往中国各省、区、直辖市，以及世界30多个国家和地区，在消费者中已经具有较高的知名度和声誉。直至2020年，据相关研究机构统计，①2020年普洱茶媒体数据量较2019年增长了10%，品牌数量也大幅增加，其中2020年度最受媒体关注的普洱茶十大品牌为大益、中茶、合和昌、澜沧古茶、雨林古树茶、陈升号、龙润、七彩云南、今大福、下关；同时在疫情影响下，普洱茶的关注度依然保持增长态势。

总的来说，现代普洱茶产业与其写作现象的发展具有极大的相关性，从20世纪50年代至今已经历经四次热潮，一是从50年代至21世纪初期的初步发展时期，这一时期普洱茶从在地销售进入专业化销售的阶段，流通渠道的扩展使得普洱茶需求增加，这为后期普洱茶进入专业化生产奠定了坚实的基础，普洱茶产业的萌芽也成为普洱茶写作的开端；二是2001~2007年的快速发展阶段，这一阶段普洱茶产业得到了快速扩张，以勐海茶厂改制为大益集团为标志，普洱茶从原来的粗放式生产进入专业化生产的阶段，生产力增强带来了产业的迅速扩张，但市场无序的发展也为普洱茶价格泡沫破裂埋下了隐患；三是2008~2014年的产业转向阶段，这一时期为普洱茶产业良性发展的调整期，普洱茶产业的未来走向成为争论最多的话题，普洱茶市场所经历的大起大落让各大媒体纷纷关注，同时也为云南古老的少数民族村寨带来更高的关注度；四是2015年至今的理性发展时期，现今普洱茶产业发展更趋理性，普洱茶写作现象也更为多元化。

---

① 资料来源：魔豆品牌实验室。

二 普洱茶写作类型与现状

（一）图书及相关出版物

对普洱茶的写作由来已久，阮福《普洱茶记》是古代普洱茶文字中的经典之作，书中所述"普洱茶名遍天下，味最酽，京师尤重之。福来滇，稽之《云南通志》，亦未得其详"，指出了清代普洱茶的最大特点，味最酽，京师尤重。这是古代文人第一次系统研究普洱茶的作品，也是给普洱茶进行正式命名的文章；同时明确指出了古六大茶山的名称，具有重要的历史意义。

20世纪30年代，吴觉农、胡浩川等撰写了《中国茶叶复兴计划》，由商务印书馆1935年3月出版，15.1万字；共分四篇十六章，该书详细介绍了中国茶叶复兴的必要性。彼时，中国茶叶复兴的萌芽开始出现。在20世纪90年代之前，普洱茶研究和写作并没有引起足够的关注，系统的普洱茶专著十分罕见。1962~1981年，我国共出版了普洱茶相关图书17种，例如《中国茶叶历史资料选辑》《茶典》《本草纲目拾遗》等，大部分是关于典籍的梳理。

到了20世纪90年代，普洱茶专著开始逐渐增多，90年代初期主要围绕普洱茶与茶马古道的历史考据和文化线路梳理。90年代后陆续出现了一些现代普洱茶的经典著作（见图1、图2）。

到了1995年，我国台湾学者邓时海出版《普洱茶》一书，并于2004年在大陆正式出版，该书第一次系统地对普洱茶的核心价值进行定义，具有广泛的影响力，甚至被称为现代普洱茶的圣经，普洱茶"越陈越香""喝熟茶、藏老茶、收生茶"的概念皆由此而来，该书对普洱茶品饮价值和文化价值进行了介绍，影响了一代人对普洱茶的观念。邓时海先生所撰写的《普洱茶》对普洱茶产业的发展具有重要的意义，从某种程度上来说，该书激发了人们对普洱茶的兴趣和探讨普洱茶历史文化的冲动，颠覆了人们过去以喝新茶为主、一般不喝老茶的习惯，改变了中国茶叶的传统消费格局和人

图 1　20 世纪 90 年代初普洱茶的相关图书

资料来源：作者拍摄。

图 2　《云南茶叶进出口公司志（1938-1990 年）》《云南省下关茶厂志（1941-1998）》
《凤庆茶厂志》三本书均出版于 20 世纪 90 年代

资料来源：图片来源于网络（https：//www.sohu.com/a/400476281_ 172494）。

们对茶叶的认识，让普洱茶真正进入大众的视野中。1996 年易武老乡长张
毅编写了《古六大茶山纪实》，出版于 2006 年，该书从亲历者的视角真实
还原了古六大茶山历史上普洱茶种植、加工的技法。张毅制作的普洱茶，被
誉为山头普洱茶的开山之作。2000 年，云南著名作家、诗人雷平阳出版的

《普洱茶记》被誉为我国内地第一本关于普洱茶的专著,具有广泛的影响力,被称为"了解普洱茶必读书",同时被韩国、日本等地翻译出版。《普洱茶记》里雷平阳先生将史料和典籍同田野口述相结合,开创了文人对普洱茶的"诗性写作"。与之相对的是 2004 年云南农业大学教授周鸿杰出版《云南普洱茶》一书,本书对普洱茶历史、茶区、加工、鉴赏、选购和贮藏、保健功效进行了系统介绍,科学系统地阐述了普洱茶的历史、现状和未来发展。2004 年正值普洱茶市场现代化转型的时期,此书出版帮助人们科学理性地认识普洱茶,具有重要价值。

2008 年出版的《走进茶树王国》近 50 万字、345 张图片,是一部集资料性、实用性和学术性于一体,图文并茂的精品著作,也是我国第一部由地方政府主编,内容涵盖茶树、茶树品种、茶叶生产贸易、茶文化风情考察的专业型工具书,对普洱茶茶树种质研究、助推普洱茶产业的持续发展具有重要意义。在普洱茶市场低迷的背景下,《走进茶树王国》对普洱茶产业科学发展具有重要的推进意义,将科学普洱、健康普洱、文化普洱的普洱茶发展理念融入其中,推动政企学研相互合作、共同推进普洱茶科学可持续发展。随着普洱茶的影响力逐渐扩大,以普洱茶为主题的图书内容也愈加多样,近年来有《滇云茶山录》《茶道:从喝茶到品茶》《新茶路:普洱茶王老班章》等一批图书出版,其内容与形式也愈加多样化。

从读秀学术搜索上以"普洱茶"为关键词搜索全部字段,共有相关图书 2732 种,其中 1962~1971 年出版 4 种,1972~1981 年出版 13 种,1982~1991 年出版 97 种,自 1992 年以来,普洱茶相关图书出版量连年增长,并在 2012 年达到顶峰(单年出版量为 195 种),2012 年后呈现回落态势。其他年份中,2013 年、2010 年和 2015 年出版量较高,单年达到 174 种、180种和 173 种(见图 3)。

在现有的图书中,活跃度较高的作者共有 18 位,其中李师程出版数目最多,从 20 世纪 60 年代至今,出版图书及发表文章 23 种,时间跨度较长,2005~2016 年均有图书及文章出版发表,出版物主要包括《普洱茶古茶山览胜》《云南普洱茶(季刊)》《云茶大典》等。李师程生长于勐腊县普洱

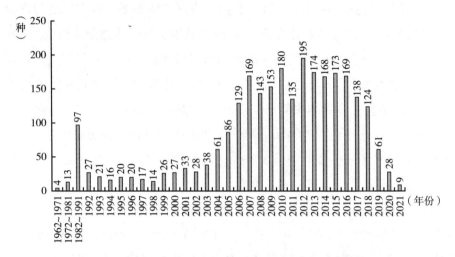

图3 普洱茶图书及相关出版物历年出版量（1962~2021 年）

资料来源：独秀学术搜索（https://www.duxiu.com/）。

茶古六大茶山之首易武的一个茶叶世家，现任云南省政协常委、省政协文史委员会主任，中国国际茶友会主席、中国国际茶文化研究会名誉副会长。在其任思茅地委书记期间，成功地组织实施了省委建设茶叶基地的计划，先后于1993 年、1995 年组织举办了第一届、第二届中国普洱茶叶节暨普洱茶国际学术研讨会，成为中国普洱茶文化的倡导人，为弘扬普洱茶文化、振兴普洱茶产业做出了积极的贡献，在中国茶叶界产生了深远影响。

出版数目较高的胡维勤，出版物数量为 14 种（见图 4），出版时间主要集中于 2010~2018 年。胡维勤是著名医学科学家，擅长老年病、糖尿病等各种疑难杂症的治疗与康复，于 1995 年被国务院评为有突出贡献的医学科学家，享受政府特殊津贴。胡维勤医生对普洱茶的关注也主要集中于对高血糖、高血脂、糖尿病患者的食疗康复作用，他出版的《健康丽人能量书：别不信！就这样排毒》《学会吃！快速调理痛风》深受读者喜爱。

吴坤雄、池宗宪、周红杰、余秋雨四人出版（发表）数量均为 12 种，其中吴坤雄出版物（发表的文章）集中在《大益茶典（年册）》中，吴坤雄是大益集团勐海茶厂大益馆馆长、大益茶道院首席顾问、《大益》报主

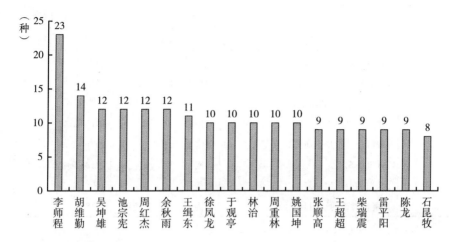

图4 普洱茶图书及相关出版物作者历年出版、发表量（1962~2021年）

资料来源：独秀学术搜索（https：//www.duxiu.com/）。

编；大益茶道院是大益集团旗下茶文化宣传组织机构，吴坤雄先生主导的"大益"系列图书的出版是大益集团挖掘普洱茶文化、扩展品牌影响力的有力探索。

从读者喜爱程度来看，在当当图书网上以"普洱茶"为关键字进行搜索，销量前十名的图书为《普洱茶观察笔记》《普洱茶的七堂课》《普洱茶记》等，其中《普洱茶记》于2000年第一次出版，被誉为中国大陆出版的第一本普洱茶专著，版权输出到日本、韩国等地，出版至今深受读者喜爱，于2005年、2015年、2018年多次再版。从书目的内容来看，读者的主要关注点在于普洱茶知识普及、普洱茶品鉴与休闲养生以及普洱本地的人文风物（见表1）。

表1 当当网销量前十书名一览

序号	书名	作者	出版时间
1	《普洱茶观察笔记》	坤土之木	2020年
2	《普洱茶的七堂课》	周重林，邓国	2020年

序号	书名	作者	出版时间
3	《普洱茶记》	雷平阳	2018 年
4	《新茶路:普洱茶王老班章》	周重林,柳星妤	2021 年
5	《茶道:从喝茶到品茶》	茶阅世界·素茗堂	2021 年
6	《迷上普洱》	石昆牧	2011 年
7	《普洱茶关键技术研究》	陈宗懋,黄毅	2021 年
8	《普洱茶典汇》	金刚	2018 年
9	《深邃的七子世界》	陈智同	2005 年
10	云南普洱茶的饮用与品鉴	云南省农业科学院等	2018 年

资料来源:当当网(http://book.dangdang.com)。

从好评程度来看,当当网中以好评字段进行排序,前十名的书目为:
《茶道:从喝茶到品茶》《茶艺从入门到精通》《普洱熟茶教科书》等,
其中《茶道:从喝茶到品茶》和《普洱熟茶教科书》被列为"当当好书
榜"榜单图书。两本书都着重于茶知识的普及,不同的是《茶道:从喝
茶到品茶》是一本茶道茶艺的"百科全书",全面解答了鉴茶、买茶、茶
具搭配、泡茶各个流程环节中的问题;《普洱熟茶教科书》则专注于普洱
茶子门类普洱熟茶的知识普及,从熟茶的由来到汤色鉴赏再到工艺介绍,
该书对普洱熟茶进行了系统的介绍。从好评榜单上看,周重林老师编写
的书达4本之多,周重林被誉为云南茶文化研究的领军者,代表作有
《茶叶战争》《普洱熟茶教科书》,被称为茶文化研究者与传播者,他同
时组建了名为"茶叶复兴"的创作团队,主要专注于茶文化研究和写作
(见表2)。

表2 当当网好评前十书名一览

序号	书名	作者	出版时间
1	《茶道:从喝茶到懂茶》	王建荣	2016 年
2	《茶艺从入门到精通》	徐琦楠,陈友谋	2017 年

序号	书名	作者	出版时间
3	《普洱熟茶教科书》	周重林,杨静茜	2020 年
4	《极端之美》	余秋雨	2019 年
5	《茶叶复兴:易武与古六大茶山》	周重林,张宇	2018 年
6	《普洱茶的七堂课》	周重林,邓国	2020 年
7	《普洱藏茶》	吴德亮	2019 年
8	《极品美学》	余秋雨	2020 年
9	《茶道从喝茶到品茶》	茶阅世界素茗堂	2021 年
10	《新茶路:普洱茶王老班章》	周重林,柳星好	2021 年

资料来源:当当网（http://book.dangdang.com）。

（二）学术研究

对普洱茶的学术研究由来已久,往前追溯至 20 世纪 30 年代,方国瑜先生撰写《普洱茶》一文,对普洱茶原产地进行了考据,第一次从现代学术的视角来考察普洱茶,开了普洱茶文化现代性历史学术探索的先河。但普洱茶真正进入学界视野是在 20 世纪 50 年代以后。50~60 年代,新中国政府大力宣传工商业政策,鼓励茶农栽培加工、增产出口;并提出了"恢复老茶园,开展新茶园"的口号,云南省思茅坝、曼歇坝、景东县文井大街、澜沧县的惠民和勐滨等地纷纷开垦新式茶园,茶园的种植面积逐渐增加,茶叶产量得到快速增长,曾外销到马来西亚、香港、仰光等地。普洱茶产业的繁荣使之进入学界的视野中,从 1950 年至今,全国研究文献共 12415 篇,其中云南省研究文献 1271 篇,文章发表量从 1998 年开始逐步上升并在 2007 年达到顶峰,单年发表量为 1302 篇,2008 年至今发表量有所下降,但仍保持较高的学术热度（见图 5）。

在所有研究文献中,研究内容涵盖了技术研究、应用基础研究、开发研究—行业研究、开发研究—管理研究、开发研究—政策研究、应用研究、工程研究等 18 个领域,其中以技术研究数量最高（148 篇）,应用基础研究次之（129 篇）（见图 6）。

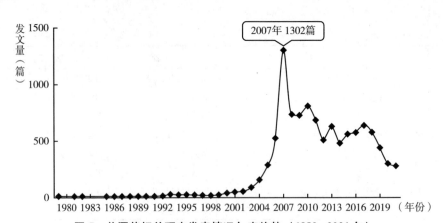

图 5　普洱茶相关研究发表情况年度趋势（1980～2021 年）

资料来源：中国知网（https：//www.cnki.net/）。

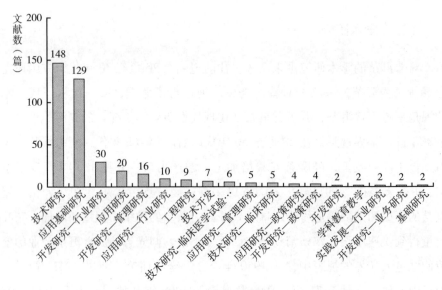

图 6　普洱茶相关研究层次发表数量（1980～2021 年）

资料来源：中国知网（https：//www.cnki.net/）。

　　从研究作者和机构团队来看，科研团队在全国均有分布，诸如华南理工大学、浙江大学、湖南农业大学、中山大学、北京师范大学等，但从空间地域来看，云南、广东、北京、四川、浙江、广西、湖南、河南、西藏 9 省（区、市）发文数量较多，其中以云南省为最，累计发文数量为 1271 篇。

研究机构中以云南农业大学发文量最多，数量达到 487 篇，在全国普洱茶产业研究机构的科研成果中名列前茅，昆明理工大学、云南大学研究成果数量次之，分别为 116 篇和 96 篇。其中周红杰教授、龚加顺教授、侯艳教授、李亚莉教授、黄业伟教授所带领的研究团队在全国普洱茶产业研究团队的科研成果数量中名列前茅，文献数量为 118 篇、57 篇、39 篇、38 篇、28 篇。

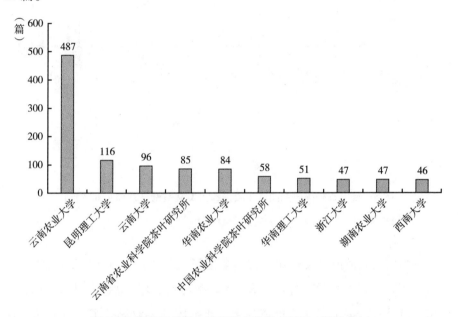

图 7　普洱茶相关研究机构发文数量（1980~2022 年）

资料来源：中国知网（https://www.cnki.net/）。

关于学术论文影响力的衡量，被引频次是重要且直观的指标，但是在一篇论文发表后，往往需要较长的时间才能看到大量的引用频次出现，在这种情况下，下载量被作为重要的指标来评价学术论文的影响力，邵慰、丁言镁（2005）及邢星（2013）通过对当前学术论文评价指标体系的研究，发现论文下载量同被引数量具有较强的关联性。本文对普洱茶写作现象的描述，采用学术论文中影响因子、被引频次和下载数量作为衡量指标，对当前普洱茶的研究写作现状进行分析和评价。

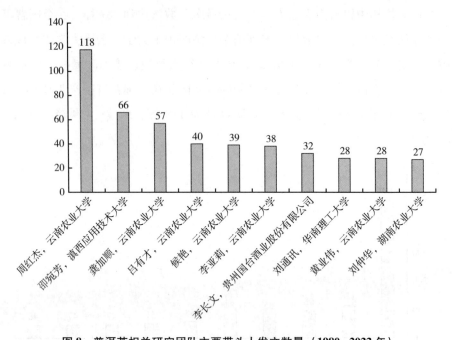

图8 普洱茶相关研究团队主要带头人发文数量（1980～2022年）

资料来源：中国知网（https：//www.cnki.net/）。

在当前发表的所有文献中，按影响因子进行排序，前10篇文章如表3所示，研究内容以普洱茶内涵物质、普洱茶技术工艺、普洱茶功效作用、茶树培育以及普洱茶生态文化价值为主，研究团队主要涵盖了云南农业大学（龙润普洱茶学院）、滇西应用技术大学（普洱茶学院）、安徽农业大学（中华茶文化研究所）等；研究热点以农学为主，集中于以普洱茶为基础的功效、机理和作用价值。

表3 普洱茶相关研究文献影响因子排名前十

序号	题目	作者	影响因子	发表时间
1	国际贸易视野下茶叶之路与丝绸之路比较研究	姜含春，丁以寿	6.909	2018
2	澜沧江中下游古茶树资源、价值及农业文化遗产特征	何露，闵庆文	4.798	2011

续表

序号	题目	作者	影响因子	发表时间
3	中国茶产业发展与培育路径分析	刘春腊,徐美	4.798	2011
4	云南不同土壤铅背景值下大叶茶种群对铅的吸收积累特征及其遗传分化	刘声传,段昌群	4.733	2011
5	近红外光谱技术结合人工神经网络判别普洱茶发酵程度	宁井铭,宛晓春	3.446	2013
6	基于高效液相色谱的普洱晒青毛茶指纹图谱识别方法	宁井铭,张正竹	3.446	2010
7	普洱茶发酵阶段色泽的变化及其与品质的关系	王秋萍,龚加顺	3.446	2010
8	云南茶树资源遗传多样性与亲缘关系的ISSR分析	刘本英,李友勇	3.19	2010
9	基于成分分析及抗菌活性的百药煎炮制工艺研究	彭璐,张志杰	3.16	2016
10	普洱茶药理作用研究进展	顾小盼,潘勃	3.076	2017

资料来源:中国普洱茶产业数据库(http://8.136.134.40:8082)。

在当前发表的所有文献中,按被引用量进行排序,前十篇文章如表4所示,发布年限集中于1984~2008年间,研究内容以农业科技为主,研究团队主要集中在云南农业大学周红杰、张以芳、龚加顺等,中国农业科学院茶叶研究所王新超、陈亮、唐一春等,云南农业科学研究院茶叶研究所陈林波、夏丽飞等,以及中国科学院昆明植物研究所、湖北大学、浙江大学、华南农业大学等几家研究团队;研究热点主要集中在茶内涵物质及其机理变化。

表4 普洱茶相关研究文献引用量排名前十

序号	题目	作者	引用量	时间
1	云南普洱茶渥堆过程中生化成分的变化及其与品质形成的关系	罗龙新,吴小崇	283	1998
2	渥堆过程中主要微生物对云南普洱茶品质形成的研究	周红杰,李家华	256	2004
3	云南普洱茶原料晒青毛茶的化学成分	周志宏,杨崇仁	161	2000
4	山茶属茶组植物的订正	闵天禄	152	1992

续表

序号	题目	作者	引用量	时间
5	普洱茶贮藏过程中主要化学成分含量及感官品质变化的研究	龚淑英,周树红	144	2002
6	论茶树原产地和起源中心	虞富莲	139	1986
7	基于EST-SSR的西南茶区茶树资源遗传多样性和亲缘关系分析	刘振,王新超	138	2008
8	云南晒青绿毛茶的微生物固态发酵及成分变化研究	龚加顺,周红杰	138	2005
9	茶叶植物资源的订正	张宏达	137	1984
10	茶叶的分类与普洱茶的定义	杨崇仁,陈可可	131	2006

资料来源：中国普洱茶产业数据库（http：//8.136.134.40：8082）。

在当前发表的所有文献中，按被下载量进行排序，前十篇文章如表5所示，发布年限集中于2007~2015年间，研究内容以工程科技为主，其次为农业科技、医药卫生科技等，研究团队主要集中在：中国农业科学院茶叶研究所吕海鹏、谭俊峰、林智等；云南农业大学周红杰、李家华、龚加顺等；以及浙江大学、衡阳师范学院等几家研究团队（见表5）。

表5 普洱茶相关研究文献下载量排名前十

序号	题目	作者	下载量	发表时间
1	普洱茶降脂减肥功效及作用机理研究	熊昌云	5678	2012
2	藏地人类学纪录片研究	张明	4680	2012
3	滇西北村落文化景观的时空特征研究	杨宇亮	4619	2014
4	不同产地、加工工艺及储存年限普洱茶化学成分和药理活性的比较研究	金裕范	4414	2012
5	云南普洱茶中黄酮含量的测定及槲皮素、芦丁的提取分离	郭刚军,龚加顺	3956	2007
6	普洱茶的化学成分及生物活性研究进展	吕海鹏,谷记平	3686	2007
7	中国茶产业发展与培育路径分析	刘春腊,徐美	3669	2011
8	云南省茶叶出口竞争力的分析	宋珊珊	3436	2015

序号	题目	作者	下载量	发表时间
9	茶马古道与"牵牛花"网络	凌文锋	3078	2012
10	地域文化特征在普洱茶包装设计中的应用研究	白杨	2917	2013

资料来源：中国普洱茶产业数据库（http：//8.136.134.40：8082）。

（三）普洱茶产业资讯

在当前与普洱茶有关的产业资讯中，全国共计148534条，其中云南省普洱茶产业资讯为2496条。回顾2020~2022年热点新闻，普洱茶产业持续向好的新闻观点已成为主流，2021年我国进出口税则号新增"黑茶"子目，将原来的普洱茶子目移到黑茶项目下，这有助于海关准确统计、减少归类争议、促进黑茶的生产与贸易、加快黑茶"走出去"步伐，对开拓国际市场、扩大茶产业国际话语权具有重要意义。同时广州茶博会被纳入广州"十四五"规划中重点培育的专业展会之一，这有利于推动茶产业发展、扩大茶产业传播力和影响力、加快全产业链的转型升级、全力提升广东茶叶品牌的竞争力和影响力。同时各项专项政策的报道持续释放市场利好信号。当前，我国已经将"茶"与"果"、"菜"并列为我国乡村特色产业之一，鼓励其发展，并强调了健全产品质量标准体系、强化对商标的保护、支持创响品牌。这将为茶行业的品牌化、规模化、标准化发展带来机遇（见表6、表7、表8）。

表6　2021年普洱茶产业十大热点新闻

序号	题目
1	从1月1日起,黑茶明确进出口税则列
2	广东省委书记、省长到广州调研茶叶市场,广州茶博会被纳入广州"十四五"规划中重点培育的专业展会之一
3	《中国茶产业十四五发展规划建议(2021-2025)》正式发布
4	28个中国茶叶地理标志正式获得欧盟保护
5	灰茶尺蠖染色体全基因组破译

续表

序号	题目
6	习近平指出：要把茶文化、茶产业、茶科技统筹起来
7	《中国碳中和茶叶生产》报告首次发布，探讨全球气候变化与茶叶生产
8	《关于促进茶产业健康发展的指导意见》正式发布
9	"绿茶自动化加工与数字化品控关键技术装备及运用"荣获国家科学技术进步奖二等奖
10	新茶饮迎来市场大考

资料来源：中国普洱茶产业数据库（http：//8.136.134.40：8082）。

表7 2020年普洱茶产业十大热点新闻

序号	题目
1	2019年中国茶叶产销形势报告
2	2019年我国茶叶进出口贸易情况
3	新冠疫情下各地茶产业扶持政策
4	习近平到陕西省老县镇考察茶园
5	茶叶很重要！湖北将茶叶纳入重要生活物资享受绿色通道
6	2020年3月春茶采摘指数：部分名茶产区受到极端天气影响！
7	国家卫健委：陈皮作为中药纳入第四版新型冠状病毒诊疗方案
8	茶叶第一股来了？中茶和澜沧古茶同日发布招股说明书
9	2020中国茶叶区域公用品牌价值十强揭晓
10	茶产业托起云南民族地区脱贫致富梦

资料来源：中国普洱茶产业数据库（http：//8.136.134.40：8082）。

表8 2019年普洱茶产业十大热点新闻

序号	题目
1	2019年2月19日，《中共中央国务院关于坚持农业农村优先发展做好"三农"工作的若干意见》发布
2	联合国大会宣布每年5月21日为"国际茶日"，以肯定茶叶的经济、社会和文化价值，促进全球农业的可持续发展
3	湖南农业大学刘仲华当选中国工程院院士，这是继陈宗懋院士之后，第二位来自茶学界的中国工程院院士
4	《春茶消费数据》发布：85后、90后成为春茶消费主力

序号	题目
5	云南省自然资源厅、云南省农业农村厅、云南省林业和草原局联合出台了《关于保护好古茶山和古茶树资源的意见》,明确全面调查和摸清该省古茶树、古茶山资源底数;并于2020年前建立长效管理机制
6	新加坡国立大学专家研究发现,每周至少喝茶四次,可以提高大脑各区域之间的联系效率,对大脑结构有积极作用。研究结果发表在《衰老》(Aging)杂志上
7	香港仕宏2019年春季拍卖会上,一筒百年茶皇——宋聘号刷新拍卖成交记录,以1560.5万港元成交
8	总投资1.2亿元的英国太古集团思南精制加工厂投产
9	央视曝"古树茶"乱象:普通茶披个包装就成古树茶
10	《国家职业技能标准-茶艺师》正式颁布实施

资料来源:中国普洱茶产业数据库(http://8.136.134.40:8082)。

从产业资讯的发布机构来看,主要包括了说茶网、茶友网(原中国普洱茶网)、茶语网、中国茶叶流通协会、黑茶网。

说茶网由云南南茗佳人茶叶有限公司开发,法定代表人为吉永万,总部位于云南省昆明市,公司旗下组合搭建了说茶网(www.ishuocha.com)、说茶优品(www.ishuocha.cn)等多个网络平台,其中说茶网于2015年上线,是茶行业独立门户网站,主要服务于云南普洱茶、红茶、白茶、绿茶、乌龙茶和茶具茶器,以及茶美生活范畴内的茶叶爱好者,以提供茶文化知识、茶生活美学指导、茶行业知识等文化内容为主导,同时说茶网还建立了说茶网微信公众平台(ID:ishuocha)和说茶优品(ID:shuocyp)微信服务号,下设电子商城说茶优品。说茶网和头条号、网易号、大鱼号等数十家自媒体平台进行内容合作,茶友们可通过以上自媒体平台关注、订阅说茶网发表的淘茶、存茶、冲泡等茶知识、资讯与价格。截至2021年,说茶网注册用户达到2000万人。

相较于说茶网对于茶叶品类的全线囊括,茶友网(原中国普洱茶网)重点聚焦于普洱茶行业信息的分解与传播。茶友网创立于2011年,围绕普洱茶和茶行业的产业链,打造以消费者为核心,品牌商、渠道商、原料产地、茶行业从业者为骨架的体系平台，提供符合行业需求、符合消费需求的全面客观的资讯体系、产品流通体系，搭建消费者、茶企、茶人和产地无缝链接的信息分解平台。从2011年开始到2020年茶友网经过多次改版，从提供普洱茶资讯、市场行情、产品解析等信息服务转向了包括咨询、交易、网络社区互动在内的综合服务平台。其中"交易厅"板块可以满足茶友找茶、茶商出茶的需求。截至2020年，茶友网成为茶行业影响力最大的互联网平台。据统计，每天在网络上查阅茶新闻、茶知识、茶产品信息，及寻求招商和加盟的群体约5万~7万人。其中，查阅普洱茶的群体超过3.5万人，约占普洱茶行业流量的50%。旗下合作品牌十分丰富，主要包括了中茶普洱、大益、下关沱茶、七彩云南、陈升号等42个茶叶品牌。同时茶友网搭建的产品数据库（https：//www.puercn.com/products/），是普洱茶历史上最大、最全的产品库；产品参数、说明、图片等信息一应俱全，主要包括市场30多家主流普洱茶品牌25年来的产品信息。产品信息收录最早可到1985年四川省雅安茶厂生产的民族团结牌砖茶。截至2021年，收录的产品信息为18230个，其中普洱茶品类为1200个。

与上述两个网站不同，黑茶网（http：//www.chinadarktea.com）是一家纯自媒体传播平台，于2009年创办，从中国黑茶论坛改建而来，初期论坛主要是进行黑茶知识的普及，黑茶爱好者相互进行黑茶知识交流，全面升级为黑茶网后，内容也有所扩展，内容可大致分为三块：一是茶叶市场信息，其中细分类目为云南普洱茶、广西六堡茶、四川藏茶、湖南黑茶、湖北青砖茶、陕西黑茶、浙江黑茶以及其他黑茶。二是黑茶科普信息，主要包括茶艺茶道、黑茶休闲养生、茶展会专题。三是增设板块，为黑茶爱好者提供茶叶购买信息，包括了茶企黄页、求购信息、供应信息以及市场展销会报道信息等，黑茶爱好者可以在网站内交换买卖信息、寻求加工和招投标信息，但网站本身不进行茶叶产品的交易，只是提供信息交流的平台。

在几个主流的茶产业资讯发布平台中，中国茶叶流通协会是唯一的社会组织，于1992年4月成立，由中华全国供销合作总社管理，是国家一级社团组织，同时也是跨地区、跨部门、跨所有制的民间经济团体，是中国茶叶行业的服务、协调和管理机构。中国茶叶流通协会在内容输出上覆盖范围广而全面：一是对国内外茶行业经济信息和科学技术信息的收集、整理、发布。二是对茶叶市场信息的收集、分析、预测，以协会为平台进行信息交流活动，同时开展咨询服务，为茶企生产提供决策依据。三是针对茶叶生产技术，组织进行技术交流、产品的质量论证和科技项目论证；同时针对生产人员组织专业技术的技能培训和企业管理人员的培训，组织职业技能竞赛以提高行业技术水平和企业的管理水平。四是茶叶文化知识传播方面，对茶展览、专题讲座、茶道茶艺表演进行跟踪报道和宣传，对茶产品知识、茶叶饮用价值进行普及，弘扬宣传茶文化。五是茶行业监管方面，对当前市场中茶叶生产、流通、销售各环节内所出现的情况和问题进行跟踪调查和报道，以协会为平台，增强会员之间的横向联系，发挥行业内的群体优势，形成合力，促进茶行业的健康有序发展。六是公益活动方面，主要针对茶产业助农扶贫的内容，突出茶产业在乡村振兴中的积极作用和重要推力。

从产业资讯中进行筛选，2021 年资讯类关注的热点人物为刘仲华、刘勤晋、何青元、林治、陈宗懋等人，其中关注度最高的刘仲华教授，现为湖南农业大学教授、国家植物功能成分利用工程技术研究中心主任、国家茶叶产业技术体系加工研究室主任、教育部重点实验室主任。并于 2019 年当选中国工程院院士，是继陈宗懋之后茶学界的第二位院士。刘仲华教授主要从事茶叶深加工与功能成分利用、茶叶加工理论与技术、饮茶与健康等方向的研究与教学工作，他对于茶行业的研判观点和趋势判断成为资讯内容写作中被追逐的焦点。

刘勤晋教授同样是茶学界内的领军人物，作为西南大学教授，刘勤晋是享受国务院特殊津贴的专家，同时也是重庆市首届茶学学科带头人，刘教授长期从事茶学专业的科研教学工作，研究领域主要包括农特产品加工、茶叶深加工与综合利用、茶文化等，主编及参编《中国茶叶大辞典》《茶文化学》（"十三五"国家级规划教材）等 10 余部专著与教材。同时也是农业部先进个人、全国星火科技先进工作者荣誉的获得者。

与上述两位学者不同，何青元先生现任云南省农科院茶叶研究所副所长，主要研究领域也在云南普洱茶产业。他曾担任勐海县副县长，具有丰富的基层实践经验，对勐海茶产业发展和工业园区建设起到了重要的推动作用，成功将勐海县打造为茶界"中国普洱茶第一县"。同时，何青元对普洱茶产业发展具有自己独到的见解，作为《经济半小时》中"神秘的普洱茶"节目策划人之一，何青元在强化古树茶原产地保护意识、提升茶厂标准化生产水平、扩大普洱茶影响力上起到了积极作用，曾在节目中针对普洱茶产业中"天价古树茶"的行业乱象，指出过度将普洱茶神秘化、奢侈化，最终会让普洱茶远离消费者；并提出有关部门应及时对普洱茶市场进行整顿规范，对蒙骗和炒作现象及时处理，以促进普洱茶产业的健康可持续发展。

（四）以微电影、自媒体为主的其他创作形式

随着普洱茶写作现象的逐步发展，其引发的内容形式也越趋多样，除传统的图书及相关出版物、新闻及产业资讯以及学术研究外，普洱茶写作现象越来越趋近于大众文化消费的领域，并逐步向"年轻化"靠近，由此产生了诸如电影、自媒体等相关的文化产品及服务。从 20 世纪 80 年代开始，"茶"这一文化符号就存在于电影中，从 1982 年以老舍《茶馆》为原型拍摄的电影《茶馆》到 2000 年《菊花茶》、2003 年《一杯绿茶的爱情》、2006 年《茶色生香》等，以茶文化为基础进行内容创作的电影屡见不鲜，从爱情片、纪录片到文艺片均有涉及，在某种程度上，饮茶、品茶成为当代大众生活的重要组成部分，"茶文化"已经成为当前大众文化消费中的重要内容。随着经济快速发展、人民生活水平提升，大众对于健康的关注也在逐步增加，尤其是在疫情之后，"健康问题"已经成为人们关注的焦点，而普洱茶写作现象也逐步转向以"健康、绿色"为主题的内容输出，如 2020 年由腾讯视频出品的微电影《蜕变》，是以中国云南"镇沅、镇远、镇原"为基础拍摄的纪录片，记录了云南普洱茶产业从无到有的发展历程并在带动地方经济发展、区域劳动就业中做出的积极贡献。在形式上，普洱茶写作的内容生产也实现了与互联网的衔接，从传统的新闻媒体转向视频制作平台、自媒体传播平台，"互联网+"推动"普洱茶+互联网"的发展，当前的主

要资讯平台如说茶网、茶友网（原中国普洱茶网）、茶语网等，已经向网络电商进行转化，尤其在后疫情时代，普洱茶产业的线上发展已经成为行业可持续发展中的重要环节。此外，主流资讯平台纷纷瞄准以自媒体为基础的用户体验活动，面向广大茶友、茶文化爱好者征集有关茶叶行情热点或分析评论、茶叶知识、茶史茶学、茶山茶俗、产品开汤审评以及茶具茶器知识等方面的稿件，同时，也邀请茶行业杰出的专家、学者（包括作家、写手）、资深人士，以及知名策划人、设计师、茶艺师、茶道师等人士入驻，按稿件质量发放不同的酬金，形成了茶行业线上线下互动、购物体验相结合、服务推广相融合的组合营销体系。

三　普洱茶写作特点

（一）大众休闲养生成为主导趋势

普洱茶写作现象发展至今，从对古代典籍的考证到对普洱茶市场的追逐，逐步转向对普洱茶文化的挖掘和重构以及普洱茶休闲养生和健康知识的普及。普洱茶写作脱胎于普洱茶产业的整体发展，作为以文化内容创作生产为主要推动力的现象，其产生发展过程同普洱茶产业具有紧密联系。与普洱茶产业一样，普洱茶写作现象同样捕捉大众消费对于普洱茶的价值偏好，从而对文化内容进行精准产出。追溯普洱茶产业的发展，从皇室贡品到大众消费品，消费者对它的长期追捧都离不开普洱茶这一产品的本质及其所具有的养生保健功效，而这也成为普洱茶消费的重要组成内容——大众休闲养生消费。普洱茶写作现象在数十年的发展中也随产业发展方向进行转变：一是在图书及相关出版物领域，以休闲养生为主题的普洱茶知识读本深受读者喜爱，如《茶道：从喝茶到品茶》《茶艺从入门到精通》《普洱熟茶教科书》等，普洱茶茶区历史、茶叶辨识、仓储存放、冲泡技巧、健康生活知识内容的图书及相关出版物一直是读者关注的焦点。

（二）"健康、绿色、生态"成为关键词

随着大众健康意识和消费能力的提升，在"创新、协调、绿色、开放、共享"发展理念的指导下，"健康、绿色、生态"已经成为当前经济转型发展核心词。普洱茶产业作为绿色产业中的重要组成部分，在推动生态产品的价值实现、打造绿色品牌、推动绿色经济发展等方面具有积极作用；同时普洱茶写作也逐步聚焦于"绿色发展"的内容：一是在资讯领域《中国碳中和茶叶生产》《关于促进茶产业健康发展的指导意见》等几项政策措施的出现，点出了普洱茶产业"健康、绿色"发展的主题。二是在学术研究领域，当前对普洱茶的研究中，仍以普洱茶工艺技术作为重点，其中对普洱茶加工工艺、普洱茶内涵成分及其功效、安全质量监管方面的研究仍是学术热点，且衍生出专利技术应用研究，对普洱茶有效成分的分解、提取、功效跟踪监测，对普洱茶产业健康绿色发展具有重要的助推作用。三是在乡村振兴这一背景中对普洱茶产业对地方经济带动作用的关注。在产业资讯方面，《习近平指出：要把茶文化、茶产业、茶科技统筹起来》《习近平到陕西省老县镇考察茶园》《茶叶很重要！湖北将茶叶纳入重要生活物资享受绿色通道》等新闻均成为茶行业年度热点新闻，茶产业在乡村地区的经济关联带动作用、路径和成效成为普洱茶写作关注的重点。同时在学术研究方面，以茶树培育和茶园管理、普洱茶加工工艺为主题的应用技术研究，为"科技下乡，助推乡村振兴"提供了智力支持。同时在产业中观层面，普洱茶产业作为地方特色产业同文化旅游产业、康养产业融合的新型产业形式，其路径机制、发展策略也成为研究重点。

（三）文化挖掘成为普洱茶写作热点

普洱茶产业的文化转向在以普洱茶为基础的写作现象中表现突出：一是在图书及相关出版物领域，以普洱茶文化为基础的内容成为热点，如《普洱茶观察笔记》《普洱茶的七堂课》《普洱茶记》等，以雷平阳、余秋雨为代表的文化学者进入后，文化学者们将普洱茶同地方风物相结合，普洱茶图

书及相关出版物从单调的知识普及转向了"诗性写作"。此外，普洱茶文化内涵挖掘同地域品牌建设已经成为行业内竞争的重点，其中尤以大益集团的表现最为突出，大益集团作为茶行业的龙头企业，在写作出版方面以《大益茶典（年册）》为代表，作为大益茶道院这一茶文化宣传组织机构的出版物，吴坤雄先生主导的"大益"系列图书的出版是大益集团挖掘普洱茶文化、扩展品牌影响力的有力探索。二是在产业资讯方面，普洱茶文化内容常常与云南少数民族风情相结合，云南名山、古树、民族、历史、文化资源丰富，普洱茶文化内容常常与地方节庆、饮食、歌舞等相结合。随着普洱茶产业体量的扩大，普洱茶同文化和旅游产业、休闲及康养产业的融合发展，也成为产业资讯内容的热点，如普洱茶特色小镇建设、勐海县茶城体系建设等，相关产业融合对普洱茶产业的动态扩展成为当前产业资讯中热议的话题。三是在学术研究方面，当前对普洱茶文化的研究，主要集中于普洱茶同少数民族文化根源性问题；普洱茶发展历程中所衍生的茶马古道研究，主要集中于茶马古道中文化价值的现代性探索和文化遗产保护，虽然这方面研究文献在对普洱茶研究的总文献中占比较少。结合当下普洱茶产业发展的研究情况，研究者普遍将普洱茶品牌形象打造作为普洱茶产业未来发展的关键，在其中普洱茶文化现象的研究不可或缺。

四 普洱茶写作现象未来发展趋势

（一）对健康知识性内容的普及仍是普洱茶写作中的重点

受 2020 年新冠疫情影响，"健康"已经成为当下最具关注度的话题。后疫情时代中，"健康"依旧是大众消费中关注的重点，同时随着人们生活水平的提升，对健康问题的关注度也在逐年上升。尤其是在当下以"996""007"等网络热词所带动的社会话题中，人们对于非常规工作时长的热议和讨论反映出在当代社会以透支身体为代价的快节奏生活下，对于健康问题的关注和担忧。而在普洱茶写作中，对健康问题的关注体现在对相关健康知识性内容的撰写中：大众对于普洱茶写作内容，关注度最高且关联性最强的内容为普洱茶的功效与作用，且关注度仍有继续上升的可能（见图9）。

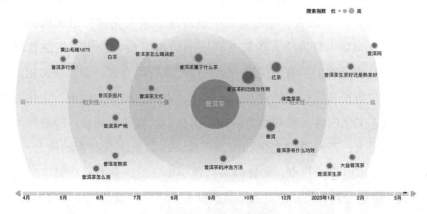

图9 普洱茶需求图谱

资料来源：百度指数（https://index.baidu.com）。

在以"普洱茶"为关键词进行指数搜索时，相关词分别有"普洱茶的功效与作用""白茶""绿茶"等10项，其中"普洱茶的功效与作用"搜索热度居于首位。由此可以看到，在未来一个时期内大众对普洱茶的关注重点仍在于它所带来的养生保健功效，对于普洱茶健康养生内容的创作和普及在未来仍然是普洱茶写作现象中的重要组成部分（见图10）。

（二）在茶叶消费主体年轻化背景下，普洱茶写作内容及形式也应更趋多样化

近年来，随着茶叶消费的理性回归，新一代消费群体的价值偏好也发生了新的转变，在茶行业这主要表现为两种态势：一是年轻消费群体带来的"极简风格"。不同于以往用于收藏的普洱茶产品，针对年轻消费群体的普洱茶一改往日传统、华丽的风格，逐步向"易耗品"的产品形式进行转变，如"单泡装""杯泡装"等小规格产品形式，普洱茶产品结构更趋多样，从收藏级的高端市场向下延伸，这一类茶饮从普洱茶原本品鉴、茶艺的"神秘"面

相关词热度 ❓

_____

相关词	搜索热度
1. 普洱茶的功效与作用	▬▬▬▬▬▬
2. 白茶	▬▬▬▬▬
3. 绿茶	▬▬▬▬▬
4. 红茶	▬▬▬
5. 铁观音	▬▬
6. 金骏眉	▬▬
7. 乌龙茶	▬
8. 普洱生茶和熟茶的区别	▬▬
9. 黑茶	▬
10. 普洱	▬

ℹ 搜索热度
算法说明：反映用户在搜索中心词相关搜索汇总，并综合计算汇总词的搜索指数，并以此降序排名。

图 10 普洱茶相关词热度

资料来源：百度指数（https：//index. baidu. com）。

纱中剥离出来，凭其便携性进入新的消费市场中。二是"网红经济"背景中，新茶饮已经成为茶行业中的重要组成部分。"新茶饮"主要是指以茶为基础，配合水果、花草以及牛奶等形成的果茶、花草茶以及奶茶等新品。消费群体的年轻化也将为普洱茶写作现象的未来发展带来新的影响：当前以"普洱茶"作为关注内容的用户中以 30~39 岁这一年龄段内的人数最多，20~29 岁次之，其中男性关注度显著高于女性（见图 11）。

该群体在影视音乐、医疗健康、资讯、教育培训、餐饮美食、旅游出行、书籍阅读、金融财经、软件应用、休闲爱好这 10 类兴趣偏好中，对餐饮美食、旅游出行、金融财经以及休闲爱好这四类的偏好程度更高（见图 12）。

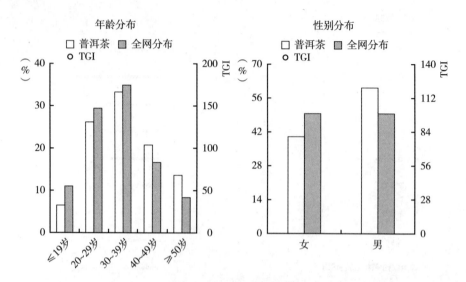

图 11　普洱茶关注用户年龄及性别分布

注：全网分布指百度的全部用户数在各属性中的占比。TGI 即 Target Group Index（目标群
体指数），可反映目标群体在特定研究范围（如地理区域、人口统计领域、媒体受众、产品消
费者）内的强势或弱势。其计算公式为：TGI 指数＝〔目标群体中具有某一特征的群体所占比
例/总体中具有相同特征的群体所占比例〕＊标准数 100。

资料来源：百度指数（https：//index. baidu. com）。

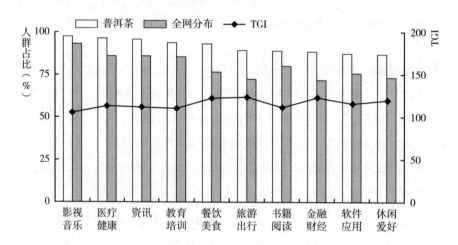

图 12　普洱茶关注用户偏好分布

资料来源：百度指数（https：//index. baidu. com）。

基于此，普洱茶写作内容已经产生新的变化，在内容方面，基于普洱茶本身所具有的金融属性，大众在内容偏好上更趋向于普洱茶市场价格、金融知识以及收藏知识等内容。普洱茶作为一种历史悠久的农产品，本身天然具有了商品属性和文化属性，但随着"越陈越香"的观念在受众中逐步普及，普洱茶的收藏属性和金融属性已经越来越强，这在大众偏好中也逐步凸显，在对金融财经内容的关注中债券、基金、股票成为关注重点；而在休闲爱好这一类别中，收藏成为主要热点；在普洱茶写作的传统传播形式（图书及相关出版物）中，关注"普洱茶"内容的人群与关注经济管理类书籍的人群呈现较高的相关性。金融属性作为普洱茶属性中重要的组成部分，对其产生原因进行剖析、对其交易模式与路径进行探索，特别在 2007 年普洱茶市场价格暴跌后，对茶叶市场可持续稳定发展的路径探索和政策供给在未来也是普洱茶写作中需要关注的内容。

而在普洱茶写作的表现形式上，正如前文所述，除以往传统形式如图书及相关出版物、新闻资讯等形式外，表现形式更向年轻消费群体靠拢，自媒体、微电影等其他创作形式已经得到大众的认可，在内容传播上逐步转向了腾讯视频、爱奇艺、抖音、快手、今日头条等为代表的新媒体，如聚焦普洱茶发展历程所制作的短视频等。面对新的消费主体，新媒体能够充分利用信息技术，通过大数据算法构建受众画像，继而针对性地为受众提供精准的内容；同时区别于传统的媒体平台，新媒体所具有的点评、转发、评论等互动功能提高了用户的参与度；大众的参与同样提高了内容的丰富度，使之能够满足用户多样化内容需求，在普洱茶写作现象中从传统媒体向新媒体的转向已经开始，在未来新旧媒体的融合中如何进行内容的有效衔接，在新旧媒体动能转换的基础上保持高质量的内容供给是普洱茶写作中需面对的挑战。

企 业 篇

Enterprises Reports

B.14

"大益茶"发展报告

宋 磊*

摘 要： 大益茶在茶业发展史上具有重要的地位，纵观大益茶的发展历
程，其与时代"共振"的特点非常突出。最早的时候"以茶救
国"，肩负出口换汇和复兴发展普洱茶产业的重任；改革开放以
后，大益茶在技术、营销、类型、品牌塑造等方面不断取得突
破，2004 年 10 月，勐海茶厂进行全面改制，并逐步发展成为现
代化大型茶业集团，走上了高速度、高质量的发展之路。在八十
年的发展过程中，大益茶理念的前沿地位、科技的领军地位、行
业的标杆地位得到了确立，大益集团不断深入践行习近平总书记
的"三茶"理念，在助推和丰富茶文化内涵、壮大和规范茶产
业发展、倡导和引领茶科技突破等方面继续肩负着"大益"的
时代使命与社会责任。

---

* 宋磊，法学博士，云南省社会科学院民族学研究所副研究员，主要研究方向：文旅融合与乡
村文化振兴。

关键词： 大益 茶企 茶产业 茶文化

历经百年风雨，大益茶见证了中国建设的历程，与国家发展并肩前行。大益茶作为普洱茶产业的龙头企业，在茶文化传播、茶行业标准共建、茶技术提升、茶品牌塑造等方面发挥着重要的引领、示范和标杆作用。植根于中华大地，大益坚持做有故事、有情怀、有成长前景的企业，生生不息、薪火相传。

一 发展历程：从临危受命到筑梦新时代

（一）以茶救国：开启一段跌宕起伏的历史叙事

1936年12月底，西安事变结束，国共合作，统一抗战已经成为全国共识，国民政府的当务之急就是充实财政、备战抗日。随着抗战全面爆发，传统的出口红茶产区安徽、江西两省的茶叶生产、销售路线和销售市场都有难以为继之虞，中国茶叶公司的出口业务受到严重冲击，[1]亟须开辟新的茶叶产区和市场，以茶叶出口换取外汇以购买物资支援抗战。但当时的基本情况是：中国的茶业面临品种、制作技术、品质、行业标准、运输与经验等各种不良情况的影响，出口的数量也在不断下降。基于该形势，实业部决定筹备设立中国茶叶公司。其目的就是提高茶叶品质、确定标准并扶助改进一切产制、运销事项，以图推广贸易、复兴茶业、提升中国茶叶的国际市场地位。[2]随后，国民政府经济部在上海召开中国茶叶公司筹备会议，计划由安徽、江西、湖南、湖北、浙江、福建等六个产茶大省各出资20万元，上海、武汉、闽南等地的茶商集资200万元，筹设中国茶叶股份有限公司。同年5

---

① 董子威：《我国茶产业全球价值链地位提升研究》，贵州财经大学硕士学位论文，2021。
② 张恒军：《茶企大益：与世界共同书写中国茶人新文化》，《商业文化》2018年第13期。

月1日，中国茶叶股份有限公司在南京召开创立会，5月11日，中国茶叶公司成立，在上海市的北京路垦业大楼设立总办事处，正式开始营业。①

1938年，随着局势变化，迫切需要开辟新的茶叶产区和市场。通过多方面的考量与论证，选择既有安全地理位置和适宜茶叶生长的环境，又有便利出口通道优势的云南开辟新的茶叶产区和市场。同年夏天，国民政府经济部所属中国茶叶公司与云南全省经济委员会共同出资在昆明组建了云南中国茶叶贸易股份有限公司（即"省茶司"前身）。1939年4月，云南中茶公司派范和钧、张石城赴佛海筹建年产5000箱机制茶的实验茶厂。范和钧、张石城辗转昆明、大理、芒市、腊戌、仰光等地，历经波折花了近十日才到达勐海。一边调查当地民情、茶情、商情，一边招纳工人，在距佛海集市中心很近的一块80多亩的土地垦荒建厂。经过4个月的艰苦工作，克服重重困难，边建厂边生产，1939年9月，佛海茶厂依靠十多个员工，用一些简单的制茶装备，制成白茶一种、红茶三种、绿茶二种、砖茶二种、藏销紧茶一种、老青茶三种，合计得1170斤。佛海茶厂生产红茶和老青砖，红茶卖给英国和美国，青砖卖给苏联，用茶叶兑换外汇、支援抗战。1940年1月，"中国茶叶贸易股份有限公司佛海实验茶厂"正式成立，范和钧任厂长。大益的前身——佛海茶厂，自此，开启了自己的传奇。

从这个时期到新中国成立，呈现以下的发展态势和脉络：第一，茶厂成立初期，因边疆政治、币制、劳动诸方面的困难未得到妥善解决，茶厂初期工作开展不顺利，极大地阻碍了生产发展。第二，云南全省经济委员会和中国茶叶贸易股份有限公司及富滇新银行出资成立的"云南全省经济委员会佛海服务社"对其推动很大，繁荣了边疆经济，保障了茶业生产得到发展。第三，从1942年11月7日开始，除少数员工在佛海茶厂留守，茶厂20多名员工经思茅撤回昆明。从建厂到撤退的短暂岁月中，佛海茶厂义无反顾承担起了建厂的任务，也在有限的时光中尽可能发挥最大的经济效益和社会效

---

① 国民政府创办中国茶叶公司有三个明确的目的：一是扭转自1838年以来因印度茶叶进入欧洲市场所导致的中国茶叶出口受阻的境况；二是逐步超越斯里兰卡、印度尼西亚等国的茶叶出口量；三是夺回中国在茶叶销售上的发言权，通过振兴茶业增加茶税收入、支持抗战。

益。第四，1945 年开始的佛海茶厂复工并不顺利，1949 年，在云南省解放前夕，范和钧厂长去往国外，佛海茶厂就此处于荒废状态。

（二）不断前行：在曲折和艰难中终成行业标杆

1949 年 10 月 1 日，新中国成立，两个月后，云南和平解放。1950 年 3 月 9 日，佛海县人民政府接管了佛海茶厂。1951 年，佛海茶厂由云南省茶叶公司负责经营，11 月佛海茶厂更名为"中国茶叶公司佛海茶厂"，正式复工，当年采购毛茶 1050 担，加工紧茶 100 余担，使用"中茶牌"商标。随着佛海县更名为勐海县，茶厂名称经历"中国茶业公司西双版纳茶厂""勐海县茶厂""云南省勐海茶厂"等多次更名，生产出了"工夫红茶""勐海方茶""普洱方茶""勐海沱茶"等品种。[1]

1972 年，中国土产畜产进出口总公司云南茶叶分公司成立（简称云南省茶叶分公司），专营全省茶叶出口，勐海茶厂与其他茶厂一并归云南茶叶分公司管辖。勐海茶厂依靠自身力量和积极探索，开始开拓云南茶叶的国际市场，经过 3 年的摸索（1970 年勐海茶厂学习借鉴广东的发水茶及安化的黑茶工艺），1973 年现代普洱茶人工后发酵陈化工艺试验获得成功，人工渥堆发酵普洱熟茶的试制成功奠定了勐海"中国普洱茶第一县"的坚实基础。在总结传统的制作工艺的基础上，利用人工工艺加速普洱茶的陈化过程，勐海茶厂陆续研发、生产出 7542、7572、8582、8592 等数字唛号产品。其中"7542""7572"被视为普洱生熟茶的典范和标准。[2] 勐海茶厂生产的普洱茶具有"陈香味独具，汤色红浓明亮，滋味醇厚回甜，茶性温和，耐贮藏，越陈越香品质越好"的特点和"清热，消食化痰，清胃生津，抑菌降脂，减肥降压"的功效，产品一经投放市场即倍受消费者青睐。

中共中央十一届三中全会召开以后，云南少数县开始把茶园承包到户经营管理；同时茶叶（除边销茶外）由二类农副产品改属三类，可以议购议

---

[1] 刘长洁：《中国传统文化视角下茶叶企业文化体系构建研究》，安徽农业大学硕士学位论文，2013。
[2] 莫非、段兆顺：《大益 打造时尚走心的服务链》，《普洱》2018 年第 7 期。

销。这是茶叶生产流通体制的重大改革。① 勐海茶厂也随着全国的改革开放浪潮气象一新。1981 年，实行计时工时加奖励和超定额计件工资。1982 年起在全厂全面推行经济责任制。进一步调动了职工生产积极性，提升了企业的效率。1984 年，云南省茶叶分公司将云南省勐海茶厂移交给勐海县人民政府，改称"勐海茶厂"。这一年，勐海茶厂被列为云南省首批厂长负责制试点单位，也被列为国家重点搞活中型骨干企业之一，开始由加工型企业转为加工经营型企业，茶厂年度工业总产值突破 1000 万元。

1986 年，云南的勐海、凤庆、云县、临沧、永德、腾冲、龙陵、思茅八县被国家计委、经委、农业部、经贸部确定为出口茶叶生产基地。② 为保证出口茶品质量，勐海茶厂从抓好原料的品质入手，1988 年在巴达山、布朗山开辟两个万亩绿色生态茶叶种植基地，此举为勐海茶厂的原料供应打下了坚实的基础。

1987 年起，勐海茶厂实行任期为四年厂长任期目标责任制。1989 年，勐海茶厂申请注册了"大益"商标，以其作为茶厂的自主品牌开始了海外市场推广，先后加工了红茶、绿茶、紧压茶、特种茶 4 大种类 76 个花色品种。作为精制茶厂中加工茶类花色品种最多的厂家，其产品销往内地 20 多个省区市和英国、日本、美国、苏联等 20 多个国家，在国内外市场享有很高声誉。

1990 年，勐海茶厂晋升为省一级先进企业。当年，加工精制茶 73723市担，总产值 1088.6 万元，上缴利税 517.12 万元，占全县财政总收入的27.09%，出口创汇 300 余万元，为西双版纳州的出口创汇大户。1994 年，勐海茶厂停止使用"中茶牌"商标，开始筹备建立股份制公司，同年开始批量生产"大益牌"七子饼茶。1996 年 1 月，"勐海茶业有限责任公司"正式挂牌成立，勐海茶厂和勐海茶业有限责任公司实行两块牌子、一套班子、独立核算的经营管理模式。

---

① 《以茶为礼致敬辛亥百年》，《茶博览》2011 年第 7 期。
② 张恒军：《茶企大益：与世界共同书写中国茶人新文化》，《商业文化》2018 年第 13 期。

这个阶段的特点可以概括为以下几个方面：第一，国家扶持和地方重视使得勐海茶厂在市场经济的浪潮中脱胎换骨。第二，勐海茶厂的产品因先进的技术和优秀的茶品，留下一串串闪光的足迹，各种荣誉叠加。第三，2002年6月，据云南省茶业协会《关于名优茶评比情况的通报》，勐海茶厂7572、7542被评为"2002年国际普洱茶名优产品金奖"；12月，大益普洱茶获得中国名牌产品市场保护调查所及品牌发展中心认证为"中国知名品牌"，大益最终成为行业标杆。

（三）筑梦新时代：吴远之时代的大益进入新征程

出于种种原因，勐海茶厂投资啤酒厂、玩具厂等领域，多元化的经营使企业每况愈下。2004年10月，勐海茶厂进行全面改制，企业最终完成改组。从此，"大益"成了勐海茶厂对外的标准称呼。

在董事长吴远之领导之下，大益继承前辈茶人制茶报国的初心，积极拥抱改制给企业带来的新发展机遇，改制后投入资金约5000万元，实施土建、技改、修缮大小工程100余项，新建仓库近两万平方米，年加工普洱茶约8000吨，公司发展为集原料种植、收购、加工、研发、销售及茶文化推广于一体的中国最大的综合型全产业链茶叶企业，现代化水平明显提高，目前厂区占地面积700多亩，发酵车间大楼、成型车间新大楼、技术中心等相继建成并投入使用。尤为值得一提的是2万吨普洱茶技术改造项目一、二期工程现均已投入使用，共建7幢车间和仓库及相关配套设施；先后被评为国家级"农业产业化重点龙头企业""高新技术企业"，"大益"商标被认定为"中国驰名商标""中华老字号"，"大益茶制作技艺"入选国家非物质文化遗产名录。在吴远之董事长领导下，改制后的勐海茶厂脱了困、给当地政府解了忧，为西双版纳州的经济社会发展做出了积极贡献。

2007年8月，正式注册成立云南大益茶业集团，标志着"大益"时代正式来临。从此，大益走上了高速度、高质量的发展之路。

二　大益茶在中国茶产业发展中的地位

大益茶的优秀品质，获得了海内外茶人的一致认可。难得的是，大益茶的开拓创新之路始终没有停止，在纷繁复杂的茶业市场竞争中，依然屹立。

（一）理念的前沿地位

让"普洱茶是最好的茶叶"的观念植入人心。在大益人看来，饮茶是一种健康的生活方式。"让每位茶人在这里能够获得职业尊严，让消费者踏踏实实地喝到好茶"，这不仅是吴远之的梦想、中国茶产业发展的方向，也是一辈辈大益英才的共识。自改制以后，勐海茶厂致力于做两件事情，一是向上游整合原料，二是向下游建立标准。两件事情的交汇点就是让大益成为经典茶品和健康品质生活的代表。"一心只为做好茶"，这被一代代大益英才视为自身的责任，也被新一代大益人视为前人的优良传统，如今他们专注于现代普洱茶的科学研究与发展，追求自然健康的更高生活品质。

让一片茶叶致富万千茶农。大益集团作为从边疆贫困地区发展起来的企业，自成立以来始终以推动社会和谐、践行社会公益为己任。茶叶是勐海县的支柱产业，更是茶农脱贫致富的法宝。勐海茶厂现有生产能力 1.2 万吨/年，每年需要毛茶原料上万吨。针对勐海县建档立卡贫困户分布情况，勐海茶厂积极利用茶叶原料收购区域广、收购量大的特点，要求原料供应商以市场价优先收购建档立卡贫困户的干毛茶或茶叶鲜叶，稳定贫困户的销售渠道，通过"公司+合作社+茶农"的合作方式，实现了双赢：勐海茶厂原料供应的保证和茶农收入的稳定。

始终服务国家大局。在创建佛海实验茶厂的峥嵘岁月里，以范和钧为代表的一代茶人，是那个时代开展实业救国的企业家的代表，他们为了国家的大局，倾情奉献，甘冒矢石，在中国茶产业发展史上留下了浓墨重彩的历史贡献。现如今，大益集团的初心已然脱离一般的商业追逐，而是直达家国和谐的人文观照。这样的一种情怀，是对实业救国精神的延续，也映现出中华民族优秀企业家的精神传承。大益集团不断强化领先技术与创新服务，从推广中国茶、服务全世界出发，奉行"奉献健康，创造和谐"的理念，不断提供高品质茶叶产品及相关服务，提升广大消费者生活品质。从实业报国至茶益天下，大益见证与推动了中国现代茶产业的发展与壮大。[1] 总之，大益企业理念是国际气度、家国情怀和文化底蕴的统一。

（二）科技的领军地位

制作技艺在行业内居领军位置。作为普洱茶产业龙头企业，云南大益茶业集团一直在为茶产业现代化、工业化、标准化发展努力。以发酵技术为例，在普洱茶的制作工艺中，发酵是普洱熟茶的核心技术之一，发酵技术迭代更新至今已有三代，从第二代到现在的第三代发酵技术革新都与大益集团有直接联系[2]。除了普洱茶发酵技术外，大益另一项核心竞争力就是普洱茶研配技术。所谓研配技术，就是为了达到理想口感，通过研究原料特性、掌握配方规律，而将两种及以上形质不一、具有一定相融性的茶叶拼合在一起的茶叶制作工艺。这样做，对茶而言，或避其短，或美其形，或匀其色，或提其香，或浓其味，是提高茶品品质、稳定茶品质量的重要方法。勐海茶厂历经80年的发展，一代代研发人员在总结前人经验的基础上，把隐性的需求提炼为研配思想，并把思想固化为配方、做成产品，历经市场和消费者的考验，最终形成大益茶独一无二的研配技术。2007年8月，"云南省普洱茶加工工程技术研究中心"在勐海茶厂挂牌。"大益茶制作技艺"也成为普洱茶工艺代表入选国家级非物质文化遗产名录，大益集团作为一家民营企业，

---

① 刘佳：《"益文化"视野下现代企业文化的实践与启示——基于大益茶业集团企业文化建设的思考》，《中国茶叶》2013年第2期。
② 第一代发酵技术是茶叶自然发酵。第二代发酵技术是人工渥堆发酵技术，1973年勐海茶厂科研团队首次采用"渥堆法"，取得普洱茶快速发酵试验的成功。与第一代发酵技术相比，第二代发酵技术正式将普洱茶分为生茶和熟茶两种制法，揭开了普洱茶产业的新篇章。第三代发酵技术是大益集团在2016年创制成功的"微生物制茶法"，不仅提升发酵的转化率，也使茶叶的品质和稳定性得到更好提升，第三代发酵技术使普洱熟茶的制作工艺更科学化、规范化、标准化。

仅专利技术就拥有 90 余项，这是远远超出一般人想象的事。2011 年 11 月 11 日，大益集团在东莞设立大益茶业科技有限公司，引进袋装茶生产设备，建成了全机械化的标准生产线，无菌生产车间随后也投入使用，此举颠覆了普洱茶传统制茶的印象。

加强课题研究和重大工艺突破是大益科技领军地位的又一表现。大益集团设立"博士后科研工作站"（2010 年），承担"普洱茶渥堆微生物消长规律研究"和"普洱茶降血脂功效机理研究"两个国家自然科学基金课题的研究。2011 年，"普洱茶微生物消长规律及其代谢产物特点"被课题组成功破译，并绘制完成了"微生物变化图谱"，在普洱茶学界引起震动。2014 年 8 月，"云南省普洱茶发酵工程研究中心"在大益七号院正式挂牌成立。2015 年 12 月，大益七号院引进云南中检检验检测技术有限公司，共同成立云南中检大益集团茶叶检测中心。2016 年 12 月 9 日，在"2017 中国普洱茶行业发展研判勐海高峰论坛"上，大益七号院宣布黑马技术重大工艺取得重大突破，并顺利建成普洱茶罐式可控固态发酵生产线。这一重大成果成为引领普洱茶行业实现历史性跨越的里程碑。

（三）行业的标杆地位

大益全链条化发展引领和推动行业发展。中国是世界上最早发现和利用茶树的国家，饮茶是中国人的一种生活方式，消费群体达到 4.9 亿人。但在茶饮行业，一直存在着"品类一大堆，品牌无人推"的局面，大部分消费者面临的现状是：对茶叶品类如数家珍，却说不出来一个响当当的茶叶品牌。[①] 大益普洱茶在普洱茶中独树一帜，有着广泛的品牌影响力与消费认同感，无论是茶叶的制作工艺还是产品真伪检测等技术环节都已有了标准化的流程。勐海茶厂制茶现代化和工业化水准明显提高，发酵车间大楼、成型车间新大楼、技术中心等基础设施相继建成并投入使用。色选设备、静电拣剔设备和青、熟茶联装筛分生产线的引进，以及饼茶包装流水线、自动称量流

---

① 王勇：《打造国饮品牌》，《中华合作时报》2007 年 12 月 18 日 B01 版。

水线、人工拣剔流水线、自动匀堆生产线的投产都为保障食品卫生安全，提高生产效率，降低劳动强度等提供了硬件基础。大益已经发展成为设备先进、技术力量雄厚、管理规范、质量体系完善，集种植管理、原料采购、成品加工、销售服务于一体的现代化大型茶业集团。

不畏竞争赢得行业龙头地位。在普洱茶市场中，大益的定位是"高端的引领者、推动者"。普洱茶之所以成为新的饮品时尚，原因在于它满足了国人富裕起来后的品位提升需求，满足了人们对健康生活的追求和美好精神的向往。中国是茶叶的故乡，在习近平总书记的倡导推动下，在中国面向全球推广健康茶文化的趋势下，中国茶文化会像欧洲红酒文化一样深入人心，引领整个行业，让中国茶叶成为全球健康公共产品。茶叶起源于中国云贵高原，数千年来源远流长，行销海内外。这款不含脂肪、不含碳水化合物的饮品，成为各民族饮食文化中的重要内容。最近20年，云南很多茶厂都进行过红茶的生产，产销情况也逐步多元化。但无论是从产量还是从消费量来看，国内茶类的消费长期以来主流都是绿茶。中国是世界产茶大国，同时也是世界茶叶消费大国。茶叶是我国的国饮，有着几千年历史的茶文化。普洱茶成为新的饮品，原因在于它满足了国人富裕起来后的品位提升需求，满足了人们对健康生活的追求和美好精神的向往。大益采取电商与传统门店的O2O配合营销模式。一方面，建立了普洱茶体验式线下传统营销渠道专营店，并且实行专营店分级管理制度；另一方面，公司以"互联网+时代茶生活"为切入点，在天猫和京东等平台开设了大益茶叶旗舰店，同时，开设了自有的电商营销平台"益友会"，通过信息技术及创新应用推动行业的转型与升级，以互联网+的运营理念定义移动互联网时代的茶生活，为全世界的爱茶人士提供最佳的茶生活体验。此外，大益茶庭、大益爱心茶室、大益少儿茶道课程、亲子茶道培训课程等项目也为大益品牌推广与建设起到了示范引领作用。

全球布局，努力实现"让天下人尽享一杯好茶的美好时光"。茶香飘过千年华夏大地，生生不息。中国人已经把茶与人生合而为一，以茶来品味人生，寄托情感，传承文化。作为重要的交往方式，以茶会友在任何时代都被人们津津乐道。大益集团 2014 年率先在韩国首尔开设全球首家大益茶庭，结果一炮而红，大受韩国年轻人欢迎。2016 年，韩国首尔第二家大益茶庭开业。同年，在上海设立大益茶庭总部，开设第一家亚洲研发中心，上海七宝宝龙店开业，从此大益茶庭的发展进入快车道，并逐渐延伸到越来越多的国家。为实现全球战略布局，大益集团专门成立大益国际企业家俱乐部，其价值有三：其一是合作价值，在经济全球化的浪潮下，促进贸易和投资便利化，夯实大益合作组织发展的物质基础，同时深挖区域合作潜力，共创合作机遇，增强对会员、会员企业、会员国的前瞻性、系统性和战略性的思考和研究。其二是社交价值，会员通过与爱好相同、价值观相近、资源互补的会员进行基于深度信任和友谊的有效交往，实现社交共赢价值。其三是文化价值，会员通过国际论坛、主题茶会、商业管理课程、行业代表企业考察、慈善公益、大数据及金融服务等线上线下活动，领会中国文化和世界各国文化精髓，提升文化和美学修养，提高品质生活。为保障国际企业家俱乐部的良性运行，四大支持平台配套产生，即中国—东盟企业家论坛、大益智库、大益商道院和"一带一路"东盟投资发展基金。在中华文化自信日益增强的当下，大益茶文化长远布局，以更大的魄力和视野进行百年规划，让中国茶业行稳致远，在推动人类命运共同体建设中展现更大的作为。

三 践行总书记"三茶"理念：大益在新时代的不懈追求

（一）习总书记的"三茶"理念对中国茶业发展具有最高指导意义

习近平总书记对"茶"的关注和支持是一个不断深入和具有持续指导价值的过程。多年来，习近平总书记十分关心茶产业的发展，1990 年 5 月，时任宁德地委书记的习近平总书记在福安市坦洋村品尝坦洋工夫茶时说："青山不老，绿水长流，喝过坦洋工夫茶，人走情常在。"2003 年 4 月，时任浙江省委书记的习近平在浙江省安吉县黄杜村考察白茶基地，对于黄杜村因地制宜发展茶产业的做法给予充分肯定，发出了"一片叶子富了一方百姓"的由衷赞叹。2005 年 8 月，再次考察安吉，又在这里首次提出了"绿水青山就是金山银山"的重要发展理念。2014 年 3 月 18 日，总书记在河南省兰考县委常委扩大会上，将喝茶与修身养性、党风廉政相提并论，指出："清茶一杯，手捧一卷，操持雅好，神游物外"是品质生活。同年 4 月 1 日，总书记在比利时布鲁日欧洲学院的演讲中，提出著名的"茶酒论"，即"茶的含蓄内敛和酒的热烈奔放代表了品味生命、解读世界的两种不同方式。但是，茶和酒并不是不可兼容的，既可以酒逢知己千杯少，也可以品茶品味品人生"。2017 年 1 月 12 日，总书记与应邀访华的越共中央总书记阮富仲茶叙，两位领导人畅谈中越共通的茶文化，共叙两党两国关系未来，共话中越两国人民友好，总书记为阮富仲拆解茶字意涵："'茶'字拆开，就是'人在草木间'。"2020 年 4 月 21 日，总书记考察调研陕西省安康市平利县，与茶农亲切交流，现场要求"因茶致富，因茶兴业，把茶叶这个产业做好"。2020 年 5 月 21 日，总书记致信祝贺首个"国际茶日"，信中提到"茶起源于中国，盛行于世界"。2021 年 3 月 22 日，习近平总书记赴福建考察调研，来到位于武夷岩茶核心产区的星村镇燕子窠生态茶园，了解茶产业发展情况，并强调：要统筹做好茶文化、茶产业、茶科技这篇大文章。认真学习习近平总书记对茶业的相关阐述，至少可以得出以下几个结论：第一，发展茶产业对群众致富具有独特的作用；第二，饮茶品茶是一种健康的生活方式；第三，弘扬茶文化对世界很有意义；第四，茶产业发展具有上升性。

（二）沿着习近平总书记指引的方向继续前行是大益在新时代发展的题中应有之义

中国是茶的故乡，茶穿越历史、跨越国界，深受世界各国人民喜爱。在习近平总书记的倡导推动下，在中国面向全球推广健康茶文化的趋势下，大益要做的是用科技回归茶叶本源，提供中国式的健康养生方案。品饮普洱茶成为新的时尚，在于它满足了国人富裕起来后的品位提升需求，满足了人们对健康生活的追求和对美好精神的向往。现在的大益，已经成为一个发展领域兼容并蓄的大企业，更为核心的是突出茶文化引领、打造国际化茶文化品牌。在谋求多元化的同时秉承传统，集团公司的所有业务都服务于普洱茶这一核心产业，大益实现了人文与科技的碰撞，不同的部门不忘大益的初心，支撑着"大益大厦"。大益集团以"共享一杯茶的美好时光"为愿景，以"传承中国茶道，为全球消费者提供高质量的茶产品及服务"为使命，继承传统，开拓创新。

大益集团已经形成以普洱茶为核心，覆盖科研、种植、生产、营销与文化全产业链的现代化企业。作为普洱茶产业龙头企业，自2014年以来，大益集团加快普洱茶的国际化进程，提升大益品牌在国际市场上的认知度和美誉度，海外拓展成为大益集团重大的战略规划。大益的国际化并不是简单的贸易输出，而是将"茶产品""茶文化""茶公益"做三位一体的整体品牌融合。如今，大益集团正致力于以普洱茶为载体，打造兼具质量保障、文化内涵、时代特色与社会效益的新时代普洱茶品牌，承载中国优秀的传统文化，让大益走向世界，让世界爱上中国茶。

八十余载润物耕心，几代人筚路蓝缕。大益走出的这一条充满了光荣与梦想的道路，是由无数茶人前辈、无数事业开拓者，用可歌可泣的故事、用执着的工匠精神踏遍荆棘而形成的。大益集团的发展史，就是一代代大益人不忘初心、薪火相传、锐意进取的成长史。自2004年以来，大益抓住中国特色社会主义市场经济的发展机遇，充分整合、协调各方面优势资源、充分发扬卓越的企业家精神，把握中国经济蓬勃发展的时运，逐渐成为普洱茶行业领军者。改制以来的这些年，大益在质量控制、科研创新、品牌营销、茶道文化等方面下了大功夫。唯至诚，方能经天纬地，立天下之大本。大益通过持续不懈的努力，形成了一套完整的体系、独特的理念和丰富的实践，为企业在新时期如何高质量发展探索出一套做法，为企业实现家国情怀、反哺社会蹚出一条路子。

大益植根于中华大地，在祖国西南边陲建基立业，为民族振兴、产业发展而前仆后继。优秀的企业文化，是今天大益最宝贵的精神财富，更是未来大益永续成长、迈向基业长青的强大动力。当前，大益也面临着复杂多变的宏观环境和日趋激烈的市场竞争，弘扬进取有为的大益精神，使之薪火相传、生生不息，激励大益人创造出无愧于先辈、无愧于时代的业绩，为百年大益奠定坚实基础是所有大益人的共同心愿。

已逝大益集团董事长、总裁吴远之曾说："大益或许还不是一家巨无霸企业，但绝对是一家有故事、有情怀、有成长前景的企业。""让天下人尽享一杯茶的美好时光"愿景正在实现，大益茶定香飘世界，大益之路必将大益！

B.15
品牌与企业的力量
——西双版纳陈升号的 15 年发展报告

陈柳滨*

摘　要： 陈升号在推动普洱茶产业标准化、制度化、品牌化过程中发挥着重要作用。自 2007 年成立以来，陈升号走过了关注普洱—扎根云南—政企合作的发展历程，坚持绿色环保、促进民族团结和推动脱贫致富的发展理念，产业规模不断扩大、产品种类不断丰富、市场空间不断拓展、经济效益不断提高、社会效益不断显现、管理模式不断创新。在实践探索中，陈升号利用东部资本、识别发展需求、严控产区原料、打造品牌商标，进一步提升了普洱茶的知名度和美誉度，推动了云南的乡村振兴，走出了一条健康可持续发展之路。

关键词： 茶叶品牌　茶叶企业　普洱茶　陈升号

陈升号是云南省重点龙头企业之一，在云南普洱茶产业、产品、品牌和市场拓展以及带动云南经济社会发展的过程中发挥着不容小觑的功能与作用。云南的茶叶产业，尤其是普洱茶产业，发展的重要路径之一就是通过龙头企业实现资源、科技、品牌、生态、民族文化等要素的对接，发挥龙头企业运营管理和市场拓展的能力。陈升号通过充分利用东部资本、溯本原料产

---

* 陈柳滨，勐海陈升茶业有限公司监事、总经理，主要研究方向：茶叶资源开发、茶叶品牌建设。

区、村企合作共赢、现代企业运营等经营战略，不断培育茶品牌，实现资源、资本、企业、科研、品牌、民族文化等的互动，推动云南普洱茶产业的健康可持续发展。

一 企业发展历程及理念

陈升号是集普洱茶种植栽培、产品研发、生产加工、销售与弘扬茶文化于一体的产业链完备的现代化专业企业。自 2007 年成立以来，历经十余载，秉承着让茶农、员工和经销商一起富起来的理念，不断振兴云茶产业、弘扬国茶文化，为云南茶叶产业的发展贡献力量。

（一）企业发展历程

"陈升号"的发展历经了关注普洱茶—扎根云南市场—政企合作共同发展的历程，十余年间不断壮大云南茶企力量，弘扬国茶文化。进入 21 世纪后，随着社会财富增长，人民生活水平普遍提高，普洱茶这一具有独特品质特征的茶被重新认知，再次进入大众的视野，尤其是普洱茶"越陈越香"的品质使其从其他茶类中脱颖而出，延伸出了相关产品的投资收藏体系，不断扩大了普洱茶及其文化的内涵和外延。一大批"爱茶人士"开始重新关注普洱茶产业，"陈升号"创始人基于云南主茶区较为丰富的茶叶资源，通过政府招商引资，充分利用在东部沿海地区所积累的资本、茶叶生产专业知识，借鉴现代企业生产模式，在云南省西双版纳州勐海县创立了"陈升号"。在各级党委政府对茶产业振兴的大力扶持下，"陈升号"开启政企合作的发展模式。与布朗山老班章村签订 30 年包购包销合作协议，在茶山上建规模化的普洱茶初制加工厂，形成了紧密的"公司+基地+农户"合作模式。在从源头开始把控产品质量的同时，坚定茶农合作信心，村企同心共同打造"老班章"茶叶品牌。借鉴与老班章合作取得的成功经验，陈升茶业与南糯山半坡老寨、勐宋那卡、易武等茶山村寨展开合作，惠及数万茶农，企业也因此得以迅速发展。创立的十余载间，陈升茶业成为国家普洱茶产品质量监督检验中心的

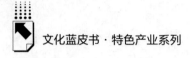

科研合作单位，被国家工商行政管理总局商标局认定为"中国驰名商标"，"陈升号"被评选为"十大名茶"之一，不断稳步向前至今。

（二）企业发展理念

绿色环保是现代企业生存发展的重要条件。陈升茶业始终坚持绿色环保、科学高效、可持续发展道路，建成"花园式的工厂"，绿树成荫、鸟语花香。各大原料基地初制厂坚持用液化石油气代替薪柴杀青，践行绿水青山就是金山银山的指导思想。在精制加工环节，创新传统工艺，最大限度做到节能减排、绿色环保。2012年7月，公司被评为"西双版纳州州级环境友好企业"。

民族团结是边疆企业发展的特色使命。陈升茶业立足的边疆勐海，是少数民族聚居的地方，公司始终把民族团结和共同致富作为发展宗旨，原料采购合作的村寨有哈尼族、拉祜族、布朗族、基诺族等少数民族，多年来，各方不但取得了经济效益，还建立了深厚的情谊。公司内部，少数民族员工占比达70%，大家团结友爱、互帮互助，共同为美好生活而奋斗。2017年，陈升茶业被评为"全国民族团结进步创建活动示范企业"。

致富是茶企发展的重要理念。陈升茶业以"让茶农、员工和经销商一起富起来"为经营理念，积极响应当地政府"百企帮百村"的号召，结合自身产业优势，选定西定乡曼马村、曼迈村作为企业扶贫挂钩点，与贫困户签订农产品收购协议，大幅度增加农民收入。同时，公司多次派遣制茶师傅到村寨教授茶叶初制技术，提升老百姓制茶水平，从工艺层面提高茶叶品质，增加创收，践行"授之以鱼不如授人以渔"的长远扶贫思路，让贫困村从此脱贫。努力达到让茶农、员工和经销商一起富起来的理想状态。

二　企业发展现状

陈升茶业自2007年成立以来，产业规模、产品种类、市场拓展、经济效益、社会效益以及企业管理层面都得以进步和突破，产业规模不断扩大、产品种类不断丰富、市场不断拓展、经济效益与社会效益不断提高以及企业管理模式不断创新，"六不断"的发展模式为陈升茶叶的转型升级奠定了坚实的基础，不断助力云南普洱茶产业的发展。

（一）企业产业规模

2007 年创立至今，陈升茶业在政府政策的大力扶持之下，依托自身良好的发展条件，不断扩大企业规模。截至 2022 年，陈升茶叶厂区占地面积200 余亩，建筑面积 21 万平方米，概算投资 3 亿元。原料基地方面，公司与茶农签订至少 30 年的长期合作协议，建立了老班章、半坡老寨、那卡、易武四大基地，同时还与省域内近百个盛产大树茶的村寨进行采购合作，合作古茶园面积过万亩，基本囊括了名优普洱茶产区的核心资源。[①] 为实现茶企的进一步长远发展，陈升茶业还建立了面积近万亩的老班章茶园基地、那卡茶园基地、曼班茶园基地三大自有茶园基地。将于 2023 年建成投产的年产 3000 吨普洱茶系列产品生产基地建设项目也立足于陈升茶业，这成为该茶企产业规模进一步扩大的一大契机。

（二）企业产品种类

陈升号主要以 357 克传统茶饼和普洱茶生茶为主，定位于中高端品牌。多年来，陈升号专做大树茶产品，其常规产品基本保持稳定并得以延续。目前，产品种类共分为四大系列，分别是标杆系列、名山系列、特色系列和熟茶系列。其中，标杆系列有"陈升一号、霸王青饼、陈升匠心、陈升号"，名山系列有"陈升老班章、那卡、冰岛妙香"，特色系列有"梦真、天韵、金牛献瑞（生茶＆熟茶）、扭转乾坤、百年伟业、陈皮升香、陈升孔雀"，熟茶系列有"陈升之砖"（以上为 2021 年常规产品）。同时，陈升号以"清、香、甘、活"的品质打造大树茶产品，以"香高、气足、底厚、韵深"四大类型区分口感，产品种类丰富、精细的特征得以凸显。

---

① 资料来源：企业年报。

（三）市场拓展

陈升号作为中国驰名商标、云南省十大名茶之一，拥有较为良好的市场条件，市场辐射范围不断拓展。陈升茶业在全国拥有500家具备一定规模和实力的经销商加盟店，并在北京、广州、昆明设立了三家品牌直营店，服务当地经销商，以更好地推广陈升号品牌。基于大树茶产品香溢神州的特点，陈升产业相关茶产品远销美国、欧盟、日本、新加坡、韩国、马来西亚等海外国家，并成功注册商标，以茶为媒传播中华茶文化，不断扩大产品辐射范围。此外，在新冠疫情的特殊时代背景之下，陈升号利用线上线下相结合的方式不断拓展市场范围，利用茶企官网、微信公众号、微博、抖音商城、小红书等不断扩大云端市场，在扩大市场辐射范围的同时塑造品牌文化价值和构建企业无形资产。在市场宣传层面，除了利用线上新媒体平台进行宣传外，企业也开展经销商区域推广活动、茶博会、与第三方开展推广活动等。同时常年在央视各大频道、地方电视台等媒体、知名网站、杂志、地铁、机场、户外大屏等投放广告，在推广品牌的同时招商引资、开拓市场。陈升茶业在稳定的原料供给、匠人匠心工艺，良好的产品口碑等多重因素共同作用之下，市场知名度和占有率逐年递增。

（四）经济效益

经济效益是衡量企业发展水平的重要标准之一。陈升茶业自2007年创立以来，产值持续稳定增长，公司硬件设施如厂区建设功能化细分日益完善，现代化生产设备大量采购投产，产品质量及生产效率不断提升。企业无形资产即品牌价值逐年增长，品牌知名度与市场占有率逐年提升。2020年品牌价值评估3.44亿元，2021年，公司产值超6亿元，缴税额达3000万元，为边疆地区经济发展、民族团结、云茶产业振兴做出了贡献。①

---

① 资料来源：企业年度报表。

（五）社会效益

高社会效益是优质企业的重要表征。陈升号自创建以来一直注重提高社会效益，实现社会效益与经济效益的有效结合。首先，为了更好地保护和开发大树茶资源，陈升茶业与老班章、半坡老寨、那卡、易武等茶山村寨签约合作，实现了资源的科学合理利用，同时基于绿色有机的古茶园管理制度，最大限度保护大树茶资源，实现资源可持续发展。

其次，陈升茶业发展壮大，内部员工数量不断增长，外部经销商门店不断增加，企业打造"公司+基地+市场零售端"的岗位模式，为数千人提供了就业岗位，公司立足边疆少数民族地区，少数民族员工占比达70%，促进了边疆地区的稳定、繁荣发展。

再次，陈升茶业秉持着绿色生态环保的发展理念，践行绿水青山就是金山银山的指导思想，以有机标准管理古茶园和初制、精制生产流程，荣获环境友好型企业称号。同时，陈升茶业积极承担社会责任，多年来，累计斥资近千万元为茶山村寨修道路，建社房、寨门、景观亭、文化广场等设施，改善了村民的基础生活条件，公司累计为社会公益事业投入上千万元，积极参与扶贫事业、助学、大病救助、防疫、捐资捐物等活动。

最后，借助与科研机构、高校等的合作，努力提升员工素质、工作能力、生产技能，大力培养新时代高技术型专业人才，为公司、行业以及社会培养了大量的专业人才。

（六）企业管理

企业管理水平高低是企业成功与否的关键性因素之一，良好的企业管理能促进企业效率的提升，为企业转型升级发展提供核心力量。陈升茶业围绕管理核心，设立董事会，始终秉承"专业的人做专业的事"的原则，细分工作内容，建立健全各板块管理部门。同时，有详细部门分工，如采购部、生产部、研发部、营销部、财务部、行政部、电商部、工程部等，各部门之间紧密协助，全力推动陈升号向"中国最好的普洱茶品牌"前进。同时，陈升号与云南省农业科学院茶叶研究所、国家普洱茶产品质量监督检验中心、云南农业大学茶学院、云南民族大学、滇西应用技术大学等科研机构、高校建立合作关系，开展技术交流、科研合作、人才培养（人力资源管理）等工作。目前，陈升茶业在党委政府、相关单位指导下，以人为本、合规经营，已经形成一套具有公司特色的科学、高效、规范的管理制度。有完备的《公司章程》《员工守则》《生产技术标准》等规范性纲领，以及一流的高端普洱茶加工配套设备和流程，通过健全、高效、科学的企业管理模式着力打造百年企业、百年老字号品牌。

三 从企业到品牌

自 2007 年创建至今的 10 多年间，陈升茶业实现了从企业到品牌的重大转变。在地域开放、资源丰富的现代社会条件下，在云南企业基本以国有企业为核心、各中小型企业竞争发展的生存模式之下，陈升茶叶通过对广东外部资本的引入以及现代企业的运作模式，将云南茶产业生产标准化，着力创建普洱茶标杆品牌，10 多年间打造品牌价值 4.57 亿元，不断提升云南普洱茶产业的知名度与美誉度，为云茶产业的发展贡献了强大的力量。

（一）企业发展的经验

陈升茶业历经 10 多年的历程，探索出一套独到的发展经验与模式，通过借助东部力量扩大市场辐射范围、识别发展需求、实现村企合作共赢，以及严控产区原料、打造品牌商标等方式助力企业不断发展壮大，成为云南茶业企业可参考的范本。

1. 借助东部力量，扩大市场辐射范围

陈升茶业在落地扎根云南市场之前，其创始人陈升河已在广东深圳等东部沿海地区从事茶产业相关行业。1986 年其在深圳从事茶叶研究及经营，品牌市场占有率曾达 60%，具有茶产业发展相关方面的专业知识和经营经验，被业界誉为"茶痴"。广东是中国较为发达的地区，其现代企业运行模式较为成熟多样，在茶叶企业运营、管理、发展层面有着充足的案例模本。在地域开放的条件下，陈升茶业充分依托云南主茶区西双版纳得天独厚的优质茶叶资源，加之重视培养茶叶知识完备的专业团队，借鉴东部地区成熟现代企业的管理、运营模式，这使陈升茶业得以成功落地云南市场，并得以良好有序地发展。陈升茶业在西双版纳的落地形成广东和云南茶文化、茶企交流发展的纽带，在茶企运营发展初期扩大了市场的辐射范围。借助东部力量助推企业发展，巩固企业发展核心，也为之后市场辐射到美国、欧盟、日本、新加坡、韩国、马来西亚等国家奠定了良好的基础。

2. 识别发展需求，村企合作共赢

2000年普洱茶市场开始复苏回暖，普洱茶的收藏价值逐渐得到认可和强调，大批炒茶客和炒山客的出现成为普洱茶市场发展运作的痛点，在不同程度上给经销商和茶农造成了伤害和损失。面对普洱茶市场的恶性循环，陈升茶业在看到增加供给、限量出货、统一价格等方式效果甚微之后，从原料市场发展需求入手，将经销商和茶农联合在一起，采取"公司+基地+农户"的包购包销共赢模式，打出了"让茶农、员工和经销商一起富起来"的口号，为优化品牌品质建立起了坚固的屏障，开启村企合作共赢模式。由企业出资为老班章村茶农修建八公里便民大道，同时为了更好地解决茶叶溢价而引起的收入分配问题，在陈升号与茶农所签订的合同中明确保证每五年溢一次价，通过以上种种方式陈升茶业将茶农和经销商引入同一条赛道，不仅有效化解了市场恶性循环所带来的问题，也充分打造了村企合作的良好发展模式，得到了政府及相关部门的大力支持，企业以及品牌美誉度得以大幅上升。

3. 严控产区原料，打造品牌商标

原料质量是打造品牌商标最为核心的要素，通过严控产区原料，为茶叶品质背书，将品牌品质等观念不断植入消费者群体，助力企业高质量发展。陈升茶业在发展的进程中充分认识到产区原料品质对于品牌打造的重要作用，投入大量资金与老班章村签订30年包购包销合作协议，相继在南糯山半坡老寨、勐宋山那卡、古六大茶山易武建立原料加工基地，与当地茶农签订30~50年长期战略合作协议，合作古茶园总面积上万亩，掌控了名优普洱茶产区的核心资源。同时为了保证茶产品的品质问题，茶品的入世需得到布朗山乡班章村民委员会老班章小组、勐海陈升茶厂、勐海县布朗山布朗族乡老班章茶农协会三个部门的共同认定，大大赢得了消费者的信任。品牌价值不断上涨，"陈升老班章"普洱茶（生茶）被评为云南省"十大名茶"，陈升茶业成为云南省重点龙头企业、中国驰名商标、"云南名牌农产品"等等，2020 年品牌价值评估 3.44 亿元，品牌知名度不断上升。

4. 发挥品牌力量，扩大云品辐射范围

陈升号立足于彩云之南，充分利用云南茶叶、气候、地理环境等资源优势，不断延长茶产业链，提高茶产品附加值，打造云茶品牌。同时扩大品牌辐射范围，促进云品入鲁，为云南省甚至中国打造世界一流绿色食品品牌提供"陈升"经验。为促进高原特色农业的发展，提升云品品牌知名度和传播度，云南省自 2018 年以来举办了五届"十大名品"评选表彰活动。"陈升号"充分结合各方优势，通过借助东部力量扩大市场辐射范围、识别发展需求以实现村企合作共赢、严控产区原料打造品牌商标等方式不断提升品牌力量，15 年打造 4.57 亿品牌，成为唯一一家连续 5 年上榜的品牌企业。后疫情时代，"陈升号"致力于提高品牌知名度和传播度，不断扩大云品辐射范围。"陈升号"作为云南"十大名茶"、一张靓丽的城市名片，参加"好客山东，云南有礼——2022'云品入鲁'专场展销会"，助力"绿色云品"出滇入鲁，向山东甚至中国展示了高原特色农业的发展势头，强交流、促合作，不断扩大云品辐射范围。

（二）企业对云南茶业的贡献

陈升茶业自成立以来，不断提高茶产品品质、打响品牌知名度，为云南茶业的发展贡献出巨大力量。在茶企市场层面，陈升茶业进入云南，助力打破了云南国有企业为核心、中小型企业竞争发展的局面，填补了云南茶业市场各性质龙头企业共生发展的空白，将云南茶产业的发展引向标准化、制度化、流程化生产，同时为云南茶产业的发展引入了东部沿海的力量，加强了云南与广州、深圳等地的沟通交流，通过充分借鉴东部现代企业的运作模式，为云南茶叶企业的发展提供了样本。在品牌价值层面，陈升号多年来所获得的"中国驰名商标"、云南"十大名茶"、"中国茶叶行业综合实力百强企业"、"云南省重点龙头企业"等荣誉不断丰富云南茶业品牌建设，其茶产品多次登上央视，提升了云南茶业的品牌知名度以及品牌美誉度，成为云南城市名片，同时陈升号明确定位中高端品牌，发挥品牌引领作用，把绿色健康、质高价优的普洱茶产品推广至全国，助力云茶出滇并擦亮普洱茶的金字招牌。

（三）陈升号与乡村振兴

企业是乡村振兴的主体之一，陈升号通过发挥企业自身优势，致力于解决乡村贫困问题，先后实施了茶区道路修建、寨门修建、社房修建、活动广场修建，并积极投入帮助聋哑儿童、爱心助学等公益事业中，不断助力乡村振兴。

在经济效益层面，陈升茶业对云南以及地方经济的发展具有助力作用。2021 年陈升茶业有限公司完成销售收入近 6 亿元，上缴税收近 3000 万元，[①]带动了地方经济的发展，同时陈升茶业在运营过程中，解决了数千人的就业问题，为云南经济的发展贡献了力量。在社会效益层面，陈升茶业的产品生产车间有约 70% 的少数民族生产工人，做好民族团结工作，为边疆民族的发展提供了平台，被评为"全国民族团结进步示范企业"。同时对大厂员工进行职业技术培训以及基础素质教育培育，一定程度上提高了地方人员的文化水平和技术水平。绿色环保的理念、"花园式的工厂"建设也为云南社会的发展贡献出力量，促进社会可持续发展理念的传播。在乡村脱贫致富层面，陈升号确定了"产业进村、企业带动、项目引领"的扶贫思路，选定了勐海县西定乡曼马村、曼迈村两个贫困村为挂钩扶贫村寨，向村民高价回收滞销茶叶、捐赠物资、免费开展培训，同时和建档立卡贫困户签订了农副产品收购协议，全面收购农户农产品，助力大批农户脱贫致富。在赋能乡村

---

① 资料来源：企业年度报表。

振兴层面，陈升号在茶山基地充分整合乡村休闲康养文化资源，促进茶旅融合，培育一些满足城乡居民康养、休闲以及娱乐体验需求的文旅、茶旅产品，初步形成一批生产、加工、体验等康养项目。同时开设"陈升号名人体验馆"，利用"音乐+茶"的跨境融合开展节庆会展，不断拓展丰富茶产业业态，助力茶产业赋能乡村振兴。

四　结语

　　企业是产业发展的主体，培育壮大龙头企业对一个产业的健康、高效发展具有关键性作用。云南普洱茶产业发展的重要路径之一就是，在根植云南市场、依托云南丰富的茶叶资源以及生态资源的基础上，培育具有良好信誉、市场拓展能力，致力于打造百年企业和知名品牌，不断创新管理运营方式的普洱茶龙头企业，以此实现资源、科技、品牌、生态、民族文化等要素的对接，发挥龙头企业推动普洱茶产业健康可持续发展的作用。云南各大茶企在发展成长过程中应树立龙头企业的带动引领意识，借鉴陈升号吸收外部力量、扩大市场辐射范围、识别发展需求、打造村企合作共赢模式，以及严控产区原料、打造品牌商标、注重社会效益、情系多方等的实践经验，在充分实现其经济效益的同时，带动农民增收、带动地方经济的发展，为边疆少数民族地区的和谐稳定贡献一定的力量，擦亮云南普洱茶产业金字招牌，以此实现经济效益和社会效益的统一，助力云南普洱茶产业的健康可持续发展。

B.16
企业精神和社会责任
——龙园茶业的发展报告

李朝康　苏芳华*

摘　要： 企业精神和社会责任在促进产业发展方面具有持久的生命力，也是助力云南省茶产业健康、高效、可持续发展的重要因素。龙园茶叶自 1999 年创建以来，经历了"扎根云南市场—快速成长—知难而进—逐渐壮大"的发展历程，20 多年间，秉承着优良的企业精神和高度的社会责任感，实现了产业规模的不断扩大、产品种类的不断丰富、市场份额的不断拓展、企业能力的不断增长、综合效益的显著增长，最终成功从茶叶企业走向茶业品牌。在龙园企业转型升级过程中，注重优良企业精神和高度社会责任的指引，注重攻坚克难企业精神的培育，充分利用资源优势，打造高质量职工队伍，积极对云南茶产业做贡献，助力乡村振兴、帮助茶农脱贫，得以实现"经济效益+社会效益"的双丰收。

关键词： 企业精神　企业社会责任　龙园茶业

　　企业精神和社会责任是产业发展的重要组成部分，也是云南茶产业保持

---

* 李朝康，云南民族大学副教授，龙园茶业副董事长，兼任中国农业国际合作促进会茶产业分会、云南省茶叶流通协会等 5 个茶行业协会副会长，主要研究方向：普洱茶产业、普洱茶营销；苏芳华，中国土产畜产云南茶叶进出口公司原总经理办公室主任，正高级工程师，兼任昆明民族茶文化促进会、云南省老科技工作者协会茶业分会常务副会长，吴觉农茶学思想研究会云南联络处常务副主任，云南省茶马古道研究会副会长，主要研究方向：茶产业、茶马古道。

健康、高效、可持续发展的重要动力因素。依托独特的企业精神和社会责任，龙园茶业历经20余载已从一个不知名的小厂——大渡岗龙园生态茶厂，成长为如今的西双版纳州古茶山茶业有限公司，龙园茶业发挥攻坚克难的企业精神、充分利用资源优势以及加强人才队伍建设等方式为西双版纳州茶产业和地方经济的发展做出了重大的贡献，推动了云南普洱茶产业的健康、可持续发展。

一 龙园茶业的发展历程及理念

龙园茶业作为一家重视企业精神、社会责任感以及专业茶叶运营技术理念的综合性企业，自1999年创办以来，不断弘扬中国茶文化，坚持"质量是根本、创新是动力、营销是关键、队伍是保证、稳定是前提"[①]，牢固树立创新、协调、绿色、开放、共享"五大发展理念"，努力打造世界一流茶品牌。

（一）龙园茶业发展历程

龙园茶业经历了"扎根云南市场——快速成长——知难而进——逐渐壮大"的发展历程。20余年间凭借独特的茶叶资源优势、卓越的企业精神和社会责任感，不断壮大企业力量，丰富云南茶企精神，弘扬中国茶文化。

1999年，大渡岗龙园生态茶厂扎根云南市场，正式创办成立，并注册了"龙园号"商标，龙园茶业开始起航。2003年11月，云南西双版纳州古茶山茶业有限公司诞生，是龙园茶业在原有的大渡岗龙园生态茶厂的基础上组建的。依托云南省西双版纳州发展茶叶产业的特殊资源优势，尤其是发展普洱茶的区位优势和得天独厚的茶树原产地条件，再加之具有优良的企业精神和强烈的社会责任感，龙园茶业以优质茶产业产品不断赢得市场、快速成

---

① 《公司简介》，云南西双版纳州古茶山茶业有限公司（龙园茶业）官网，http://www.longyuanhao.com/Survey/artInfo/art_id/58，最后检索时间：2022年12月21日。

长。先后成立了昆明直属营销部、西双版纳茶文化传播中心、勐海龙园茶厂。下属于龙园茶业的勐海龙园茶厂致力于传承普洱茶文化、专业生产和销售精品"龙园号"普洱茶产品,这标志着"龙园号"普洱茶进入了一个以普洱茶为核心,绿茶、红茶并举的生产经营模式。

2007年,普洱茶市场崩盘,供求失控、资本入局、市场病态,过度"炒茶"让大量普洱茶企业陷入生存危机,龙园茶业作为2007年"茶叶之殇"的受灾企业之一,依据市场形势迅速调整产品价格,积极调整工作策略,凭借企业精神和社会责任感,紧紧依靠和团结带动全体员工与广大经销商知难而进、共渡难关。尽管市场低迷,"龙园号"昆明分公司、云南普洱茶批发市场永盛茶坊、昆明邦盛国际茶城如意茶庄、"龙园号"昆明大学城经营部等代理商顶住压力开业,在低谷期的市场占得一席之地,展现企业的活力与生机,体现出"知难而进、再创辉煌"的企业毅力,在危机中推动了龙园茶业的健康、可持续发展。

2010年,普洱茶市场重回正轨,茶叶价格不再下降,普洱茶行业进入新发展阶段。面对市场变化,龙园茶业不再固守老旧策略,积极改革营销模式,对企业上下进行全面改革。龙园茶业正式成立了"龙园营销中心",以"服务、宣传、监督、调控"为工作职能,体现龙园茶业在营销方面的规范化、科学化、制度化趋势。自此之后龙园茶企业开始逐渐壮大,在龙园茶业总部内新建了普洱茶文化展览馆和普洱茶文化体验馆;2015年,龙园茶业在勐海县建立了西双版纳龙园茶业大世界,总建筑面积七千多平方米,有重达20.6吨的"世界最大可移动茶柱",多次荣获"茶王奖"、"辉煌杯"金奖、"中国著名商标"等荣誉;实施了"西双版纳万亩茶园观光及茶文化馆建设"的政府立项项目,将"龙园·融品茶文化馆"落户于大渡岗乡,不断壮大企业力量。

(二)龙园茶业的发展理念

龙园茶企业着力提高茶企茶产品的核心竞争力,不断创新发展理念,不断推动龙园品牌高质量发展。企业宗旨是企业的基础。龙园茶企业"弘扬中国茶文化，传承茶马古道精神，一心做老百姓喝得起的好茶"，追求"团结拼搏，勤勉高效，勇于创新，追求卓越"的企业精神①，不断推动企业高质量发展。

企业目标是企业发展的方向。龙园茶业通过制定各阶段较为详细的目标不断提高企业发展质量。坚持"创新、协调、绿色、开放、共享"五大发展理念，坚持"经营始于诚信，质量铸就品牌"这一发展方针。其发展的总目标是努力将普洱茶品牌实现国内一流化，龙园茶业紧紧瞄准这一目标，促进企业长远发展。现阶段发展目标为"打造云南省十大名茶"。品牌建设的指导思想是立足新发展阶段、贯彻新发展理念、构建新发展格局，紧紧围绕打造世界一流"绿色食品品牌"这一主旋律，转型升级，提质增效，坚持质量是根本、创新是动力、营销是关键、队伍是保证、稳定是前提，围绕办厂效益的提高，主打"质量、文化、营销"的同时处理好规模、质量和效益三者的关系，促进科学发展、和谐发展和跨越发展。

在思路改革上，该企业坚持"以改革抓销售，以销售促生产，以生产推发展，以发展出管理，以管理强品牌"；在发展的路径上，坚定不移地走科学发展、品牌发展、创新发展、跨越发展之路；在发展的本质上，坚持一切发展为了大家，一切发展依靠大家，让员工、经销商和茶农都发展起来。在发展的措施上，着力实施"六个一"工程，即建设一个有机生态茶园、一个标准化清洁化车间、一个花园式开放式茶厂、一个现代化标准化仓储中心、一个学习型创新型团队、一个科学化规范化管理体制。不断创新发展理念，着力推动企业的高质量转型升级。建立世界最大的大叶种名山名茶科普园，便于提高原本低质低效茶园经济效益。

---

① 《走符合自身实际独具特色优势的营销之路——中国普洱茶十大知名品牌"龙园号"营销纪实》，http：//www.longyuanhao.com/Journal/artInfo/art_id/252，最后检索时间：2022 年12 月21 日。

二 龙园茶业发展现状

自 1999 年龙园茶业成立以来，产业规模、产品种类、市场拓展、企业效益、社会效益以及企业管理层面都不断进步和突破，产业规模不断扩大、产品种类不断丰富、市场不断拓展、企业以及社会效益不断提高，企业管理模式不断创新，不断壮大企业能力、拓展茶叶市场、助力茶产业的高质量发展。

（一）产业规模

在企业精神和社会责任感的影响之下，龙园茶业依托自身良好的发展条件，不断扩大产业规模，从名不见经传的小厂发展壮大为西双版纳州重点龙头企业、云南省普洱茶十大潜力企业、云南省茶叶产业发展先进企业。在自有茶园面积方面，由 20 多年前的数百亩，发展到今天的上万亩。员工方面，由 20 多年前的数十人增加至如今的 2000 多人。厂房方面，加工厂个数由 1 个发展为 5 个，厂区面积达 400 余亩，厂房面积四万余平方米；并在勐海老班章、帕沙、景洪勐宋等地建立了古树茶生产基地和古树茶初制厂。办厂规模方面，由小小的大渡岗龙园生态茶厂扩展为拥有 8 个分支机构的现代化大企业，包括大渡岗龙园茶厂、勐海龙园茶厂、西双版纳州茶文化传播中心、云南龙园号茶业有限公司（龙园营销中心）、龙园·融品茶文化馆、勐海龙园茶业体验中心、西双版纳龙园茶业大世界、西双版纳龙园茶文化馆等，专注于茶叶栽培、加工、销售、科研、茶文化和茶旅游。年生产加工能力方面，由 20 多年前的数十吨，发展至今天的 5000 余吨。2020 年，龙园茶业在昆明"茶天下·云茶城"购置商铺 3000 多平方米，把龙园茶业营销总部和茶叶博物馆整体搬迁至"茶天下·云茶城"，成为进驻"茶天下·云茶城"的最大茶叶企业之一，企业规模正逐渐壮大。

（二）产品种类

龙园茶业致力于开发、研究、科技加工百年以上古茶树茶叶，生产经营各种中高档生态普洱茶。除主打生产普洱茶外，制茶类别还包括有机绿茶、古树红茶、古树白茶、手工名特优茶等。该公司目前生产的茶叶产品有红茶、绿茶、普洱茶、白茶几种，主打龙园九星班章生茶饼、龙园九星班章熟茶饼、2022年老班章古树纯料龙珠礼茶、2022年大班章（生）茶饼、2022年易武白茶金凤凰等产品。龙园茶叶目前主要有茶化石系列、生茶系列、熟茶系列、茶膏系列四个大类。其中茶化石系列包括"茶化石闷着喝熟茶、七星茶化石熟茶、七星金不换熟茶、万粒陈熟茶"等，生茶系列包括"龙御天下饼生茶、贡茶宫廷小饼生茶、龙御天下金瓜生茶"等，熟茶系列包括"四味共享熟茶、宫廷老普洱散茶、龙御天下饼熟茶、龙饼熟茶"等，茶膏系列包括"福到熟茶膏、福到生茶膏"等，茶品丰富多样，产值逐年提高。年产白茶30吨、红茶70吨、绿茶700吨、普洱茶1200吨。其中普洱茶（生茶）700吨，普洱茶（熟茶）500吨。

（三）市场拓展

龙园茶业始终把开拓市场放在重要地位，加快改革发展步伐，以高质量跨越发展为主题，以生产端供给侧改革为主线，以全面创新为动力，以企业文化建设为活力，实施"请进来"和"走出去"的发展战略，脚踏实地，开拓市场。龙园茶业提出"要适应市场多样化需求，坚持'人无我有，人有我优，人优我特'的产品发展思路"。每年均组织特装参加全国各地的大型茶博会，如北京、昆明、郑州、济南、杭州、太原、武汉、大连、西安、石家庄、深圳等地，加强对外宣传营销，树立品牌形象，开拓市场。同时，龙园茶业现为中国茶叶流通协会、中国农业国际促进会茶产业委员会、云南省茶叶流通协会、云南省普洱茶协会、云南省茶叶商会、昆明民族茶文化促进会、省市级茶业行业等协会副会长或常务理事单位，不断提升龙园茶业和龙园号品牌的影响力和知名度。在这个过程中，"龙园号"茶叶市场占有率不断提高，营销网点进一步完善，已在全国建有 300 余家经销门店。"龙园号"茶叶产品远销省外，包括黑龙江、吉林、辽宁、山东、浙江、河南、河北、陕西、湖北、山西、江西、广东、贵州、福建、北京、上海、天津、重庆、青海、江苏、湖南、广西、西藏、新疆、内蒙古、海南、四川、云南、台湾、香港等全国各地和韩国、马来西亚、加拿大等国外市场。年销售茶叶 2000 吨，销售金额达 9000 万元，上交国家税利 200 万元。

（四）企业效益

作为综合性现代化茶叶企业，龙园茶业集茶叶种植、生产、加工、销售、科研、茶文化、茶体验、茶旅游于一体，经过 20 多年科学运营，取得了一定的成绩和企业效益。它的产品质量通过了国标质量管理体系和国家有机产品的认证；在省级层面，获得了十大生态普洱茶企业、普洱茶十大潜力企业、AAAAA 信用企业和行业信用领军企业等荣誉称号，在州级层面获得了西双版纳州食品质量安全先进企业的荣誉称号；作为主打品牌，该司旗下的"龙园号"先后被评为云南省著名商标、中国普洱茶十大知名品牌、中国普洱茶十大畅销品牌、中国著名品牌，还入选 2021 年云南省农业农村厅首次"绿色食品牌"品牌目录和西双版纳州 2021 年首次"十大名茶"名单，龙园号产品在国际国内权威质量评比中荣获"茶王""特别金奖""金奖"等近百项奖励。同时，龙园茶业致力于建设创新企业，培养知识产权优势，分别与云南省农科院茶叶研究所、云南农业大学茶学院等科研院所合作，成立"云南普洱茶研发中心"，促进"产学研融合发展"。2017～2021年，龙园茶业荣获 7 项专利，包括 1 项发明专利、2 项外观专利、4 项实用新型专利；公司注册商标已达 90 个，另有数十个注册商标在公示中。闻名的普洱茶柱正是由龙园茶业生产制作的，其重量达 20.6 吨。2021 年，世界纪录认证公司经过审核，确定其为"世界最大可移动茶柱"。此外，龙园茶业生产的"茶化石""碎银子""普洱茶膏""龙园智泡"等专利产品具有健康、创新等特点，受到业界和消费者的认可和欢迎，成为新晋网红潮流产品。通过 20 多年的艰苦奋斗，龙园茶业在基地建设、生产、加工、办厂规

模、质量效益、品牌发展、企业文化、厂区风貌、营销管理、对外交流和队
伍建设方面，都取得了显著的成效。

（五）社会效益

社会效益是企业长久发展的重要因素。龙园茶业建设了 10 余个古茶生
产基地，专注于古茶生产，这些基地分别分布在帕沙、景洪勐宋、勐海老班
章、临沧双江勐库、勐腊易武、普洱困鹿山、曼松等地，古茶园经营面积达
上千亩，带动茶农脱贫致富。并在素有"中国茶叶第一乡"之称的大渡岗，
拥有合作茶园近 2 万亩，其中自有茶园 1 万余亩，按月发放 1000 余名农民
工工资，其辐射带动作用较为明显，社会效益可观。

（六）企业管理

龙园茶业根据新阶段发展要求，与时俱进，开拓创新，不断提高企业
管理水平。在企业制度层面，龙园茶业坚持和完善具有龙园特色的现代管
理制度，建立健全经营管理制度，包括生产、加工、销售、科研和企业文
化建设、现代财务制度建设等，持续提高在生产经营管理工作方面的规范
化、科学化和制度化水平。不断提高依章治企的能力，用制度管人管事。
龙园茶业每年均召开全国营销工作会议、品牌发展座谈会、新春团拜会、
中秋茶话会、生产动员会、质量研讨会、总结表彰会、主题党会等，凝心
聚力，共谋发展。在经销队伍层面，建设一支高素质的经销商队伍，是确
保龙园茶业可持续健康发展的保证。经销商是营销工作的主力军，担负着
龙园品牌宣传推广和产品销售的重任。龙园茶业按照"巩固、调整、充
实、提高"的原则，加强对经销商的教育和管理，全面深入开展培训工
作，做到人人持证上岗，不断提高经销商的整体素质和专业水平，切实加
强队伍建设，积极稳妥发展新经销商，并认真做好原有经销商的清理整顿
工作，按"能者上、平者让、庸者下、劣者汰"的要求，努力建设一支
"思想好、业务精、作风硬、能力强"、有责任、有担当、忠于龙园品牌的
高素质的经销商队伍。

三　从企业到品牌

龙园茶业自 1999 年创建以来，经过 20 多年的不断实践与探索，成功创建"中国著名商标"，实现了从茶业企业到茶业品牌的迈进，充分发挥企业精神和承担社会责任，不断提高云茶美誉度，成为云品的一大代表。

（一）企业发展的经验

龙园茶业从 1999 年的小厂，发展到如今的品牌企业，探索出了一条独特的发展道路，拥有了可借鉴的发展经验，通过发挥攻坚克难的企业精神、发挥资源优势打造优质茶叶品牌、加强队伍建设以提高市场竞争力等方法为云品助力，成为优质企业健康可持续发展的范本。

1. 攻坚克难——充分发挥企业精神

攻坚克难是企业发展壮大所需具备的一大精神。同其他企业一样，龙园茶业的发展道路并不是顺畅无阻的，但在攻坚克难、团结一致的企业精神引领之下，龙园茶业努力渡过普洱茶市场危机，不断壮大企业力量。2007 年普洱茶市场陷入危机，茶叶价格过度膨胀导致各大茶企不断致力于提高茶叶产量，在市场饱和之后大量茶叶积压，茶企受到重击。龙园茶业充分发挥企业攻坚克难的精神，顺应市场变化，团结员工和各路经销商，组建包括"龙园号"昆明分公司、云南普洱茶批发市场永盛茶坊、"龙园号"昆明大学城经营部、昆明邦盛国际茶城如意茶庄等在内的代理商团队，通过调整策略，为低迷的企业和市场注入了新鲜血液。

2. 利用资源——打造优质茶叶品牌

资源是打造优质茶叶品牌的基础。龙园茶业通过发挥资源优势，实现资源与科技、品牌生态和民族文化的对接，发挥龙头企业运营管理和市场拓展的能力，培育茶叶品牌，实现资源、资本、企业与科研、品牌的互动，推动普洱茶产业的健康可持续发展。龙园茶业地处西双版纳茶区，拥有丰富的茶叶资源，通过采用优质茶叶不断提高茶产品质量，制定一套完整的质量管理流程，包括控制设计质量、生产质量、加工质量、服务质量等环节，为优质品牌的打造奠定基础。同时龙园茶业充分利用高质量的茶叶资源，切实加强品牌宣传和品牌运作，积极参加全国、全省性重大茶事和权威的公益性评比活动，发出龙园声音，展示龙园成果，打造龙园品牌。重点关注发展前沿，自觉融入主流发展，谨防被边缘化。坚持"两手抓"，一手抓生产端供给改革，从"有没有"向"好不好"转变，适应转型升级要求；一手抓龙园品牌推广，促进产品流通，扩大消费需求。龙园号品牌拥有云南省著名商标、中国普洱茶十大畅销品牌、中国普洱茶十大知名品牌、中国著名品牌等荣誉称号，2021年成为首次西双版纳州"十大名茶"，进入了该年度的云南省农业农村厅首次"绿色食品牌"品牌目录。

3. 人才建设——不断提高市场竞争力

拥有人才是企业持续健康发展、市场竞争力逐渐提高的关键因素。茶叶企业的发展壮大，需要有专业的人才队伍作为支撑。龙园茶业的成功经验：一是有较为专业的领导班子，二是致力于人才队伍建设。在领导班子层面，龙园茶业创始人李正行先生是海内外著名茶人、茶叶专家、云南省优秀企业家，被农业农村部评为"扶贫开发先进工作者"，先后被云南农垦、西双版纳州和云南省人民政府认定为具有突出贡献的优秀专业技术人才，成为省人民政府特殊津贴享受者。班子成员加强调查研究和对外交流，不断开阔视野，积极吸收、借鉴先进、有益的企业管理经验特别是茶叶企业管理经验，取长补短。坚持民主集中制，班子成员加强沟通、互通有无，确保在重大问题上达成共识。在人才队伍建设层面，龙园茶业的人才队伍整体学历高、年轻、专业。领导班子层文凭达大学以上，多人学历达硕士级别。公司注重"请进来"和"走出去"战略模式，推动对外交流，引进先进的管理策略，丰富企业理念。成立党支部和工会，体现了职工队伍建设也是该企业的重要抓手；还成立职工文艺表演队，定期举办文艺演出和职工运动会等活动，丰富职工的业余文化生活；定期对员工和经销商进行培训教育，目的在于培育其"思想好、业务精、作风硬、能力强"的工作品质。

（二）企业对云南茶叶的贡献

龙园茶业在 1999 年成立至今的发展历程中，不断提高产品质量、提高市场竞争力，打造具有版纳特色、云南特色的茶叶品牌，对云南茶产业的发展做出了一定的贡献。在企业精神和社会责任层面，龙园茶业的发展模式更加强调了企业精神和社会责任对于企业发展的重要作用，在现代化企业模式之下，企业精神和社会责任应成为优质企业重点关注的关键因素，"龙园模式"将企业精神和社会责任感推向了一个新的高度。在经济社会和品牌打造层面，龙园茶业历时 20 多年时间，将大渡岗乡打造成中国最美最富的中国茶叶第一乡，促进了乡村振兴和脱贫致富。龙园茶业成功打造"龙园号"品牌，让龙园号茶叶畅销全国 30 个省（区、市），提高了云南茶叶的知名度，促进了西双版纳茶业和云南旅游业的发展。同时"龙园号"的推出，丰富了云南茶叶品牌的构成，使云南多了一张城市名片，提升了云南茶业的品牌知名度以及品牌美誉度，不断助力云品的发展壮大。

（三）龙园茶业与乡村振兴

龙园茶业以高度的社会责任感为核心，不断为乡村振兴贡献力量。"饮水思源"，作为根植于云南本土的茶叶企业，龙园茶业始终把回报社会作为自己应担负的责任。1999 年龙园茶业成立前，大渡岗乡只有一条长不足 1 公里的乡村小路，大渡岗茶叶种植面积当时不足 3 万亩，如今达 9 万多亩。龙园茶业成立后，在大渡岗从事茶叶种植和茶叶营销工作的人数逐年增多，每年从茶业得到的收入也呈上升趋势。茶叶相关行业的就业人员经济条件得到明显改善，生活水平大大提高，大渡岗乡成了全省因茶致富的云南茶叶第一乡。同时，龙园企业关注社会动态，公司捐资数百万元在宣威彝族村兴建了"行海聪希望小学"，解决了当地贫困学生读书难的问题；为抗震救灾和抗击新冠疫情，捐赠数十万元现金和价值上百万元的救护车等物品；长年面向贫困学生捐资助学，帮助数十名贫困大学生读完大学；教育、带动周围上万农户发展茶叶生产等，多年来，累计捐款（物）价值 1000 多万元。每年

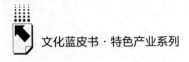

提供社会就业岗位1000多个，帮助当地茶农脱贫致富，最大力度赋能乡村振兴。

四　结语

优化企业精神和承担社会责任是产业发展的一大组成部分，也是云南省茶产业保持健康、高效、可持续发展的重要因素。良好的企业精神和高度的社会责任意识将不断壮大企业力量，最终反作用于地方经济社会的高质量发展，形成良性闭环发展模式。云南普洱茶产业发展的重要路径之一就是充分发挥积极向上的企业精神以及承担社会责任，依托云南丰富的茶叶资源以及生态资源，实现资源、技术、品牌、社会等多元素的对接，推动云南茶业高质量发展。云南各大茶叶企业在发展的历程中应高度重视企业精神的打造以及社会责任感的培养，加上资源利用、品牌打造等手段，实现经济效益和社会效益的统一，在不断提高产品附加值、延长产业链的同时更加关注社会效益的实现，以不怕困难、敢于攻坚克难的企业精神团结各方，为农民创造岗位、助其增加收入，不断改善社会环境，为社会服务。普洱茶产业是云南具有特色、优势的传统产业。云南茶企除了需要植根云南、依托云南生态资源等优势拓展市场、提高质量，打造百年企业和品牌之外，更需不断强调普洱茶龙头企业的企业精神和社会责任感，只有做到经济效益和社会效益的最大化统一，才能实现普洱茶产业的健康、可持续发展。

附　录
Appendix

B.17
学术交流与茶产业发展

——云之南首届茶文化论坛纪实

李　蕊　田欣*

摘　要： 近年来，茶文化、茶科技、茶产业等相关领域成为社会各界关注的热点问题。本文通过探讨茶文化、茶科技、茶产业与旅游、康养等第三产业的融合情况，总结出其对于提高地区经济发展水平、促进乡村振兴、增强富民兴边等的作用。西南林业大学作为云南省拥有丰富茶文化资源的高校，在茶文化研究领域取得了显著成绩，成功举办了首届茶文化论坛，形成了茶科技茶文化论文集。本文从乡村振兴与生态文明，茶文化起源、传播与研究，茶品牌茶产业的意义与价值，茶文化的历史研究等层面回顾论坛的相关内容；从茶叶历史研究、古茶树资源研究、茶叶生态系统研

---

* 李蕊，云南大学民族学与社会学学院社会学在读博士，主要研究方向：文化产业与区域社会发展；田欣，云南大学民族学与社会学学院在读硕士，主要研究方向：文化产业管理、公共文化服务。

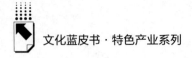

究、茶文化与不同群体的关系研究、茶文化与经济研究、茶文化与空间设计研究等角度归纳出论文集的相关内容，以期为云南茶文化的传播、茶科技的发展以及茶产业的提升提供智力支持。

关键词： 云南 茶文化 茶科技 茶产业

云南是世界茶树的起源地之一，也是最早的茶文化发祥地之一，在西双版纳、普洱、临沧、保山等地拥有丰富的古茶树资源。经过多年的发展演变，云南形成了从种植、采摘、加工、储存、包装、物流到销售的完整产业链条。依托丰富的古茶树资源，云南加大对茶产业的引导扶持力度，在"十三五"期间将其列为高原特色现代农业产业的重点。

近年来，云南深入挖掘"茶马古道"文化价值，收集、整理与云茶有关的历史、传说、传奇故事，建设了一批具有浓郁茶文化特色的茶博览园、茶博物馆、茶体验店，开展茶文化进校园、进企业、进社区等活动，培养了一批宣传云茶文化的人才，茶企的实力不断增强，品牌影响力逐步提升。同时，云南全省推动茶旅一体化，促进茶产业与旅游、民族风情文化、绿色餐饮、"大健康"等第三产业融合发展，积极拓展茶产业功能，着力推进茶产业高质量发展。茶文化的传播、茶产业的发展、茶科技的助力推动了云南民族地区的脱贫致富，百万茶农的思想观念发生了变化，通过学习先进的文化知识，自身素质也得到了明显提高，从而促进了地区经济社会发展，在云南推进乡村振兴战略、全面建成小康社会进程中发挥了重要作用。

近年来，西南林业大学结合地方经济社会发展需求，践行新发展理念，主动对接云南省绿色发展"三张牌战略"，依托其林学、园林园艺等相关特色学科优势，通过构建古茶树大数据平台、茶纹链追溯平台和部分茶树样本的指纹图谱，建设古茶树种质资源标本室等措施，获批立项"古茶树标准综合体"、森林茶体系建设研究。在古茶树研究方面，西南林业大学取得的成绩令人瞩目，近年来牵头成立了古茶树保护与可持续利用国家创新联盟，建立了"古茶树科研平台"，依托绿色发展研究院生态茶研究中心、中国林学会古树名木分会以及学校古茶树研究的人才优势，打造特色文化空间，以更好地服务国家和地方经济社会发展。2020年5月21日，在首个"国际茶日"来临之际，"世界茶叶图书馆"在西南林业大学正式建成。同时，与其配套的古茶树研究中心挂牌，"世界茶树原产地古茶树资源展"也正式展出。它们以古今中外丰富的茶书、茶企资料和茶叶大数据为依托，以古茶树研究为基点，集研究、展示、交流于一体，有力地推动了茶文化的传播、茶产业的发展。

一 云之南首届茶文化论坛纪实

为统筹做好茶文化、茶科技、茶产业这篇大文章，进一步促进科技兴茶、文化强茶成为乡村振兴的新引擎，2021年7月10日，由西南林业大学茶文化研究中心主办、勐海吉普堂茶叶有限公司承办、"茶叶复兴"自媒体等协办的云南省古茶树资源保护与利用研究中心揭牌仪式暨云之南首届茶文化论坛在西南林业大学成功举办。论坛以"云南茶文化现象"为主题，邀请了省内外70余位专家学者开展广泛深入的学术探索。这是云南高校首次举办高规格、大规模的茶文化研讨会，意义非凡，对云南省茶文化赋能茶产业健康发展起到了极大的推动作用。

（一）乡村振兴与生态文明

茶文化、茶产业在乡村振兴中有着重要地位，对于生态文明转型具有重要意义。"三农"问题著名专家、北京大学习近平新时代中国特色社会主义思想研究院乡村振兴中心主任温铁军教授在《乡村振兴与生态文明转型》的主题演讲中首先对乡村振兴战略的"两山"新理念、"两化"新格局、生态资源价值化新阶段做了解读。他认为金融资本主导国际大循环造成了中美两国的"双输"格局，在这样的背景下，美国推出促进产业回流的政策措施，中国则开始构筑以国内大循环为主体、国内国际双循环相互促进的新发展格局。随着"绿水青山就是金山银山"成为重要的发展理念，温铁军教授认为生态空间资源开发成为生态文明条件下的新生产力，要加快推进农业一二三产与自然教育、生命产业和历史传承等多业态的集成创新。他提出生态空间资源价值化要求深化城乡融合及质量效益型要素市场改革，空间生态资源再定价要同城乡融合战略及重构新型集体经济整合协调。他最后结合宁夏固原市隆德县李士村、湖北武汉巴徐村的徐治湾村民小组、浙江何斯路村的义乌草根休闲农业专业合作社等案例，说明了在以集体经济为中介实现空间资源双层 PPP 开发中，村集体投资转化为公共性质是关键。此外，福建省三明市沙县推出的地票、房票和林票"三票"改革，促进了土地、房屋和林权的流转，村民通过多种收益分配模式获得了分红。

（二）茶文化的起源、传播与研究

深入了解茶文化的起源、传播方式与相关研究，对于当下云南茶文化的开发利用具有重要价值。云南省古茶树资源保护与利用研究中心常务副主任、西南林业大学绿色发展研究院副院长蓝增全教授在《"点亮"澜沧江茶文明之光》主旨演讲中从澜沧江流域——世界生物多样性热点、世界古茶树分布中心，澜沧江流域——发达的史前文明、人类发现利用了茶，茶马古道开启了茶文明之旅，"点亮"澜沧江茶文明之光还有很多事要做等四个方面阐述了澜沧江与茶文明之间的关系。在世界生物多样性热点及世界古茶树分布中心层面，澜沧江流域是具有国际意义的生物多样性分布的关键地区及热点地区，涵盖 39 个不同级别的自然保护区，是滋养动植物的核心地域，拥有众多古茶树资源及野生茶树群落，形成了珍稀的古茶树生态系统；在史前人类发现利用茶层面，澜沧江流域有着发达的史前文明，至今发现了 14 个遗址，并从茶树起源、人类到来、发现利用、保存这一逻辑线推断了澜沧江流域的先民发现利用了茶，并从时间吻合、民族关联、语言证实三个层面证明了上述推断；在茶马古道开启茶文明之旅层面，从茶内含人类需要的物质、游牧民族的刚需两个方面阐述了小众茶变成中国茶的原因，从人类工具的进步以及茶马古道的形成论述了小众茶变成中国茶的路径；最后蓝增全教授指出"点亮"澜沧江茶文明之光，还有很多事要做，需要进一步从澜沧江流域茶树资源、人类活动和认知茶、茶马古道——物质与文化交融的通道等层面不断完善和充实"澜沧江孕育茶文明"的理论要素，总结华夏儿女所创造的茶的物质和精神辉煌，对人类做出贡献。

《光明日报》云南记者站站长任维东高级记者在《从云南看茶文化的传播》主题演讲中分享了他对于云南茶文化传播的一些体会，在调查边远少数民族地区贫困问题时，特别关注到了茶产业在云南脱贫攻坚中所发挥的不可替代的重要作用。他通过梳理古今中外关于传播的定义，提出茶文化的传播方式有两种：一种是茶叶贸易性的传播方式，另外一种是非茶叶贸易性的传播方式，即通过诗词、散文、绘画、歌曲、理论专著及影视等方式展示茶文化。在茶叶贸易性传播中，我国从唐朝开始，特别是宋朝皇帝带头饮茶、论茶，茶文化开始在西安、开封、洛阳、杭州、徽州、建瓯、泉州、广州等中原、沿海一带大规模地传播开来。在非茶叶贸易性的传播中，茶圣陆羽的《茶经》和赵佶《大观茶论》是比较典型的代表。《全唐诗》中有 600 多首诗作涉及了茶事，作诗咏茶的唐代诗人达 150 多人，李白、杜甫、白居易三大著名诗人都写过数量不等的咏茶诗作。在全民喝茶的宋朝，欧阳修、范仲淹、苏轼、黄庭坚、李清照、陆游、朱熹等纷纷书写了脍炙人口的咏茶诗篇，在古代中国很长一段时期茶文化的非贸易传播中，历代文人骚客的诗词起了相当大的作用。他认为当前云南茶文化的流行得益于有一个千亿元的大产业支撑、有一个活跃的茶文化研究群体以及休闲文化大潮的助推。

茶叶复兴联合出版人杨静茜在《云南茶文化书写研究（1990 - 2020）》主题演讲中表示，1990 年以来，随着中国社会经济的快速发展，云南茶产业迎来了新机遇，与此同时，茶文化的生产也进入了新的繁荣期。图书是茶文化的重要载体，伴随着民族文化热、茶马古道热、普洱茶文化热的兴起，云南茶文化的书写涌现出了许多新内容。在此背景下，杨静茜总结了云南茶文化书写的主要类型和内容，如：茶树原产地及资源考察类书籍、民族茶文化及茶产区文化考察类书籍、商品文化类书籍、云南茶通识类书籍等，并归纳出云南茶文化书写存在历史文献梳理少、茶区实地考察较多、跨区域研究较少、本土作家活跃、作者身份多元、学科交叉等特点，最终指出产业的上升发展为这一时期云南茶文化书写提供了重要的条件。受地缘和历史的影响，云南茶文化书写呈现立体复杂和多元的样貌。1990~2020年是云南茶文化的"大发现"时代，书写者主要围绕着茶叶原产地、茶马古道、普洱茶、少数民族等关键词，完成了云南茶的基本叙事三点结论。

（三）茶品牌茶产业的意义与价值

品牌在产业发展、市场培育过程中有着重要的支撑作用，能够推动云南茶产业高质量发展。云南省文化产业研究会会长、云南大学李炎教授进行了题为《普洱茶文化品牌的生成、现状和发展空间》的主旨演讲，从普洱茶文化品牌的生成与现状、普洱茶文化品牌的言说空间、普洱茶文化品牌的培育三个方面阐述了普洱茶文化品牌的相关内容。其一，从普洱茶文化品牌的生成与现状角度出发，李炎教授从地名的言说、族名的言说、茶名的言说、品名的言说、品茗的言说五个部分论证了"品牌是不断言说的过程"这一观点，并指出在地名的言说层面，通过汉语文献典籍的考证可促进其产地的延伸；在族名的言说层面，通过梳理非典型历史（民族口承文化）可丰富民族文化的精髓；在茶名的言说层面，可通过普洱茶的地方标准和特殊的生产工艺使之成为非物质文化遗产；在品名的言说层面，基于特殊的地缘商贸关系形成的普洱茶品牌，丰富了茶马古道的发展；在品茗的言说层面，普洱茶是用来喝的不是用来炒的，需形成正确的普洱茶消费观。其二，从普洱茶文化品牌的言说空间的角度出发，概述了生产、贮存、传播、消费四个言说空间。其三，从普洱茶文化品牌的培育角度出发，李炎教授表示普洱茶的发展历史与言说成就了普洱茶文化品牌，其品牌发展经历了从实体到内容、从产品到产业、从生活性消费到精神性消费、从历史事实到学术研究、从地方品牌到国家品牌建构的过程，普洱茶言说空间不断拓展，可言说的内容、形式、路径也不断拓展。

勐海吉普堂茶叶有限公司联合创始人张宇在《文化内容塑造茶品牌——以吉普号〈茶山黑话〉为例》的演讲中指出要将吉普号打造成为一个持续输出茶文化内容的云南茶品牌，并从茶行业以及传播效率三个层面阐释了吉普号选择用文化知识内容来提升品牌价值的原因。张宇指出茶是物质与精神统一的产品，当下的普洱茶行业急需文化知识来提升大众认知，同时从传播效率上来讲，文化内容的效率远高于生硬的广告。除此之外，张宇也提出了文化知识助力提升品牌价值的路径，如利用图文载体链接茶山与茶桌以此缩短认知差、以视频方式呈现茶山真实现场。通过文化知识传播助力品牌提升，用最前沿生动的方式普及茶叶知识，做大做强茶文化品牌。他最后提出新一代茶文化工作者在做品牌的同时更要做行业文化的推动者和见证者。

云南省社科院经济研究所副所长韩博副研究员在《高度重视茶产业对云南经济的支撑作用》演讲中表示云南拥有得天独厚的茶叶生长的自然条件、优良的茶树品种、悠久传承的制茶工艺、丰富多彩的民族茶文化。云茶产业是云南省的优势产业、特色产业、重点产业，是云南打造世界一流"绿色食品牌"的重点产业之一，到"十四五"期末，云南省的茶叶产业要实现"5年翻番"。做好"千亿云茶"产业大文章，实现"5年翻番"的战略目标，就需要从茶文化、茶科技的广度和深度挖掘，从绿色发展、工艺升级、品牌打造、企业扶持、产业融合等多个方面为云南茶产业提质增效、转型升级做工作。同时要关注云茶产业发展对云南省经济高质量发展的支撑作用，关注产业转型升级对茶农、茶产业链、产业融合的作用，真正做到有效助推农民增收、产业壮大，尤其要发挥其对云南省巩固拓展脱贫攻坚成果、助力乡村振兴的示范带动作用。

（四）茶文化的历史研究

从历史角度研究云南茶文化的发展，有助于以史为鉴，为当下云南茶文化的传播、茶产业的发展提供支撑。武汉大学宋时磊副教授在《茶马古道的概念、研究问题与开拓方向——历史学科的视角》主题演讲中首先从汉藏关系史、交流史、交通史、贸易史和南方丝绸之路等方面梳理了"前茶马古道时期"的相关历史研究，总结了"茶马古道"概念提出的历史，认为"茶马古道"是云南学者提出的原创性学术概念，体现了学术和文化的双重自觉。其次，他通过历史学科的视野看到茶马古道还缺少系统化和总体性提升的研究，其内涵和外延仍充满变动性。这就导致西南茶马古道的疆域范围、历史分期等基本问题仍议而未决，在一些方面还缺乏共识。相关研究带有较为明显的地域中心色彩，存在一定程度的地域区隔问题、视域偏颇问题，还需要更加坚实的历史文献资料支撑。他提出未来需要探讨和解决的问题，如西藏方面茶叶是如何转运、配给、使用和消费的？宋代以后陕西等地的茶叶在交易后如何运输？茶马贸易和茶马古道之间的关系如何？最后，他从历史学科角度提出要继续推进茶马古道研究向纵深发展，一是回顾茶马古道的初心，以交通和贸易研究为核心问题；二是加大文献挖掘的力度；三是研究西藏在茶马古道中的地位和作用，关注西藏寺庙茶叶采购和使用方面的相关文献；四是开拓"新茶马古道"的研究，即新中国成立以后茶马古道的新变化。

西南林业大学茶文化研究中心秘书长杨海潮博士在《古代云南的茶饮制作方式》主题演讲中，介绍了古代云南的茶饮制作问题。他认为出于云南缺乏本土文字或本土文字产生较晚、汉文化进入本土较晚且较少关注民间生活等诸多历史和文化原因，云南茶史文献较为缺失，学者的相关叙述主要依据神话传说、民俗事项等材料，而对一些珍贵的历史文献解读则颇多想象与附会。杨海潮分析了茶、水与其他之间的关系，解读了茗粥（加食物煮茶叶）、瘴茶、清饮、奶茶的历史、联系与区别。可通过樊绰的《蛮书》、李元阳的《嘉靖大理府志》、刘维的《感通寺寒泉亭记》和《徐霞客游记》等历史文献，观察古代云南茶饮制作方式的变迁，以及其中可能显示的记录者或饮茶者的文化认同。

西南民族大学民族研究院副研究员肖坤冰在《从"越陈越香"到"山头风味"：近十年来普洱茶话语权的变迁与转向》主旨演讲中指出"越陈越香"话语体系的建立始于1995年台湾学者邓时海先生的专著《普洱茶》，自20世纪90年代直到2010年前后，普洱茶市场价格的高低基本受到"越陈越香"这一话语的支配,话语权实则被手里有大量老茶的港台茶商控制,而缺乏"老茶"的产地云南却在普洱茶的市场流通中几乎"失语"。但近十年以来,随着中国经济的发展,城市小资阶层的出现推动消费升级,促使普洱茶市场逐渐建构起了一套有关古树茶、纯料、山头、风味等的价值判断体系,普洱茶话语权从"越陈越香"开始向"山头风味"转变,随之云南产区的话语权开始建立。肖坤冰表示,普洱茶的当代社会生命经历了1949年以前茶马古道边销茶—1949~1995年港台粤茶楼配茶—1995~2010年陈年普洱高端茶、金融茶—2010年至今单株山头高端茶的饮用风尚变化过程,作为产地的云南应通过对普洱生茶的"文化阐释"进一步实现对普洱茶话语权的再建构和掌握。

二 茶文化文集纪要

本次论坛收录了29篇与茶文化相关的文章,涉及茶叶历史研究、古茶树资源研究、茶叶生态系统研究、茶文化与不同群体的关系研究、茶文化与经济研究、茶文化与空间设计研究等主题,为云南茶文化茶产业的发展提供了学术理论支撑。

(一)茶叶历史研究

普洱茶蕴含着深厚的历史文化,通过研究其历史发展脉络,能够深入地了解过去,为当前云南茶文化的传播提供支撑。杨海潮通过梳理普洱名称的演变历史,认为其经历了从唐代"奉逸"到宋代"步日"再到明清"普耳""普洱"的过程,分析了"奉、步、普、普"和"逸、日、耳、洱"之间的关系,解释了明初"普耳"在明末被记为"普洱"的原因,考察了普洱茶人的历史,有助于深入了解普洱茶的性质与意义。[1] 杨海潮提出茶马古道是由很多线路组成的交通网络,具有交通的独特性、茶叶的联结性和活

---

[1] 杨海潮:《"普洱"音义考》,《西南学刊》2011年第0期。

动的民间性，正是这种民间、地方、自我的视角与观念，让茶马古道概念具有了重要的学术价值。最后通过考证茶史，验证了茶马古道的民间性。① 杨海潮基于语言学的视角，考证茶文化传入藏区的时间与空间，从《茶经》所引《方言》出发，推测古代藏族先民最早从滇川交界区域开始了解茶，通过考察古藏语"茶"的读音，判断茶文化最初传入藏区的时间是在西汉扬雄（前53~18）《方言》以后、隋代（581~619年）陆法言《切韵》以前。② 杨海潮、周洁慧、王郁君以云南景迈山布朗族和傣族的两种茶祖故事为例，分析了它们之间的矛盾之处以及当地人利用历史文化资源的方式和目的，揭示了布朗族和傣族这两个民族/族群之间的市场竞争关系。③

（二）古茶树资源研究

云南是世界上古茶树最为丰富、分布区域最广泛、古茶园面积最大、可考证树龄最长的地区，古茶树的保护与利用是云南茶产业发展的关键环节。贾呈鑫卓、郑丽等以古茶树、古茶园和野生茶树群落等为研究对象，提出古茶树具有科学价值、生态价值、文化价值和美学价值。作为中华文化的重要组成部分，茶文化也是我国文化自信的重要内容，在经济全球化背景下，多元文化思潮交流交融交锋，茶文化应积极进行创造性转化和创新性发展。④ 曾煜、陈悦等在界定古茶树和古茶树资源概念的基础上，总结出云南省古茶树的自然分布，认为古茶树资源具有科学价值、文化价值、经济产业价值和景观价值，但在现阶段面临着掠夺性采摘、退化严重等威胁。在此基础上，梳理分析了古茶树资源保护的法律法规以及云南省地方立法的现状，从管理措施、制定标准、确立对象与范围、确立保护模式、健全补偿机制、完善参

---

① 杨海潮：《茶马古道：地方性的民间视角》，《思想战线》2016 年第 6 期。

② 杨海潮：《茶文化初传藏区的时间与空间之语言学考证》，《青海民族研究》2010 年第 3 期。

③ 杨海潮、周洁慧、王郁君：《景迈山茶祖故事中的历史与族群关系》，《农业考古》2020 年第 2 期。

④ 贾呈鑫卓、郑丽、龙元丽、徐高峰：《古茶树的价值及文化自信探讨》，《西南林业大学学报》（社会科学）2020 年第 6 期。

与机制等方面提出完善云南省古茶树资源法律保护制度的措施。[①] 蓝增全、陶燕蓝等在界定古茶树概念与数量的前提下，分析了古茶树与茶马古道之间的关系，认为古茶树是茶马古道中活的"灵魂"，见证了民族文化的交流交融，将古茶树纳入茶马古道的保护体系中，对于打造"滇川藏生态文化圈"、弘扬中华茶文化具有重要意义。[②] 李法营、宋琴等以西南林业大学世界古茶树原产地资源展馆为例，认为其存在数据样本不足、呈现形式单一、人才队伍缺乏、影响力较低等问题，在展示过程中，可以实现生态文明教育的功能，并提出了融合科技力量、发挥独特优势、创新发展模式、构建发展体系等措施，以提升展馆生态文明教育的影响力。[③]

（三）茶叶生态系统研究

良好的生态环境对于茶叶种植具有重要意义，能够推动茶产业可持续发展。夏霖、王俊勇梳理了对于《茶经》生态价值的研究现状，认为《茶经》蕴含着深厚的生态思想和理念。一是"一体观"，即"天人合一、物我同源"；二是"自然观"，即"崇敬自然、遵循规律"；三是"中庸观"，即"天人调和、平和淡然"；四是"道德观"，即"精行俭德、清心御欲"。在现代社会，将其与马克思主义的整体观、系统观和自然观相融合，对于我国构建生态文明社会具有重要的现实意义。[④] 刘道玉、郑寒基于 1995 年、2005 年、2015 年双江区域的遥感数据影像，通过分析景观指数变化特征、景观生态风险时空，得出双江县土地利用数量结构、利用程度与研究区景观

---

① 曾煜、陈悦：《云南古茶树资源保护的地方立法与制度的完善》，《西南林业大学学报》（社会科学）2020 年第 4 期。
② 蓝增全、陶燕蓝、张超等：《古茶树与茶马古道的文化关系》，《西南林业大学学报》（社会科学）2020 年第 4 期。
③ 李法营、宋琴、石明等：《自然博物馆的生态文明教育功能与发展对策研究——以西南林业大学世界古茶树原产地资源展馆为例》，《农业考古》2021 年第 2 期。
④ 夏霖、王俊勇：《〈茶经〉的生态哲学思想研究》，《西南林业大学学报》（社会科学）2021年第 2 期。

生态风险水平存在显著的正向相关性的结论。① 谷红芹、李建钦以澜沧江中下游茶产区的林茶复合系统为研究对象，通过分析茶+用材林树种、茶+经济林树种、茶+防护林树种和茶+景观林树种等类型，认为村民经营林茶系统具有可持续意识、相关技术、营销经验等优势；与此同时，也存在缺乏科学规划、认知有限、管理不善、产业化水平不高、利益分配不均等问题，应从管理制度、技术投入、分类经营、提升附加值和开发产品等方面推进乡村可持续发展。② 李娇、黄和兰等以景迈山千年万亩古茶园中的世居傣族为研究对象，通过分析祭茶神、祭水神、祭神山神树等祭祀活动，认为景迈山傣族的祭祀习俗对居民的生态保护意识、当地生态环境、茶园生物多样性产生了重要影响，其独特的生态观对社会生态文明建设具有一定的借鉴意义。③

（四）茶文化与不同群体的关系研究

在茶文化研究内容方面，还包括了高校学生、民族地区少数民族群体与外国群体等不同群体与茶文化之间的关系。在高校学生团体层面，江燕、蓝增全、吴田通过发放网络问卷的方式调查高校学生对于茶文化的认知状况，通过询问目标群体有关饮茶喜爱度、饮茶频次、获取茶文化的途径、影响茶文化发展因素、茶与人的关系、茶艺掌握程度以及对茶文化培训机构的认同度等问题分析得出高校学生对于茶文化认知较浅的结论，并结合校园实际提出开设茶文化讲座及公开课、组织茶艺表演及培训、举办茶主题活动、营造茶文化氛围、互动学习多种茶文化等普及茶文化的方法路径，进一步推动茶文化的传承与发展。④ 在民族地区少数民族群体层面，民族地区的少数民族

---

① 刘道玉、郑寒：《云南产茶区双江景观生态风险分析》，《西南林业大学学报》（社会科学）2020年第6期。

② 谷红芹、李建钦：《澜沧江中下游地区林茶复合生态系统经营与乡村发展研究》，《资源开发与市场》2019年第12期。

③ 李娇、黄和兰、唐雪琼：《景迈山傣族祭祀习俗与生态保护研究》，《普洱学院学报》2016年第1期。

④ 江燕、蓝增全、吴田：《高校学生对茶文化的认知与普及》，《西南林业大学学报》（社会科学）2020年第6期。

群体是茶文化创造与传承的重要载体，在历史发展过程中创造出了茶歌等艺术形态。张丽通过对傣族茶文化中茶歌艺术形态与传承的研究，介绍了傣族茶歌的起源——《曼勐罕尚巴地腊》，并归纳总结出傣族茶歌包括祭祀用的敬茶神祝词、童谣以及反映日常生活与休闲娱乐等内容的艺术形态，最后提出了茶歌进校园，茶歌可作为茶产品广告宣传的文字及音视频资源、可作为当地特色产品销售的组成内容之一，可作为"茶家乐"的娱乐项目等茶歌艺术传承的举措及路径，① 进一步发挥茶歌的作用，提升其在全国的影响力。在外国群体层面，茶文化不仅影响着中国人民的生活，也影响着以英国为例的外国群体的日常生活。皮英、曹晓萌从集体主义与个人主义以及高语境与低语境角度出发，探讨了中英两国在茶器、茶种类、用水、茶具等方面的差异，通过天人合一与天人相分、清饮与调饮等跨文化比较，得出英国人的调饮体现在刻板中追求自由的精神，而中国人饮茶则更富有仪式感、专注感受茶本身的结论，同时两国茶文化实践在器以载道的基础上，实现了各自道与器的共鸣。②

（五）茶文化与经济研究

文化与经济互促互进，相互影响。茶文化的保护、传播与利用能够促进茶产业的健康运行，推动经济社会发展，形成民族地区新的经济增长点。余新林、何茜等以云南腾冲野生茶为例，探索野生茶传统文化保护与经济发展之间的关系，通过分析野生茶传统文化的自然资源和人文资源，在野生茶资源的保护、野生茶传统文化的发掘以及野生茶旅游的层面分析野生茶传统文化保护与经济发展的关系，在加强传统文化茶资源保护、增加就业机会、促进地区社会发展、促进民族文化发展等层面分析其发展潜力，最后指出野生茶文化保护和野生茶文化旅游并存的这一特殊情况具有巨大的可塑性与发展

---

① 张丽：《傣族茶文化中茶歌艺术形态与传承研究》，《福建茶叶》2016年第6期。
② 皮英、曹晓萌：《中英茶文化之跨文化比较研究——以"器"入"道"》，《福建茶叶》2019年第5期。

空间，需合理把握文化开发与经济发展的并进关系。① 在茶产品及其品牌研究方面，茶产品、茶旅产品的创意开发以及茶产品品牌建设是茶产业发展的重要组成部分。在茶产品创意研究层面，苏志龙、何银焕、王郁君以陈皮普洱为例，采用质性研究方法，通过资料收集分析与半结构访谈探究陈皮普洱的符号生产过程及商场对其认同的机制，从商品创意的角度详细分析了符号被消费生产的过程，并实证探究了市场对陈皮普洱的反应，同时从消费者的角度分析了符号消费的认同以及在符号消费中的异化行为，提示着商家进一步的应对与反馈，② 不断扩大消费符号的研究场域。在茶产品品牌建设层面，谭娴、刘筱筠等深入剖析思茅区有机茶产业及其品牌发展现状，总结出思茅区有机茶叶发展所存在的问题及成就，指出思茅区在茶产业品牌建设中存在市场化程度低、品牌意识缺乏、定位模糊、销售体系落后、人才储备不足等问题，呼吁政府及各经营主体正视问题，精准定位，推动产业提质增效。③ 柳娥从整体视角出发，以昆明市为例分析茶叶消费市场的现状，并通过问卷调查及 SPSS 软件分析了解消费者饮茶频率、饮茶偏好、茶具选择等基本情况及影响因素，指出茶叶消费市场同质化竞争现象严重、消费关注视角不足、茶叶消费者更倾向于线下消费等市场上存在的问题，并提出了加强校企合作、满足消费者多重需求和偏好、注重茶文化的宣传和推广等对策建议，④ 以此推动昆明市乃至云南省茶产业的绿色健康发展。孟小露、杨振燕等从茶产业生态发展的视角出发，客观描述了云南省茶叶产销、种植地区、产品结构、销售收入等茶产业发展现状，在客观肯定云南省在生态、资源、种质、文化等方面存在优势的同时也指出产业发展中存在的规模效益较低、龙头企业不多、品牌创建不够丰富、科技成果转化机制不健全等问题，并从

---

① 余新林、何茜、尹正凤等：《云南腾冲野生茶传统文化保护与经济发展探索》，《科技致富向导》2015 年第 2 期。
② 苏志龙、何银焕、王郁君：《后消费时代普洱茶产品创意研究——以陈皮普洱为例》，《产业与科技论坛》2021 年第 7 期。
③ 谭娴、刘筱筠、成思思、陈国兰、蒋智林：《思茅区有机茶产业品牌建设现状》，《山西农经》2020 年第 23 期。
④ 柳娥：《昆明市茶叶消费市场现状分析》，《福建茶叶》2019 年第 8 期。

发挥政府职能部门的作用、充分利用好现有生态和文化优势、走高质量产业化发展道路、重视良好农业规范（GAP）与食品安全卫生预防控制体系（HACCP）的应用①等角度提出对策建议，促进云南茶产业的高质量发展。

（六）茶文化与空间设计研究

在茶文化与空间设计方面，茶文化在空间的变更以及空间的设计等方面有着一定的影响作用。赵静舒、王雪以易武古镇为对象，研究历史文化古镇景观空间的历史经济和文化现象。通过分析茶马经济兴盛时期与茶马经济萧条时期古镇景观的空间变化，提出在保护优先的原则下，应积极引导茶产业的发展，科学布局，合理开发，在茶因素的影响之下不断升级改造易武古镇的景观空间。② 随着人们对于环境的需求不断提升，茶元素作为一种文化符号被不断地融入空间设计之中。潘曲波指出在茶室环境设计中注重建筑与自然、人与文化之间的关系，使茶客在茶室室内感受到舒适典雅的韵味是设计者需要把握的重点。中国传统人文理念对茶室发展有着重要的影响，通过茶室窗墙设计、茶室遮阳设计、茶室通风设计、茶室天井设计、茶室小品设计以及茶室绿化设计等方面体现出茶室环境设计对于人文理念的传承。③ 同时潘曲波也从茶企形象的内涵分析入手，结合风格一致性、融入人文内涵、艺术性与科学性的统一等环境设计整合的客观要求认知，探讨了运用茶企形象需具有开放性思维，及注重对"形"的融入、对"内涵"的融入以及对文化符号的融入等具体思路，④ 为茶企环境设计工作提供帮助。吴瑾、吴章康则提出云南茶馆的区域空间设计需充分展现云南的地域特色和文化，茶馆的门厅设计、茶馆的内部空间设计、茶馆的吧台区设计、茶馆的餐桌区设计以

---

① 孟小露、杨振燕、柳娥：《云南省茶产业生态发展研究》，《福建茶叶》2020 年第 4 期。
② 赵静舒、王雪、杨君杰：《茶叶经济对西双版纳易武古镇景观空间演变的影响》，《西南林业大学学报》（社会科学）2019 年第 6 期。
③ 潘曲波：《基于人文理念的茶室环境设计研究》，《福建茶叶》2016 年第 11 期。
④ 潘曲波：《茶企形象在环境设计中的整合运用研究》，《福建茶叶》2016 年第 10 期。

及后勤卫生区设计等空间都需要相得益彰、互为补充,① 有效地与民族特色结合起来,广泛地反映当地的地域文化。

此外,茶产业的地理标志保护有助于推动其高质量发展。刘惠子、马月伟以双江勐库古茶园和普洱景迈山古茶园两个云南省茶类农业文化遗产为研究对象,从知识产权角度分析云南省茶类地理标志知识产权和茶类农业文化遗产保护,指出云南省茶类文化遗产地理标志不突出、茶类农业文化遗产保护意识欠缺等问题,并提出通过完善地理标志知识产权保护系统、促进茶类农业文化遗产的产业融合发展、加强茶类农业文化传统技艺等非物质文化遗产保护理念、领衔申报普洱茶传统技艺世界级非物质文化遗产名录②等措施来加强茶类地理标志与农业文化遗产的保护,努力打造特色茶文化品牌。茶产业与其他产业的融合有助于促进其转型升级。从茶旅产品开发探析层面,梁丹丹、熊龙通过总结茶马古道沿线人文旅游资源在民族文化、茶文化、宗教文化、遗产遗址文化等方面的现状,提出以客源市场为导向的产品开发战略思路,可参与性民俗活动、历史文化类旅游产品、科考旅游产品、茶文化休闲旅游产品等不同类型旅游产品的深度开发思路,探索区域合作开发之路,突出文化品牌定位等茶马古道文化产品的开发思路,③ 致力于为茶旅融合下茶产业的发展贡献力量。冷晋、蓝增全以无量山景区为例,分析了茶旅融合发展的相关问题,首先充分肯定了茶旅融合在丰富旅游内容、提高当地茶叶产值、推动当地经济发展等方面的成效,提出了景区茶旅融合配套设施不健全、茶旅项目产业链较短、社区居民参与性不强等发展问题,并针对这些问题提出了诸如配套设施的建设完善、配套政策的扶持、配套资金的投入、挖掘茶叶资源和文化、积极开发旅游产品和商品、加强市场宣传和推广、保障社区居民的参与利益、提高社区居民的参与意识以及培养社区居民

---

① 吴章康、吴瑾:《地域文化在云南茶馆设计中的应用(一)》,《城市建设理论研究》(电子版) 2012 年第 3 期。
② 刘惠子、马月伟:《云南省茶叶地理标志与茶类农业非遗保护研究》,《自然与文化遗产研究》2019 年第 10 期。
③ 梁丹丹、熊龙:《茶马古道文化旅游产品开发探析》,《当代旅游》(中旬刊) 2013 年第 10 期。

参与技能的发展路径，达到推动景区茶旅产业深度融合来实现乡村振兴的目标。①

三　结语

本次云之南首届茶文化论坛具有极高的学术文化价值并衍生出了一定的经济价值以及社会价值，为国内外茶文化、茶产业的发展搭建了平台。论坛从乡村振兴与生态文明，茶文化的起源、传播与研究，茶品牌茶产业的意义与价值，茶文化的历史研究等层面出发，推动茶文化在学术层面的交流学习，为实现茶产业转型升级奠定了坚实的理论基础。同时，本次论坛也举行了云南省古茶树资源保护与利用研究中心的揭牌仪式，形成了茶科技茶文化论文集，从茶叶历史研究、古茶树资源研究、茶叶生态系统研究、茶文化与不同群体的关系研究、茶文化与经济研究、茶文化与空间设计研究等不同角度讨论了茶文化发展的热点问题，对未来促进云南茶文化的繁荣、茶科技水平的提高以及茶产业的高质量发展起到关键性作用。

---

① 冷瑾、蓝增全：《无量山景区茶旅融合发展探析》，《西南林业大学学报》（社会科学）2020年第4期。

B.18
普洱茶发展大事记（2020～2021）

胡皓明*

2020年

1月20日 云南农业大学普洱茶学教育部重点实验室与昆明生物制造研究院有限公司联合组建了"抗新冠病毒攻关小组"。

3月 原云南省委书记阮成发在普洱、临沧调研国家普洱茶产品质量监督检验中心、普洱茶追溯防伪和区块链平台建设以及镇沅彝族哈尼族拉祜族自治县"千家寨"主题街区建设时，要求更好发挥政府作用，以"锁定企业、锁定基地、锁定渠道"等方式严把鲜叶原料关，以"茶脸识别＋诚信联盟"等监督方式抓好品质管理，擦亮普洱茶金字招牌，推动普洱茶产业高质量可持续发展。

3月 原云南省委书记阮成发在邦东乡昔归村调研时强调，要坚决保护好古茶山和古茶树资源，保护好茶农的长远利益，推进有机化发展，强化品牌建设，促进茶产业持续健康发展。要瞄准高端康养，精准定位，科学规划，项目引领，做足做好"生态"和"茶旅"两篇文章，精心打造澜沧江、高山峡谷、古渡口、古茶园、茶旅酒店、特色街区等融为一体的高端生态茶文化小镇。

3月21日 澜沧古茶在广州白鹅潭澜沧古茶全国营销中心开展了"传奇缔造传奇"2020年乌金云端发布盛典，网络观看次数高达41万次。

4月15日 由浙江大学CARD中国农业品牌研究中心、中茶所《中国

---

* 胡皓明，中国茶叶流通协会专家委员会委员，云南省茶马古道研究会会长，云南省茶叶流通协会副会长，正高级制茶工程师，主要研究方向：茶文化，茶马古道。

茶叶》杂志、浙江大学茶叶研究所、浙江永续农业品牌研究院联合开展的"2020中国茶叶区域公用品牌价值评估"课题结果出炉：普洱茶以70.35亿元的品牌价值居第二位。

4月21日 习近平总书记来到陕西平利县女娲凤凰茶业现代示范园区考察调研。习近平察看茶园种植情况，与现场茶农亲切交流。习近平说："因茶致富，因茶兴业，能够在这里脱贫奔小康，做好这些事情，把茶叶这个产业做好"。

4月24日 云南省林业和草原局召开集中打击整治"种茶毁林"违法行为专项行动电视电话会议，要求全省16个州市以"零容忍"的态度和决心，开展为期6个月的专项行动，重拳打击整治"种茶毁林"及破坏森林资源违法行为。

5月21日 联合国确定首个"国际茶日"。国家主席习近平向"国际茶日"系列活动致信表示热烈祝贺。习近平指出，茶起源于中国，盛行于世界。联合国设立"国际茶日"，体现了国际社会对茶叶价值的认可与重视，对振兴茶产业、弘扬茶文化很有意义。作为茶叶生产和消费大国，中国愿同各方一道，推动全球茶产业持续健康发展，深化茶文化交融互鉴，让更多的人知茶、爱茶，共品茶香茶韵，共享美好生活。

5月 西南林业大学成立世界茶叶图书馆和古树茶研究中心。

7月 六大茶类线上销售同比简报发布。

7月3日 茶叶企业澜沧古茶披露招股书，拟在中小板上市。招股书显示，此次上市，澜沧古茶计划履行不超过2000万股，占发行后公司总股本的比例不低于25%。公司拟募资6.3亿元。

7月 中国证监会官网发布澜沧古茶和中国茶叶（中茶股份）的招股说明书。其中，中国茶叶定位全品类运营，主要产品包括乌龙茶、普洱茶、安化黑茶、绿茶及相关制品等。

8月 中国茶叶云南原料中心成立，中茶云南公司与普洱市签订普洱茶产业发展战略合作框架协议。

8月6日 中国茶叶云南原料中心在昆明正式揭牌成立，云南中茶茶业有限公司与普洱市签订了普洱市茶产业战略发展合作框架协议。

8月 《人民日报》海外版报道："普洱景迈山古茶林"申遗一事。

9月 茶人郑少烘新著《易武》首发。该书分为"茶人的原乡""易武风土""风味密码""岁月史诗""易武茶人列传"五个篇章，深入浅出地解析易武茶的历史脉络、风味地图，具备极高的文献与学术价值。

9月14日 中欧正式签署中欧地理标志协定，普洱茶等中国特产在欧洲有了"官方认证"。

9月26日 第二十七届北京国际图书博览会（BIBF）云书展在网上开展。《普洱》杂志继入选第二十六届北京国际图书博览会（BIBF）"庆祝中华人民共和国成立70周年精品期刊展"后，2020年第2期"占用疫情之后，我们云茶山"和第4期"茶为万病之花解"两期以防疫抗疫为主题的杂志又成功入选第二十七届北京国际图书博览会（BIBF）"2020中国精品期刊展"。

9月 中国船舶集团产业扶贫项目在勐腊县易武镇倮德村启动生态茶园示范基地建设。成功举办主题为"遵循自然法则，孕育好茶品质"的生态茶园管护技能培训会。

9月 2020年度新经济新商业领导力人物全球风采展活动于"十一"国庆前夕在美国纽约时代广场进行。钮泰文化茶文化首席顾问黄桂枢也位列其中，体现了茶文化的重要地位。

10月24日 云南"十大名茶"展览推介会在北京举行。全国茶叶标准化技术委员会主任委员、中国茶叶流通协会会长王庆到会祝贺。

11月 "双十一"的茶行业类目排行出炉，大数据再创新高，不包含房产、汽车等新兴品类，同周期、同口径下，较比增长26%，该增速是近三年来最佳成绩。

11月11日 云南省茶马古道研究会授牌给晓德书屋"云南茶业历史资料研究室"。

11月12日 中国茶叶博物馆与古韵流香茶业纪念茶合作签约仪式在浙江杭州中茶博双峰馆隆重举行。与会嘉宾共同见证"中国茶叶博物馆成立三十周年唯一指定普洱茶纪念饼"项目正式签约。

11月 中国茶叶流通协会、西双版纳傣族自治州人民政府、云南省农业农村厅、云南省供销合作社联合主办，勐海县人民政府、西双版纳傣族自治州农业农村局共同承办的"第十六届中国茶业经济年会"在云南省西双版纳傣族自治州勐海县举行。

12月9日 2020茶行业媒体联席会议在深圳召开，经联盟成员推荐、投标程序选出"2020茶媒推荐阅读十大茶书"榜单，后在2020中国（深圳）国际秋季茶产业博览会上公布《普洱六山记》《少儿茶艺：上下册》《安茶史话》《茶日子》《中国茶文化学》《帝国茶园：茶的印度史》《话说茯茶》《普洱熟茶教科书》《茶文化通论》《一杯茶中的科学》《老班章》等十本著作入选。

12月11日 昆明弈瑞投资开发有限公司投资的茶天下·云茶城盛大开业。

12月12日 "云南十大名茶"大湾区推介会在2020中国（深圳）国际秋季茶产业博览会举办场馆深圳会展中心"云南十大名茶专馆"举行。

12月 临沧市双江拉祜族佤族布朗族傣族自治县人民政府发布《关于勐库镇冰岛村委会冰岛老寨整体搬迁征收公告》，对冰岛茶的核心产区冰岛老寨进行整体搬迁。

12月25日 2020中国（昆明）国际茶产业博览会暨建水紫陶艺术文化周在昆明国际会展中心盛大开启。

12月25~26日 云南省委经济工作会议在昆明举行。该会议首次在云南省政府层面提出茶叶产业"5年翻番"的目标。

12月26日 以"价值回归熟茶的3.0时代"为主题的景迈山论坛在昆明国际会展中心9~10号会议厅盛大举行。同期，由普洱杂志社编著、中国林业出版社出版的《熟茶，一片茶叶的蝶变与升华》一书也全新发布。

2021年

1月 云南省普洱茶协会在昆明举行"普洱茶"地理标志证明商标新标

启用仪式。

2月2日 景迈山古茶林文化景观被国务院批准为中国2022年正式申报世界文化遗产项目,申遗相关文本已经送交联合国教科文组织。

2月5日 由中国茶叶流通协会主持编制的《中国茶产业"十四五"发展规划建议》在北京发布。中国茶叶流通协会会长、全国茶叶标准化技术委员会主任委员王庆指出,2020年中国茶叶农业产值已突破2500亿元,内销额接近3000亿元,出口额仍保持在20亿元以上。作为绿色产业,茶产业助力337个国家级和百余个省级贫困县实现了脱贫摘帽。

2月20日 中国茶叶股份有限公司(以下简称"中国茶叶")对招股书申报稿进行了更新。中国茶叶此次冲刺A股市场,拟公开发行股票数量不超过9375万股,募资5.4亿元,用于云南普洱茶产能建设项目和营销网络及品牌建设项目。

2月21日 2021年中央一号文件《中共中央、国务院关于全面推进乡村振兴加快农业农村现代化的意见》正式发布,文件强调2020～2035年是茶产业加速发展的机遇期,国茶振兴步入新阶段。

3月1日 中欧地理标志协定正式生效,28个中国茶叶地理标志正式获得欧盟保护,31个将在4年内获得保护。中方列入协定清单的地理标志不仅涉及酒类、茶叶、农产品、食品等,还涉及代表中国传统文化的宣纸、蜀锦等中国特色地理标志产品。

3月5日 普洱市委书记卫星到澜沧拉祜族自治县惠民镇调研景迈山环境综合整治"百日攻坚"行动推进情况,并主持召开景迈山古茶林文化景观申遗工作座谈会,听取有关工作情况汇报,就申遗的相关技术标准、环境综合整治等事宜与国家申遗咨询专家团队深入交换意见。

3月10日 以"商山云雾润千年,茶王之地产好茶"为主题的普洱市镇沅彝族哈尼族拉祜族自治县"千家寨爷号"普洱茶线上发布专题在新华网上线。

3月14日 云南普洱茶抖音电商直播基地授牌仪式在昆明康乐国际茶城举行,作为地方政府、企业与抖音电商联合发展数字化产业带的又一实践，基地的落地将助力普洱茶产业向现代数字化、电商化方向转型升级发展。同时，为期三个月的"四季云南·绿色云品——春茶季活动"也在活动现场正式启动，云南多家知名茶叶品牌方、部分普洱茶茶企、商家及网红IP进行了入驻与合作签约，通过原产地直播、抖音线上销售等多种形式助力春茶的采摘和销售。

3月16日 中国科学院昆明植物研究所山茶科植物分类研究人员在云南省文山州麻栗坡县发现云南管蕊茶，这是我国首次发现山茶属管蕊茶组新植物，数量仅有30株左右。

3月18日 云南农垦集团所属茶业集团首家线下体验店"云茶空间"在云南农垦大厦一楼正式开业。"云茶空间"店内设计素简高雅，是继"云啡"咖啡首家旗舰店后昆明打卡的又一新地标。

3月22日 习近平总书记考察调研福建省武夷山市星村镇燕子窠生态茶园，强调要把茶文化、茶产业、茶科技统筹起来，努力让茶产业成为今后乡村振兴的支柱产业。

3月28日 文山坪寨举行世界白毛茶王开采仪式。

3月30日 景谷山联合龙塘古茶山春茶开采仪式在云南省普洱市景谷县威远镇酸枣树古树茶核心产地举行，茶科所专家对茶农进行普洱茶初制工艺现场培训教学。

4月 2021年一季度中国茶叶出口情况简报发布。中国海关数据显示，2021年1~2月，中国茶叶出口量为4.82万吨，同比增长25.60%，出口额为2.71亿美元，同比增长28.17%，1~2月出口均价为5.62美元/千克，比上年同期上涨2.05%。

4月 云南省"普洱茶品质区块链追溯平台"项目在第三方专业科技成果评价中获得专家肯定，有效助力普洱茶品质提升。

4月7日 临沧市凤庆县2021年"锦绣茶尊"10千克茶青开采权，以1068万元的高价成功落槌。

4月9日 普洱市澜沧县富东乡邦崴千年过渡型古茶王开采仪式启动，收获鲜叶51.6kg。

4月12日 由新华网出品的大型茶文化史诗音乐剧《茶道：一叶乾坤》在中国历史研究院光启剧场首次上演。由浙江大学CARD中国农业品牌研究中心、中茶所《中国茶叶》杂志、浙江大学茶叶研究所、中国国际茶文化研究会茶业品牌建设专委会、浙江永续农业品牌研究院联合开展的"2021中国茶叶区域公用品牌价值评估"课题结果出炉。

4月14日 普洱市顺利举行《普洱府史料》出版座谈会。

4月16日 云南省防范和处置非法依次工作领导小组办公室发布风险提示函，提示普洱、临沧、西双版纳金融办以及省普洱茶协会关注"以普洱茶为介质的类金融模式的炒作导致天价金融茶"的现象。

5月 中茶普洱推出"大红印"。

5月 知名战略营销咨询团队蒋同团队依据独创的"品牌力、产品力和产业力"三大指标对全国几百种名茶做研究评估，正式发布新十大名茶榜单，普洱茶以突出的优势位列榜首。

5月17日 由云南省茶叶流通协会、云南世星职业技能培训学校举办的省级职业技能提升行动在普洱开班。培训的内容包括茶叶知识、红茶加工工艺、普洱熟茶加工工艺、晒青毛茶加工工艺、精加工工艺及茶叶加工工艺研讨等内容，中间穿插理论和实操。

5月21~23日 云南省打造世界一流"绿色食品牌"工作领导小组办公室、云南省农业农村厅在云南康乐茶文化城举办云南省"5·21"国际茶日系列活动。云南省茶叶流通协会、云南省普洱茶协会、云南省茶业协会和云南十大名茶品牌企业联盟联合发出了《增强茶业行业自律规范生产经营的倡议书》。

6月 神舟十二号载人飞船升空，三名宇航员进驻天和核心舱，宇航员在太空喝普洱茶。

7月 大益茶"仓颉号"在流通市场以类金额期货模式炒作爆雷。

7月10日 云南省古茶树资源保护与利用研究中心揭牌仪式暨云之南首届茶文化论坛在西南林业大学举行。

7月28日 2021年度全国边销茶专业委员会工作会议在西藏自治区昌

都市召开，全体与会代表围绕标准制修订、标签标识、政策延续、行业高质量发展等议题及中茶协边茶委年度工作进行了深入交流探讨。

7月30日 2021中国（昆明）国际茶产业博览会在昆明国际会展中心开幕，并发布了《年份普洱茶及质量保荐追溯技术规范》。

8月7日 由中共普洱市委、普洱市人民政府和西藏自治区商务厅共同举办的普洱市5000吨低氟普洱茶进藏启运仪式在普洱市举行。普洱市委副书记、市长刘勇出席活动并宣布启运。

8月16日 《普洱》杂志普洱茶文化拉萨传播中心在西藏自治区级电子商务服务平台正式揭牌。

9月23日 2021年云南省"10大名品"、绿色食品"10强企业"和"20佳创新企业"评选结果出炉，在昆明海埂会堂召开表彰会议。

10月6日 澜沧古茶唐胜园区生产线正式开机投产。

10月11~12日 云南省普洱茶协会组织专家学者及相关人员到双江县调研古茶树GC16生态制剂试用及普洱茶庄园样板落地情况。

10月12日 中国茶叶流通协会公布"国茶工匠·人物推选——制茶大师"第六批名单。

11月13日 普洱市政府副市长白兆林、市政府副秘书长朱成光、市茶咖发展中心主任张天梅，镇沅县县委书记李建华、县长尹雪兰，普洱杂志社社长罗洪波一行来到镇沅县考察"千家寨爷号"普洱茶精制加工研发中心建成投产情况。

11月27日 2021年第三届景迈山论坛"微生物与普洱茶"暨《时间的味道——普洱茶仓储实践》新书发布会在广州琶洲会展中心红棉会议厅举行。

12月 景迈山上榜美国《国家地理》杂志"2022世界最佳旅游目的地"，且成为中国唯一上榜的目的地。

12月9日 普洱市委书记李庆元深入思茅区调研茶产业发展状况，并强调，要建好茶交易平台，做好茶科技文章，抓好茶旅深度融合，众志成城高质量推进普洱茶产业发展。

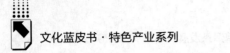

12 月 11 日 普洱市委宣传部围绕"如何发挥融媒体优势、创新融媒体手段、打造融媒体矩阵,为做大做强做优第一支柱产业,让全国人民喝上普洱茶提供可靠舆论支撑"这一主题,召开普洱市茶产业发展宣传策划会。

Abstract

As an important business form of featured agriculture and culture industry in Yunnan Plateau, Puerh tea culture industry, like the national tea industry and tea culture industry in 2021 and 2022, will experience a certain decline in the performance of trade and consumption-related industries. However, due to the special production and consumption characteristics of Puerh tea, the financial property of "mellow and grow fragrance, preserve and increase value", as well as the active protection and market expansion of ancient tree tea under the support of relevant policies of governments at all levels, the Puerh tea industry has achieved sustainable development. Nowadays, Puerh tea and related industries not only play a prominent driving role in creative design, tea set and tea art, packaging logistics, Puerh tea writing, film and television culture, manorial economy and value realization of green ecological products. It shows a trend of two-way and multi-level empowerment with cultural creativity as a vital force to drive rural revitalization and poverty alleviation in minority areas.

As the second book of the "Cultural Blue Book · Characteristic Industry Series", it is supported by the project of "Double First-class University" construction of Yunnan University and the project of "Yunnan University Serves Local Economy, Society and Culture High-quality Development", local government and Puerh tea related industry associations. Relying on the "China Puerh Tea Industry Database" and "China Puerh Tea Knowledge Database" jointly with related database development enterprises and China National Knowledge Network, it has launched the second "China Puerh Tea Industry Development Report" (hereinafter referred to as "Report"). It continues the original intention of the editor, hoping to have a comprehensive understanding of the

Puerh tea industry through the development status and competitiveness of the main producing areas, the trend of the tea culture consumption market, the two-way enabling of Puerh tea with cultural creative industry and cultural tourism, the effect of Puerh tea on local economy, rural revitalization in ethnic areas, poverty alleviation and wealthy, as well as the analysis of Puerh tea culture writing, annual events and other related contents. After setting the university academic research institutions as the third party from a relatively objective perspective, it makes in-depth analysis and research to provide decision-making reference for the government and enterprises. Meanwhile, it uses the academic exchange platform of colleges and universities to enhance the influence of Puerh tea industry and Puerh tea culture industry, then boost the relevant healthy and sustainable development. Enterprise is the main body of Puerh tea industry, Puerh tea products and brand construction. On the basis of the first book, this report adds the section of Puerh tea enterprise development, focusing on the practice, path and experience of leading Puerh tea enterprises to promote the development of Puerh tea industry and Puerh tea culture in the aspects of scientific research, brand, market expansion, product quality and standards.

Keywords: Puerh Tea; Puerh Tea Industry; Puerh Tea Culture

Contents

I General Report

Abstract: Puerh tea as a special beverage, in addition to its basic function of promoting health and wellness, leads the mass cultural consumption and the attributes of solid culture are also increasing. From 2020 to 2021, the planting area and output value of Puerh tea are stable, without fluctuation and decline brought by the epidemic. Protection of ancient tree tea tends to be good, organic tea planting area grows steadily, leading enterprises play an obvious leading role in the healthy and sustainable development of Puerh tea, products and consumption extend from mid-range main consumption to mass and high-end consumption at both levels, and the market expands from the south to the north. As an important local specialty industry, Puerh tea has driven creative design, printing and packaging, leisure vacation, teaware and tea art, Puerh tea writing, film and television, research and other cultural tourism forms in the integration and development of cultural tourism, realizing the two-way empowerment of tea industry and cultural tourism, and the function of Puerh tea in local social, economic and cultural development is more obvious.

Keywords: Puerh Tea; Cultural Tourism; Tea Prices

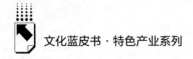
文化蓝皮书·特色产业系列

II Producing Regions Reports

B.2 Report on the Development of Puerh Tea Industry in Puer

Lu Han, *Zhao Yuetong* / 025

Abstract: Puer enjoys tremendous popularity in the world for its tea. Over the past few years, under the guidance of the strategy of "100 billion cloud tea industry" and the idea of "big industry+new subject+new platform", Puer pays close attention to the standardization, organization, digitalization and brand building of Puerh tea. It aims to construct the traceability platform of Puerh tea quality blockchain, set up regional brand alliance of Puerh tea, and vigorously enhance brand influence of this industry. With the cultural and historical resources of Puerh tea, the tea culture tourism will be upgraded, promoting Puer to popularize the "gold-lettered signboard" of Puerh tea and build it into a world-class strong tea industry city.

Keywords: Puer; Puerh Tea Industry; Tea Brand

B.3 Report on the Development of Puerh Tea Industry
in Sipsongpanna

He Qingyuan, *Wang Huiyuan* / 041

Abstract: Sipsongpanna is the birthplace of Puerh tea, and its unique ecological conditions have provided an industrial foundation for Puerh tea planting and production. In the past few years, Sipsongpanna has prioritized the growth of the Puerh tea industry. The production, processing, packaging, and sales of Puerh tea have all improved over time, and its brand has gradually gained popularity among the public, forming notable advancement features such as expanding domestic and international markets, diversified and rich "tea culture+" activities, deepening integration of tea tourism formats, and the prosperity of wealthy farmers. The Puerh tea sector has invested strongly to the economic and social development of Sipsongpanna, breaking new ground in assisting in the alleviation of poverty, the attainment of a well-off society in general, and the development of a strong sense of the Chinese nation's community. To achieve sustainable development, Sipsongpanna will continue to enhance the standardization system, strengthen the concept of green development, deeply integrate the concept of " integration of business, travel and literature," and deepen industrial agglomeration.

Keywords: Sipsongpanna; Puerh Tea Culture; Puerh Tea Industry

B. 4 Report on the Development of Puerh Tea Industry in Lincang

Jiang Hongjian, Li Rui / 055

Abstract: The unique geographical environment and ecological conditions of Lincang have bred abundant tea tree resources. In recent years, Lincang has always put the development of tea industry in an important position, and the planting area, picking area, total tea output and comprehensive tea output value have continued to rise during the reporting period. At the same time, the Puerh tea industry in Lincang also caters to the market development mode by integrating with the tertiary industry, extending the industrial chain through " Internet plus", vigorously prompting border-selling tea and strengthening the training of professional technicians, so as to improve the influence of Lincang tea, constantly accelerate the integration and development of primary, secondary and tertiary industries, further construct a modern tea industry system with multiple formats, and prompt the transformation and upgrading of Lincang tea industry.

Keywords: Puerh Tea; Tea Industry; Lincang

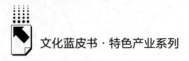

B.5   Development Report of Puerh Tea Industry in Baoshan

Hu Haoming，Tian Xin / 071

Abstract：Baoshan is rich in ancient tea tree resources，and the tea output and output value increase year by year. In recent years，it has shown the following development characteristics：taking various measures and paying attention to protection and utilization；implementing tax cuts to reduce the burden of industry；exploring cooperation mechanisms to prompt rural revitalization；innovating planting mode to improve economic benefits，etc. In the stage of high-quality development，puerh tea industry in Baoshan will continue to develop along the following trends in the future：building high-quality brands and constantly improving industrial value；supporting the leading enterprises and moving towards standardization and scale；completing industrial chain and accelerating the progress of deep integration of industries；prompting the interaction between online and offline and gradually expanding the consumption channel.

Keywords：Puerh Tea；Tea Industry；Baoshan

B.6   Overview of the Development of Puerh Tea Industry in

Dehong Prefecture   *He Shengcan，Ding Xueting* / 083

Abstract：Dehong has a long history of tea tree cultivation and has formed many well-known brands. Through years of development，the Puerh tea industry in Dehong has made a breakthrough achievement in both technology and scale. Relying on a good climate condition and ecological environment，Dehong tea district has established a great number of tea and coffee eco-tourism cultural park，gradually promoted the development of the integration of agriculture，culture and tourism，constantly increased the added value of Puerh tea，extended its industrial chain，and attracted a huge number of consumers. At the same time，Dehong tea district continuously improved the tea planting technology and tea varieties, improved the tea production and quality. With the policy support and promotion of Dehong Prefecture government, Dehong has strengthened export, concentrated on brand construction and sold on internet platform, and these have helped countless tea farmers get rid of poverty and become rich.

Keywords: Dehong; Puerh Tea Industry; Brand Construction; Integration of Agriculture, Culture and Tourism

B.7   Development Report of Puerh Tea Industry in other Producing Areas of Yunnan Province

Su Fanghua, Wu Wei, Huang Tianqi and Peng Dan / 096

Abstract: Puerh tea industry, as a key characteristic industry committed by Yunnan provincial government, has a broad planting area. Today, Puerh tea industry has gradually expanded from Xishuangbanna, Puer, Lincang to Dali, Honghe, Wenshan, and the production area has been expanding. After years of exploration and development, the output of Puerh tea in Dali, Honghe, Wenshan and other places has continued to grow, the output value has gradually increased, the development is stable and good, and different development characteristics and trends have been formed. All major producing area have made efforts together, adhere to scientific management, promoted the integrated development of tea tourism, innovated the pattern of development and played the leading role in regional economic development, poverty alleviation and the Rural Revitalization.

Keywords: Puerh Tea; Tea Industry; Yunnan Province; Non-core Production Area

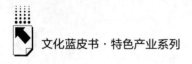
III   Special Reports

B.8   The Formation, Current Situation and Cultivation of Puerh
Tea Culture Brand   *Li Yan, Wang Rong* / 123

Abstract: puerh tea is not only a commodity brand, but also a brand of tea culture. In the process of creating a brand , it has integrated local culture, national culture and historical culture, and with the spread and evolution of special production techniques, consumption fields and drinking customs. It expands more and more broad development space. Based on the history and current situation of puerh tea culture brand, conducting researches on the concept, space, method and path of future brand cultivation will help the sustainable and healthy development of puerh tea industry, promote the rural revival and cultural development of areas where they produce puerh tea, and expand the influence of puerh tea cultural brand.

Keywords: Puerh Tea; Culture Production; Brand Cultivation; Tea Culture Brand

B.9   Development Status and Trend of Tea City in Puer City
Wang Boxili / 146

Abstract: Tea City can be regarded as a comprehensive space which could be used for the centralized trading of tea products and their derivative products, as well as the exhibition of tea culture. The appearance of tea City provides a window for the display of characteristic tea culture and offers more tea practitioners operation space. Its emergence and development not only accelerate the circulation and transaction of tea products and their derivative products, but also promote the development of characteristic tea culture, tea brand and tea industry. Puer City is renowned for its unique tea culture resources. How to carry forward the local characteristic tea culture, polish the golden sign of Puerh tea and achieve the ambition of making the whole nation drink Puerh tea through tea city which is a gathering space of culture, products and other elements, deserves more attention. This essay will analyze the historical origin and current situation of Puerh Tea City, and try to make a preliminary reflection on this problem.

Keywords: Puer City; Tea City; Tea — Horse Trade; Tea Tourism Integration; Tea—Horse Ancient Town

B.10 A Leaf and Ethnic Areas of Poverty Alleviation and Become Rich

—Lincang City Practice   *Li Yan, Li Rui / 161*

Abstract: As one of the three major producing areas of puerh tea in Yunnan province, Lincang city is an important raw material origin of Pu' er tea in Yunnan province. Lincang city with the help of this advantage, strive to build puer tea industry, the tea industry precision for poverty alleviation as an important strategy of poverty engines, through continuous innovation working mechanism, extend the industrial chain, improve the interest chain, increase foreign exchanges to let the poor people share the whole industry chain value-added income, further drive the rapid development of local economy. This report by expounds the Lincang city tea industry development status, summarizes the tea industry power out of poverty specific measures to get rich, and to meng library town case analysis of the tea industry development mode, summarized in the consolidated expand poverty crucial achievements with the background of effective cohesion, Lincang city specific path of the future development of tea industry, in order to promote the high quality development of Lincang city tea industry development.

Keywords: Tea Industry; Lincang Poverty Alleviation; Rural Revitalization; Lincang City

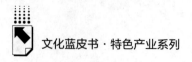
文化蓝皮书·特色产业系列

B.11　Present Situation and Development of Primary Preparation and
　　　　Refining Technology of Puerh Tea
　　　—*Article about Primary Processing*

Gao Linrui, Jia Man and Chen Dandan / 177

Abstract: Preliminary production and refinement are two important links in
the formation of puerh tea products, and the former is the most basic and critical
link in the formation process, which determines the quality of subsequent product
processing. With the development of science and technology, the preliminary
production of tea is gradually mechanized and scaled up, and the phenomenon of
uneven raw materials has also come into play. This paper combines the process of
primary production of puerh tea in "GB/T22111-2008 puerh Tea Geographical
Indication Products", from the historical evolution of the primary process; the
modern process of primary production, precautions and processing equipment;
The relationship with the quality of Pu-erh tea; the material basis of Yunnan big-
leaf tea quality and the trend of primary production technology are expounded,
and combined with the practical experience of production, the important
significance of primary processing in the formation of Pu-erh tea products is
analyzed.

Keywords: Puerh Tea; First Production; Process Flow; Processing Equipment

B.12　Promoted by Tea: A Report on the Development of
　　　　Jianshui Purple Pottery Industry　　　*Zhang Liming* / 190

Abstract: Jianshui purple pottery is one of the "four famous pottery" in
China. After the popularity of puerh tea and tea culture consumption boom in the
Yunnan market, the Jianshui purple pottery industry has turned from crisis to
opportunity and entered a golden period of development. The production and

business philosophy of integrating pottery and tea and adapting to the market demand of tea culture has triggered the innovation of purple pottery production techniques, driven the growth of purple pottery production brand workshops and small and micro enterprises, and the industrial development has promoted the integration of production, ecology, cultural tourism, and leisure experience. An integrated "one core and three districts" pattern has been formed, and the purple pottery industry has become an industry that stabilizes jobs, stabilizes employment, protects people's livelihood, and practices the integrated development of culture and tourism, highlighting the quality of the city in the integrated development of multiple formats. Excavate and make good use of the characteristics of local resources, and show competitive advantages in products, industries and markets; enhance the adaptability of the industry itself and market development capabilities, and take the road of differentiated competition and continuous innovation; implement the "One Belt, One Road" strategy and build The water purple pottery goes to the world market, and Jianshui becomes the world pottery capital, which is the future development guide.

Keywords: Tea Culture; Jianshui Purple Pottery; Puerh Tea Industry

B.13　Report on Puerh Tea Development Writing　　*Guan Yue* / 206

Abstract: Puerh tea writing phenomenon originated from Puerh tea industry and is a unique cultural content production phenomenon in industrial development. Based on the mining and creation of the development and evolution, efficacy, cultural connotation, market value and other contents of Puerh tea, it has gradually formed a characteristic cultural industry format relying on local characteristic industries and taking content production as the path. It plays a positive role in the mining of regional characteristic resources, driving the inheritance and development of local tea culture, establishing local regional cultural identity and driving the development of local economy. By reviewing and combing the four stages of the development of Puerh tea writing phenomenon, this paper analyzes the current situation of Puerh tea writing from four aspects: books and related publications, academic research, industrial information and other writing forms dominated by new media. At present, "health preservation, green and culture" has become a prominent feature in Puerh tea writing content, and in its future development, Puerh tea writing will also show diversified changes in content and form under the influence of the post epidemic era and the younger tea consumers.

Keywords: Puerh Tea; Puerh Tea Writing Phenomenon; Puerh Tea Industry

Ⅳ　Enterprises Reports

B.14　Research Report on the Development Process of "Dayi Tea"

Song Lei / 236

Abstract: Dayi tea plays an important position in the development history of tea industry. Throughout the development process of Dayi tea, its "resonance" with The Times is very prominent. The earliest "tea", shoulder the export and revival of puer tea industry, especially after the reform and opening up, Dayi tea in technology, marketing, type, branding, in October 2004, menghai tea factory for a comprehensive restructuring, and gradually develop into a modern large tea group, on the road of the development of high speed, high quality. In the process of eighty years of development, the forefront of big benefit tea concept, the leading position of science and technology, industry benchmarking, was established, and constantly practice xi general secretary of the "three tea" thought, in the booster and enrich the connotation of tea culture, expanding and standardize the tea industry development, advocating and leading tea science and technology breakthrough continue to shoulder the era of "big" mission and social responsibility.

Keywords: Dayi; Tea Enterprise; Tea Industry; Tea Culture

B. 15   Brand and Enterprise Power: Report on the Development of Chenshenghao in Sipsongpanna in the Past 15 Years

Chen Liubin / 250

Abstract: Chenshenghao plays an important role in promoting the standardization, institutionalization and branding of Puerh tea industry. Since established in 2007, Chenshenghao has gone through the development process of paying attention to Puer-taking root in Yunnan-the cooperation between government and enterprise. By the concepts of adhering to the development of green environmental protection, promoting ethnic unity and promoting poverty alleviation, its industrial scale has continued to expand, product categories have continued to enrich, market space has continued to expand, economic benefits have continued to improve, social benefits have continued to emerge, and management mode has continued to innovate. In practice and exploration, by taking advantage of eastern capital, identifying development needs, strictly controlling raw materials in production areas and creating brand trademarks as the mode, Chenshenghao has further enhanced the popularity and reputation of Puerh tea, promoted the rural revitalization of Yunnan, and created a healthy and sustainable development path.

Keywords: Tea Brand; Tea Enterprise; Puerh Tea; Chenshenghao

B. 16   Enterprise Spirit and Social Responsibility:

—*Development Report of LongYuan Tea*

Li Chaokang, Su Fanghua / 261

Abstract: Entrepreneurship and social responsibility have lasting vitality in promoting the development of the industry, and are also important factors that contribute to the healthy, efficient and sustainable development of the tea industry in Yunnan Province. Since its establishment in 1999, LongYuan Tea has experienced the development process of "rooted in Yunnan market-rapid growth-in crisis-gradually growing" Over the past 20 years, with its excellent enterprise spirit and high sense of social responsibility, it has achieved the continuous expansion of industrial scale, product variety, market share expansion, enterprise capacity growth, and significant growth of comprehensive benefits, and finally successfully moved from a tea enterprise to a tea industry brand. In the process of transformation and upgrading of LongYuan enterprise, it pays attention to the guidance of good enterprise spirit and high social responsibility, focuses on the cultivation of the enterprise spirit of overcoming difficulties, makes full use of the advantages of resources, builds a high-quality workforce, actively contributes to Yunnan tea industry, helps rural revitalization and helps tea farmers to get rid of poverty, and is able to achieve "economic benefits +social benefits" of Double harvest.

Keywords: Enterprise Spirit; Social Responsibility; LongYuan Tea

V   Appendix

B.17   Academic Exchange and Tea Industry Development:

—The First Tea Culture Forum in the South of Cloud

Li Rui, Tian Xin / 273

Abstract: In recent years, tea culture, tea science and technology, tea industry and other related fields have become hot issues of concern to all walks of life. By discussing the integration of tea culture, tea science and technology, tea industry and tourism, health care and other tertiary industries, this paper summarizes its role and value in improving the level of regional economic development, promoting rural revitalization, and enhancing the prosperity of the people and the border. At the same time, as a university with rich tea culture resources in Yunnan Province, Southwest Forestry University has made remarkable achievements in the field of tea culture research, successfully held the first tea culture forum, and formed a collection of tea science and technology and tea culture papers. This paper reviews the relevant contents of the forum from the aspects of rural revitalization and ecological civilization, the origin, dissemination and research of tea culture, the significance and value of tea brand and tea industry, and the historical research of tea culture; From the perspectives of tea history research, ancient tea tree resources research, tea ecosystem research, research on the relationship between tea culture and different groups, tea culture and economy research, tea culture and space design research, this paper summarizes the relevant research of the collection of essays, with a view to providing intellectual support for the spread of tea culture, the development of tea science and technology and the promotion of tea industry in Yunnan.

Keywords: Yunnan; Tea Culture; Tea Science and Technology; Tea Industry

皮 书

智库成果出版与传播平台

❖ 皮书定义 ❖

皮书是对中国与世界发展状况和热点问题进行年度监测，以专业的角度、专家的视野和实证研究方法，针对某一领域或区域现状与发展态势展开分析和预测，具备前沿性、原创性、实证性、连续性、时效性等特点的公开出版物，由一系列权威研究报告组成。

❖ 皮书作者 ❖

皮书系列报告作者以国内外一流研究机构、知名高校等重点智库的研究人员为主，多为相关领域一流专家学者，他们的观点代表了当下学界对中国与世界的现实和未来最高水平的解读与分析。截至 2022 年底，皮书研创机构逾千家，报告作者累计超过 10 万人。

❖ 皮书荣誉 ❖

皮书作为中国社会科学院基础理论研究与应用对策研究融合发展的代表性成果，不仅是哲学社会科学工作者服务中国特色社会主义现代化建设的重要成果，更是助力中国特色新型智库建设、构建中国特色哲学社会科学"三大体系"的重要平台。皮书系列先后被列入"十二五""十三五""十四五"时期国家重点出版物出版专项规划项目；2013~2023 年，重点皮书列入中国社会科学院国家哲学社会科学创新工程项目。

皮书网

（网址：www.pishu.cn）

发布皮书研创资讯，传播皮书精彩内容
引领皮书出版潮流，打造皮书服务平台

栏目设置

◆**关于皮书**

何谓皮书、皮书分类、皮书大事记、
皮书荣誉、皮书出版第一人、皮书编辑部

◆**最新资讯**

通知公告、新闻动态、媒体聚焦、
网站专题、视频直播、下载专区

◆**皮书研创**

皮书规范、皮书选题、皮书出版、
皮书研究、研创团队

◆**皮书评奖评价**

指标体系、皮书评价、皮书评奖

◆**皮书研究院理事会**

理事会章程、理事单位、个人理事、高级
研究员、理事会秘书处、入会指南

所获荣誉

◆2008 年、2011 年、2014 年，皮书网均
在全国新闻出版业网站荣誉评选中获得
"最具商业价值网站"称号；
◆2012 年，获得"出版业网站百强"称号。

网库合一

2014年，皮书网与皮书数据库端口合
一，实现资源共享，搭建智库成果融合创
新平台。

皮书网

"皮书说"
微信公众号

皮书微博

权威报告·连续出版·独家资源

皮书数据库
ANNUAL REPORT(YEARBOOK) DATABASE

分析解读当下中国发展变迁的高端智库平台

所获荣誉

- 2020年，入选全国新闻出版深度融合发展创新案例
- 2019年，入选国家新闻出版署数字出版精品遴选推荐计划
- 2016年，入选"十三五"国家重点电子出版物出版规划骨干工程
- 2013年，荣获"中国出版政府奖·网络出版物奖"提名奖
- 连续多年荣获中国数字出版博览会"数字出版·优秀品牌"奖

皮书数据库

"社科数托邦"
微信公众号

成为用户

　　登录网址www.pishu.com.cn访问皮书数据库网站或下载皮书数据库APP，通过手机号码验证或邮箱验证即可成为皮书数据库用户。

用户福利

- 已注册用户购书后可免费获赠100元皮书数据库充值卡。刮开充值卡涂层获取充值密码，登录并进入"会员中心"—"在线充值"—"充值卡充值"，充值成功即可购买和查看数据库内容。
- 用户福利最终解释权归社会科学文献出版社所有。

社会科学文献出版社　皮书系列
SOCIAL SCIENCES ACADEMIC PRESS (CHINA)

卡号：696722584294
密码：

数据库服务热线：400-008-6695
数据库服务QQ：2475522410
数据库服务邮箱：database@ssap.cn
图书销售热线：010-59367070/7028
图书服务QQ：1265056568
图书服务邮箱：duzhe@ssap.cn

S 基本子库
SUB DATABASE

中国社会发展数据库（下设 12 个专题子库）

紧扣人口、政治、外交、法律、教育、医疗卫生、资源环境等 12 个社会发展领域的前沿和热点，全面整合专业著作、智库报告、学术资讯、调研数据等类型资源，帮助用户追踪中国社会发展动态、研究社会发展战略与政策、了解社会热点问题、分析社会发展趋势。

中国经济发展数据库（下设 12 专题子库）

内容涵盖宏观经济、产业经济、工业经济、农业经济、财政金融、房地产经济、城市经济、商业贸易等 12 个重点经济领域，为把握经济运行态势、洞察经济发展规律、研判经济发展趋势、进行经济调控决策提供参考和依据。

中国行业发展数据库（下设 17 个专题子库）

以中国国民经济行业分类为依据，覆盖金融业、旅游业、交通运输业、能源矿产业、制造业等 100 多个行业，跟踪分析国民经济相关行业市场运行状况和政策导向，汇集行业发展前沿资讯，为投资、从业及各种经济决策提供理论支撑和实践指导。

中国区域发展数据库（下设 4 个专题子库）

对中国特定区域内的经济、社会、文化等领域现状与发展情况进行深度分析和预测，涉及省级行政区、城市群、城市、农村等不同维度，研究层级至县及县以下行政区，为学者研究地方经济社会宏观态势、经验模式、发展案例提供支撑，为地方政府决策提供参考。

中国文化传媒数据库（下设 18 个专题子库）

内容覆盖文化产业、新闻传播、电影娱乐、文学艺术、群众文化、图书情报等 18 个重点研究领域，聚焦文化传媒领域发展前沿、热点话题、行业实践，服务用户的教学科研、文化投资、企业规划等需要。

世界经济与国际关系数据库（下设 6 个专题子库）

整合世界经济、国际政治、世界文化与科技、全球性问题、国际组织与国际法、区域研究 6 大领域研究成果，对世界经济形势、国际形势进行连续性深度分析，对年度热点问题进行专题解读，为研判全球发展趋势提供事实和数据支持。

法律声明